デューイ著作集7　教育2

JOHN DEWEY

Schools of To-Morrow,
and Other Essays

明日の学校, ほか

ジョン・デューイ[著]
上野正道[訳者代表]
佐藤　学[解題]

東京大学出版会

The Collected Works of John Dewey,
Volume VII [Education 2]
Schools of To-Morrow, 1915, and Other Essays, by John Dewey.

Based on the first editions of each title, volumes in *The Middle Works of John Dewey, 1899–1924* (15 volumes, Jo Ann Boydston (ed.), Carbondale: Southern Illinois University Press, 1976–1983), and other editions.

Japanese Translation by Masamichi UENO, et al.
University of Tokyo Press, 2019
ISBN978-4-13-014207-6

『デューイ著作集』の刊行に寄せて

　本書、デューイ著作集の第7巻（教育2）は、1909年から1915年に書かれたデューイの教育論が収められている。40代の、いわば中期デューイの教育思想のプロトタイプである。収められている論考は、「教育における道徳的原理」(1909年)、「教育における興味と努力」(1913年)、「明日の学校」(1915年) である。この3著作は、あの『デモクラシーと教育』(1916年) に結実する教育思想の基礎論といえるだろう。「明日の学校」の最終章は、まさに「デモクラシーと教育」と題されている。

　その最終章で、デューイは、「デモクラシー」の出現が、「物質的欲望の充足」を越える、「大いなる精神的要求」の充足に向かう志向性を生みだした、と論じている。このデモクラシーは、制度としてのそれではなく、「自分自身で行動し思考する自信」をもち、社会的実践のなかで、この自信に裏打ちされた「自由」を経験し続ける人びとが創りだす共生の様態である。このデモクラシーは、したがって、理念といえば理念であり、現実といえば現実である。もうすこし精確にいえば、現実の実践的活動のなかにのみ顕現し、理念として象られる、ともに生きる様態の一つである。デューイが、「教育的価値の卓越性」と形容するときの「教育的価値」は、このデモクラシーを可能にする条件であり、かつ旧来の教育を刷新する基礎である「自由」、実践─内─自由である。

　デューイが生きた時代のアメリカの現実において、すなわち社会階級の対立、多様な民族文化のなかで、いいかえれば、人びとがたがいに「見知らぬ人」であるなかで、「統一と友愛の精神」「共通の利益と目的」を醸成する方法は何か、とデューイは問う。「相互共感」を促進する方法は何か、と。デューイは、それを価値命題として教えるかわりに、おのずと人がそこに向かうことになるはずの条件を、すべての学校で設けようとした。デューイにとって「すべての人に対する機会の平等」という理念を実現することは、たんなる「格差」──経済的・社会的・教育的な──を是正することではなく、この条件の設営、つま

るところ「大いなる精神的要求」を喚起するそれを設営することである。

*

　さかのぼれば、『デューイ著作集』を企画し東京大学出版会に提案したのは、2011年の晩秋のころである。あれほど著名な人物でありながら、そして教育思想と哲学思想の両方にまたがる思想家でありながら、その主要な著作が読みやすいものとして、またまとまったかたちで翻訳されていなかったからである。本国のアメリカで Southern Illinois University Press から全37巻の *The Collected Works of John Dewey, 1882-1953* が刊行され、すでに20年前に完結していたことも、後押しとなっていた。

　なるほど、デューイの翻訳書は、すでに大正期から刊行されてきたが、どれも単発的なものであった。私は、過去のそうした翻訳書の成果を踏まえつつも、多岐にわたるデューイの思想に一通りのまとまりをもたせた、かつ読みやすさを意識した訳文の著作集、とりわけ後期の充実した著作をふくむそれを刊行できるなら、新たなデューイ思想を描く確かな足場になるのではないか、と考えた。

　幸いにも、この企画について、多くの方々から賛同をいただき、2013年から著作の選定・調整、訳業の分担・依頼の作業に入った。ただ、思いのほか訳業・調整に手間取り、最初の配本にこぎつけるまでに5年以上の時間を要することとなった。この企画に参画してくださった方々のご尽力に、衷心から敬意を表する。また、ワーキング・グループとして、本著作集に組み込むデューイの著作の選定・配列をはじめ、具体的な作業を一手に引き受けてくれた「デューイ翻訳著作集編集委員会」の方々にも、深甚の感謝を申しあげる。

　なお、本著作集は、当面、第Ⅰ期として全8巻が刊行されるが、第Ⅱ期についても、同じ巻数の翻訳を考え、準備を行っている。ちなみに、有名な『デモクラシーと教育』は、この第Ⅱ期の1冊として刊行されることになっている。この著作集が、今後のデューイ研究、また哲学思想・教育思想の研究の礎にならんことを、心より祈念する。

2019年8月、著作集通巻第7巻の刊行にあたって

総監修　田中智志

デューイ著作集 7
[教育 2] 明日の学校，ほか──目　次

解　題　『明日の学校』──その歴史的な文脈と意義（佐藤　学）　　v

10　教育における道徳的原理（藤井佳世［訳］）──────────1

　　1　学校における道徳の目的（3）／2　学校共同体によって
　　与えられる道徳の涵養（5）／3　教授法からみた道徳の涵
　　養（10）／4　学習課程の社会的性質（14）／5　道徳教育
　　の心理学的側面（21）

11　教育における興味と努力（橘髙佳恵［訳］）──────────29

　　1　統一的活動　対　分割的活動（31）／2　直接的興味と
　　間接的興味（38）／3　努力、思考、動機（53）／4　教育
　　的効果のタイプ（62）／5　教育理論における興味の役割
　　（74）

12　明日の学校（増田美奈・杉山二季・佐藤知条・千賀愛・齋藤智哉［訳］）
　　───────────────────────────────79

　　序文（81）／第 1 章　自然的発達としての教育（84）／第 2
　　章　自然的発達としての教育における実験（96）／第 3 章
　　自然的成長における四つの要素（111）／第 4 章　カリキュ
　　ラムの再編成（123）／第 5 章　遊び（148）／第 6 章　自由
　　さと個性（166）／第 7 章　共同体に対する学校の関係（186）
　　／第 8 章　ソーシャルセツルメントとしての学校（209）／
　　第 9 章　産業と教育の再調整（222）／第 10 章　産業を通し
　　ての教育（234）／第 11 章　デモクラシーと教育（255）

解　説───────────────────────上野正道　273

執筆者紹介（289）／人名索引（291）／事項索引（293）

解　題　『明日の学校』——その歴史的な文脈と意義

佐　藤　　学

1. 『明日の学校』の歴史的位相

　『明日の学校』は 1915 年、ジョン・デューイと娘エヴェリン・デューイの共著として出版された。ジョン・デューイは 56 歳、エヴェリンは何と 26 歳であった。同書は 1910 年代前半の多数の新教育学校の実践を活写した名著であり、ジョン・デューイの主要著作の一つとされてきた。しかし、ジョン・デューイが直接執筆したのは序文と第一章のみであり、ジョン・デューイが訪問した学校も、アラバマ州フェアホープのマリエッタ・ジョンソンの学校のみである。すべての学校を訪問し、本書の大部分の章を叙述したのは娘エヴェリンであった。しかし、本書を紹介した『ニューヨーク・ヘラルド』が、エヴェリンについては一言も言及しなかったこともあり、本書がエヴェリンの調査と執筆の所産であることは、しばしば見落とされてきた。

　しかし、本書がジョン・デューイとエヴェリン・デューイとの共著であることは疑いえない。エヴェリンの叙述についてジョンは積極的に支援し、内容について協同の責任を負っている。それだけではない。本書は、ジョン・デューイ自身にとっても、以下の諸点において重要な意義を有する著作となった。

　その一つは、デューイの教育学の展開における意義である。デューイの哲学において教育は出発点から中核的位置を占めていた。シカゴ大学に創設した実験学校、デューイ・スクール（1896 年-1904 年）は、彼の哲学と教育との直接的な関係を示している。しかし、その直接的関係はデューイがシカゴ大学からコロンビア大学に移籍した時点で切れている。シカゴ大学とシカゴ教員養成学院の併合に伴うデューイ・スクール校長アリス（デューイ夫人）の処遇をめぐる内紛に絶望したデューイは、デューイ・スクールの実験を中断し、コロンビア大学へ移籍して哲学研究に専念することとなる。本書『明日の学校』と翌年出

版された『民主主義と教育』（1916 年）は、デューイの教育学の代表的著作であるが、デューイが最も教育から遠ざかっていた時期に執筆されている。本書は、デューイと教育を再び接合する契機となったのである。

　デューイの哲学と思想の展開における本書の位置を認識しておくことも重要だろう。デューイは、行為を認識の基礎とするプラグマティズムの哲学、共同体を民主主義の基礎とする社会思想において生涯一貫していたが、哲学と教育学の内実において第一次世界大戦前後で一つの転回を遂げている。デューイは第一次世界大戦前、親しかったハル・ハウスのジェーン・アダムズや同じく社会主義者の教え子たちの強い反対にもかかわらず、参戦を支持する言明を行う。アメリカの民主主義思想によってヨーロッパの恒久平和を実現する好機とデューイは考えていたのである。しかし、第一次世界大戦の現実は科学兵器による大量殺戮であった。デューイは自身の思想と西洋哲学に対する猛省から、次の大戦を予想したアジアの平和のために日本への訪問と滞在を決意する。当時、日本は「大正デモクラシー」の時代であり、日本への滞在がアジアの平和の礎になると判断したのである。折りしも東京帝国大学文学部教育学科創設の記念講演の招待を受け、デューイと夫人のアリスはこの招待を快諾して訪日した。しかし、「この国で民主主義はリップサービス」と語る知識人たちの言葉、財閥と軍部の横暴という日本社会の現実にデューイ夫妻は深く失望し、帰国の経路として心身の癒しのため教え子だった胡適の招待による 1 週間の中国訪問を決断する。デューイ夫妻は神戸港を出港し、上海に到着したのが 5 月 4 日。そこで五四運動に立ち上がった知識人と学生の姿に感動したデューイは、南京師範大学教授、北京師範大学教授を歴任し、2 年余りの間に 200 回を超える講演活動を中国全土で行って、孫文の指導する革命運動に参画することとなった。この日中訪問は、デューイの哲学と思想に大きな転回をもたらした。『哲学の改造』（1920 年）、『人間性と行為』（1922 年）、『経験と自然』（1925 年）などは、その転回を示す代表的著作である。この転回によって、デューイの哲学は心理学と教育学から、社会心理学、倫理学、政治学へと移行し、教育は心理学から倫理学と政治学へとシフトしている（拙著「公共圏の政治学──両大戦間のデューイ」『思想』907 号、拙著、佐藤（2012）に再録。参照）。『明日の学校』はその前兆に位置している。

解題　『明日の学校』　　　vii

　デューイにとって『明日の学校』のもう一つの意味は、社会主義への接近を強めた点にある。すでにデューイは、シカゴ大学時代に親交を結んだハル・ハウスのジェーン・アダムズやコロンビア大学の教え子のランドルフ・ボーンら社会主義者たちと深い関係を結んでいたが、『明日の学校』の執筆においてエヴェリンを媒介として多数の社会主義者たちとの関係を築いている。この関係を基盤としてデューイは、共産党員に対する「でっちあげ［frame up］」事件として有名なサッコ・ヴァンゼッティ事件（1920年）においてアインシュタインらとともに抗議行動を起こし、大恐慌後の1930年代と1940年代には、分裂した社会党と分裂した共産党との統合を追求する政治活動を展開することとなる。それらデューイの政治活動の契機の一つは『明日の学校』によって準備されたと言ってよいだろう。

2. エヴェリン・デューイの社会的活動

　エヴェリン・デューイの最初の社会的活動は、彼女が名門バーナード・カレッジ在学中の20歳の時、アメリカの女性労働運動史で最大規模とされる「ブラウス労働者ストライキ［Shirtwaist Makers Strike］」の支援活動を行ったことにある。この数千人規模のストライキは1909年の11月から1910年の2月まで断行された。この支援活動を通じて、エヴェリンは女性労働組合連合［Women's Trade Union League; WTUL］の活動家たちと親交を結び、その結びつきが『明日の学校』の訪問調査のネットワークを形成することとなった。当時、WTULの代表的指導者は、ハリエット・ジョンソン、ヘレン・マロット（キャロライン・プラットと同棲）、その妹のメアリー・マロット、キャロライン・プラット（1912年にプレイ・スクール——後のシティ・アンド・カントリー・スクール——を創設）らであり、彼らと新教育学校との繋がりは深かった（後にエヴェリンは自分の子どもをキャロライン・プラットのシティ・アンド・カントリー・スクールに通わせ、ジョン・デューイは同校の顧問をつとめた。同校の詳細は本解題末に注記の拙著、佐藤（1990）を参照）。

　さらにバーナード・カレッジの寮においてエヴェリンは、社会主義者クラブの会長であったマーガレット・ノームバーグ（後にウォルデン・スクールを創設、同校の詳細についても佐藤（1990）を参照）と同室であった。エヴェリンが教育へ

の関心を抱き始めたのは、1913年から1914年、母アリスとのヨーロッパ旅行においてイタリアのモンテッソーリ・スクールを訪ね、モンテッソーリと面談したことによるが、その旅も、前年にノームバーグがイタリアのモンテッソーリ国際研修講座を受講したことが契機となっていた。

帰国後、エヴェリンは進歩主義の教員養成大学バンクストリート・カレッジにおいてルーシー・スプラーグ・ミッチェル（元カリフォルニア大学教育学部長）が創設した教育実験研究所の所員となり、実験学校の実践記録を収集した『実験学校』［*Experimental Schools*］の編集に従事する。この経験が『明日の学校』執筆の直接的な基礎となった。

他方、ジョン・デューイは1913年、息子のサビノを同伴して、アラバマ州フェアホープのマリエッタ・ジョンソンの学校を訪問していた。このジョンとエヴェリンの新学校調査の経験によって、『明日の学校』の執筆と出版が準備され決定されたのである。

3. フェアホープ連盟から進歩主義教育協会へ

『明日の学校』は、多数の新教育の学校を紹介しているが、全体の基軸になっているのは、アラバマ州フェアホープのマリエッタ・ジョンソンの学校とインディアナ州ゲーリー市でウィリアム・ワート教育長が推進したゲーリー・プランの二つである。この二つの事例の紹介は、その後の進歩主義教育［progressive education］の二つの潮流を先取りしており、本書の先見性を示している。

マリエッタ・ジョンソンは、ルソーが『エミール』において描出した自然主義の教育を標榜して「オーガニック・スクール」を創設し、急進的な子ども中心主義の教育を実践していた。自然としての子ども、全体としての子ども（この観念をジョンソンはネイティブ・アメリカンから学んだといわれる）を発達と学びの基礎とする新教育の実践である。この挑戦は全米各地の新教育学校創設の発火点となり、彼女を中心に新学校の連合体、フェアホープ連盟が結成された。ジョンとエヴェリンが同校を訪問したのはこの時期である。『明日の学校』の出版によってフェアホープ連盟は全米的ネットワークに拡大し、この同盟はアメリカの新教育の代表組織として1921年に結成された国際新教育連盟にも参加している。

しかし、マリエッタ・ジョンソンのフェアホープ連盟は、進歩主義教育協会（1919年結成）の一つの基盤となったが、フェアホープ連盟と進歩主義教育協会との間には断絶もあった。進歩主義教育協会においては、マリエッタ・ジョンソンの自然主義の発達概念は協会会長スタンウッド・コブによって否定され、機関誌『進歩主義教育』が創刊された1924年以降は、フェリエールやフレネなどの社会主義者が主流を形成していた国際新教育連盟との関係も断たれている。

他方、ウィリアム・ワートが主導したゲーリー・プランはその後全米の公立学校改革に拡大したが、このプランは進歩主義教育の二つの異なる側面を併せ持つ改革であった。ゲーリー・プランは、一方では、デューイの教育哲学と民主主義思想に立脚した改革であり、「労働・学習・遊び」を中心とするカリキュラムにより、学習者中心の教育、労働中心と体育重視の教育、生涯学習へと連続する学校教育を実現していた。他方で、ゲーリー・プランは、近代的労務管理の原理を提示した『科学的経営の原理』（1911年）によるテーラー・システム（大工場の生産システム）の経営方式を教育に導入し、学校教育における時間と空間の効率性を追求する改革でもあった。『明日の学校』においてジョンとエヴェリンがゲーリー・プランにおいて着目し評価しているのは前者の側面である。

4. 『明日の学校』出版の意義

『明日の学校』は、1913年から1915年の全米の新教育学校の挑戦をほとんど網羅的と言ってよいほど、総括的に調査し紹介した名著であった。全米の新教育実践を紹介する同種の出版物はエヴェリンが編集に携わった教育実験研究所の『実験学校』（1915年）、進歩主義教育協会の機関誌『進歩主義教育』（1924年創刊）、教育ジャーナリスト、アグネス・ドゥリマの『我らが敵、子ども』（1924年）、そして全米教育研究協会（NSSE）第26次年報（1927年）があるが、『明日の学校』は、それら一連の新学校のドキュメントの先駆けであり、最も読者を獲得した出版物であった。

『明日の学校』の国際的影響も認められる。その一つを、ソヴィエト教育学の出発点となったクループスカヤの『国民教育と民主主義』（1917年）に見ることができる。同書は、クループスカヤが夫レーニンとの亡命先で執筆されて

いるが、実際にはレーニンが執筆したとも言われている。同書はデューイの民主主義の思想と労働と教育の結合を高く評価し、この二つの原理によって革命後のソヴィエト教育を構想している。同書における労働と教育の結合としてのデューイ教育学への積極的評価は、デューイ・スクールの記録『学校と社会』（1899年）と『明日の学校』におけるゲーリー・スクールの叙述によるものだろう。その後、ソヴィエトでは、デューイの教育学にもとづくコンプレックス・システム（労働を中心とする総合科学技術教育）が活発に展開されるが、その基盤を『明日の学校』は準備している。その縁もあって1928年、ジョン・デューイとエヴェリンはソヴィエトを訪問し、社会主義国家の社会と教育を好印象で紹介しつつ、その一方でスターリンの「国家社会主義」としての「全体主義」を厳しく批判する立場を確立している。

　『明日の学校』は、日本にも影響を与えている。同書に最も啓発された日本人は、ドイツとソヴィエトへの留学経験からマルクス主義に接近し、プロレタリア教育運動の推進組織、新興教育研究所を創設し主管となった山下徳治である。山下は転向後、デューイに傾倒し、1939年に『明日の学校』と題する著書を刊行している。同書は、山下自身のデューイ教育学の解釈を論じた本であり、趣旨も内容も異にしているが、ジョン・デューイとエヴェリン・デューイの『明日の学校』からの啓発によって執筆された出版物であることは確かである。

　　注　記

　『明日の学校』には、1913年から1915年の時点におけるアメリカの新教育の代表的な実験が網羅的に叙述されている。それらの代表的な学校の事例の当時の実態とその後の展開に関しては、拙著『米国カリキュラム改造史研究』を参照されたい。拙著で紹介した諸学校のすべてが『明日の学校』においても言及されていることから、エヴェリンの慧眼の確かさを認識することができるだろう。

　　文　献

佐藤学『米国カリキュラム改造史研究――単元学習の創造』東京大学出版会、1990年。

佐藤学『学校改革の哲学』東京大学出版会、2012年。

10
教育における道徳的原理

Moral Principles in Education, 1909

藤井佳世［訳］

1 学校における道徳の目的

　現代イギリスのある哲学者は、道徳的観念と道徳性についての観念との違いに注意を促している。「道徳的観念［moral ideas］」とは、行為に影響を与え、その行為を改善し、他の場合よりも行為をよりよくする観念である。同じように、不道徳的観念とは、行動を他の場合より悪くするような観念（数学的、地理的、生理学的観念にかかわらず）である。そして、非道徳的観念とは、よりよいともより悪いともどちらにも影響を行為に与えないような観念や情報だと言えるだろう。「道徳性についての観念」は、道徳的に影響を与えないか、不道徳的か、道徳的かである。道徳性についての観念には、これらの観念を自動的によい人格やよい行為に変えるような正直さ、清らかさ、優しさに関する情報が何もない。
　人格［character］の一部となり、それゆえ行動の動機の一部になっている道徳的観念と、古代エジプト考古学に関する知識のように不活性で無益なままである道徳的行為についての観念の区別は、道徳教育に関する議論にとって根本的である。教育者の仕事は——親であろうと教師であろうと——、子どもたちや若者によって獲得された観念のできるかぎり多くが、行為を導くよう駆動する観念、すなわち動機の力になるような生き生きとした方法において獲得されたものであるように気をつけることである。この要求とこの機会が、道徳の目的をすべての教授——どのようなテーマであったとしても——において、普遍的で支配的にする。この可能性がなければ、あらゆる教育の究極の目的は人格形成である、というよく知られた言明は偽善的な口実になるだろう。なぜなら、だれもが知っているように、教師と生徒がもつ直接的で即時的な注意［attention］は、時間の大部分において、知性的な出来事でなければならないからである。直接的な道徳的考慮をつねに最優先に維持することは、不可能である。

しかし、より行動を賢明にし、一貫したものにし、力強いものにするような、学習方法、知的な力を獲得する方法、教育内容を吸収する方法を作りあげることを意図することは、不可能ではない。

「道徳的観念」と「道徳性についての観念」との区別は、学校のなかにいる教師と学校の外にいる教育評論家とのあいだで繰り返される誤解の源を私たちに説明する。教育評論家は、学校のプログラム、カリキュラムを調べ、倫理の教授や「道徳を教えること」のための時間がないことを見つける。それゆえ、彼らは、次のように断言する。学校は、人格の涵養［character training］のために、何もしていないか、ほとんど何もしていない。つまり、彼らは、公教育における道徳の不足について強調し、激しく憤る。他方で、学校の教師らは、不当であるとしてこれらの批判に憤慨している。そして、教師らは、自分たちは「道徳を教えている」だけでなく、毎日のあらゆる瞬間に道徳を教えていると考えている。この論争では、原理的に教師が正しい。もし、彼らが間違っているのなら、結局、道徳についてだけ教えることができるような時間がなかったからではなく、教師自身の人格、学校の雰囲気や理念、教える方法、彼らが教える教育内容が、結果として、知的な成果が行動において働く力になるような、知的な結果と人格との生き生きとした結びつきをもたらさなかったことにある。それゆえ、直接的な道徳的教授（あるいは、道徳についてのよりよい教授）と呼ばれているものの価値あるいは限界について議論しないでも、教育を通した道徳的成長のすべての領域を考えれば、たとえその最上のものであろうと直接的な道徳的教授の影響というのは、比較的には小さく、影響も弱いのだということを根本的なこととして定めることができるだろう。それゆえ、この間接的で生き生きとした道徳教育のより広い領域、学校生活のあらゆる作用、手立て、題材を通した人格の発展が、私たちの現在の議論のテーマである。

2　学校共同体によって与えられる道徳の涵養

　倫理的原理は、その一つが学校における生活のためであり、もう一つが学校外の生活のためであるというように、二つ置かれることはありえない。行為が一つであるのと同じように、行為の原理もまた、一つである。学校がそれ自体で一つの制度であるかのように、学校の道徳について議論する傾向は、非常に残念である。学校の道徳的責任、学校を運営する人びとの道徳的責任は、社会に対してのものである。学校は、基本的に、ある特別な働きをなすために——生活を維持し、社会の福祉を前進させることにおいてある一定の機能を果たすよう——社会によって樹立された一つの制度である。この事実が倫理的責任を自身に課していると認めない教育システムは怠慢であり、十分ではない。このような教育システムは、なすべきことをせず、なすべきことをしようともしていない。それゆえ、学校の一般的な構造全体と学校の個別の諸作用は、そのつどの学校の社会的ポジションと社会的機能との関連から考えられる必要がある。
　全体として公立学校システムの道徳的作用と価値が社会的価値によって計測されるべきであるという考えは、確かに、よく知られた見解である。しかしながら、この考えは、しばしばあまりにも限定的で固定的にとらえられている。学校の社会的作用は、たいていシティズンシップのための訓練・涵養に限定づけられており、しかもそのシティズンシップとは、知的に投票するための能力、法にしたがう性向などを意味するような狭い意味において解釈されている。しかし、こうしたかたちに学校の倫理的責任を狭め、制限することは、無駄なことである。子どもは一つの存在である。そして、子どもは、統合された全体的存在として社会生活を生きるか、喪失に苦しみ摩擦を生みだすかのどちらかであるだろう。子どもが生みだす多くの社会的関係の一つを取りだすこと、ただそれだけによって学校の作用を定義することは、他の器官や機能とは無関係に、

単純に肺や呼吸する力の発達を目標としている身体運動の広大で複雑なシステムを導入していることと同じである。子どもは、身体的であると同時に、知性的であり、社会的であり、道徳的であり、有機的全体である。私たちは、もっとも広い意味で、子どもを社会のメンバーとしてあつかわなければならない。そして、私たちは、子どもがあらゆる社会的関係を知的に認め、それらを維持するなかで役割を担うために必要なことは何でも、学校にまた学校から要請しなければならない。

　シティズンシップの公式な関係を、実際にはそれが編みこまれている関係のシステム全体から孤立させること、子どもをよき市民にしうるある一つの特別な学習やあつかい方があると考えることは、言いかえれば、よき市民を、身体と精神のあらゆる力をコントロール下におくことのできる徹底的に有能で貢献的な［serviceable］社会のメンバー以上の何かと考えることは、教育の議論からそのうちに消えることが期待される邪魔な迷信である。

　子どもは、有権者や法の下の主体になるだけではない。子どもは、また、家族のメンバーになり、今度は彼自身が未来の子どもたちの養育と訓練に対して責任をもち、それゆえ、社会の連続性を維持することに対して責任をもつようになる。子どもは、労働者になり、社会にとって有用である仕事［occupation］、また彼自身の自立と自己尊敬を維持する仕事に従事することになるだろう。子どもは、ある特定の地域や共同体のメンバーになり、どこにいようとも、生活の価値に寄与し、文明の作法や魅力を加えていかなくてはならない。これらは、飾り気のない形式的な言明であるが、もし、私たちが想像力を働かせて、これらの言明を具体的な項目に翻訳すれば、私たちは幅広い多様な場面を描くことができるだろう。子どもにとって、これらのさまざまな機能に関して適切な位置を占めるということは、科学、芸術、歴史における訓練を意味し、探究の基礎的方法と交流やコミュニケーションの基礎的道具を駆使できることを意味し、訓練された健全な身体、熟達した目と手を意味し、勤勉さと忍耐の習慣を意味する。要するに、このことは、実用性のある習慣を意味するのである。

　さらに、子どもがそのメンバーになる社会は、アメリカ合衆国のなかにあるため、デモクラティックで進歩的な社会である。子どもは、従順さのためとともに、リーダーシップのためにも教育されなければならない。子どもは、自己

自身を導く力や他者を導く力、管理運営する力、責任ある立場を引き受ける能力をもたなければならない。リーダーシップのための教育の必要性は、政治面と同じぐらい産業面においても重要である。

　新しい発明、新しい機械、輸送と交通の新たな方法は、行為のあらゆる場面を年ごとに、作り変えている。生活における何らかの固定された立場に向けて子どもを教育することは、絶対に不可能である。教育が無意識的であろうと意識的であろうとこのような原則であるかぎり、その教育は未来の市民を役立たずにし、おべっか使いにし、漸進的な動きに対して実際上の遅れをもたらすものにするだけであり、生活におけるどのような立場にも適さない未来の市民を生みだすことになる。自己自身や他者を気遣う代わりに、彼はだれかに気遣われる対象になる。ここでもまた、社会的側面における学校の倫理的責任は、もっとも広く自由な精神のなかで解釈されねばならない。社会的側面における学校の倫理的責任とは、自己自身の世話ができ、そして進みゆく変化に自己自身を適合［adapt］させるだけではなく、その変化を形作り導くための力をもてるほど、自己自身を律することができるように子どもを訓練することと同じである。

　社会生活への参加［participation］から離れて、学校は道徳の目標や目的をもたない。私たちが孤立した制度として学校をとらえるかぎり、私たちは指導的原理をもたない。なぜなら、私たちは対象をもたないからである。たとえば、教育の目的は、個人のあらゆる力の調和的発達であると言われている。ここには、社会生活や社会のメンバーシップとの関連が示されていない。だが、多くの人びとは、教育の目標の適切で完全な定義がそのなかにあると考えている。しかし、もしこの定義が社会的関係と無関係にとらえられるなら、私たちは、使用されているどの言葉に関しても、それによって意味されていることを見定めることができない。私たちは、力［power］とは何か、発達［development］とは何か、調和［harmony］とは何かを知らない。力は、使用や機能に関連してのみ力となる。もし私たちが社会生活によって提供される使用を除外するならば、力によって意味されていることは何か、その特別な力が何であるのかを伝えるために、私たちは古い「能力心理学［faculty psychology］」以外の何ももっていないことになる。原理は、知覚、記憶、論証などのような多くの能力を

列挙し、これらの力のそれぞれが発達させられる必要があると述べることに変形してしまうのである。

このようにとらえると、教育は体操のようになる。観察や記憶の研ぎ澄まされた力は、漢字を学習することによって発達するかもしれない。論証における鋭敏さは、中世のスコラ哲学について議論することによって得られるかもしれない。単純な事実は、鍛冶屋、大工、蒸気機関技師のそれぞれに別の独自な能力があるのではないのと同じように、観察、記憶、論証の孤立した能力があるのではない、ということである。能力があるとは、単純に、特定の衝動や習慣が、ある一定の種類の作業を成しとげることと関連して調整され形作られているということである。知能の訓練ということが実際には何を意味しているのかを知るためには、私たちは、個人が観察し、回想し、想像し、論証するための能力を使用しなければならない社会的状況を知る必要がある。

教育についてのこのような特定の定義の説明において当てはまることは、私たちがこの事柄にいかなる観点からアプローチする場合にも当てはまる。私たちが、学校の活動をそれらに関連している社会的活動のより大きな範囲との関連で解釈するときにのみ、私たちは、その学校の活動の道徳的意義を判断するための基準を見つけることができる。

学校それ自体は、現在よりもはるかにいっそう生き生きとした社会的制度でなければならない。私は次のような話を聞いたことがある。ある都市の水泳教室では、若者は、水泳に必要なさまざまな動きを何度も繰り返して教えられており、水のなかに入ることなく泳ぐことを教えられている。そのように訓練された若者の一人が、水のなかに入ったときに何をしたか尋ねられたとき、端的に「沈んだ」と答えた。この話は実際におこったことである。そうでなければ、この話は、社会に対する学校の倫理的関係の特徴を示すためにわざわざ作った作り話のように思われるだろう。学校は、それ自体のなかで、社会生活の典型的条件を再生産する以外に、社会生活に対する準備をすることはできない。現在のところ、学校は、おおむねシシュフォス〔石を持ち上げつづける罰を受けた〕のような無益な仕事に忙しい。学校は、訓練を受けている子どもたちとの生き生きとした接触から、注意深く、そしてわざと遠ざけられているようにみえる社会生活のなかで有用であるように、子どもたちに習慣を形成しようとしてい

る。社会生活に対して準備する唯一の道は、社会生活に参与することである。直接な社会的必要性と動機から離れて、現存するどのような社会的状況からも離れて、社会的有用さと便利さの習慣を形成することは、文字通り、水の外での動きを通して、泳ぐことを子どもたちに教えることである。もっとも欠かすことのできない条件が考慮の外におかれ、そして、結果はそれに応じて中途半端になる。

学校での知性の訓練と道徳の涵養［moral training］、情報の獲得と人格の成長があまりにも残念なことに分離しているのは、たんに、社会生活や社会的価値をそれ自体のなかに有しているような社会的制度として学校を構想しそこない、構築しそこなったことの一つのあらわれである。学校が萌芽的な典型的共同体の生活である場合を除いて、道徳の涵養は、一部病理的になり、形式的になるに違いない。建設的なサービスの習慣を形成することに重点がおかれるのではなく、悪い行為を訂正することに重点がおかれるとき、訓練は病的になる。生徒の道徳的生活に対する教師の関心は、たいてい、学校の規則や日課にしたがいそこなうことへの敏感さというかたちをとっている。子どもの発達という観点から判断されたこれらの規制は、多かれ少なかれ、紋切り型で独断的なものである。これらの規制は、学校の作業の現存する様式がつづくために作られた規則である。しかし、これらの学校様式における本来的な必要性の欠如は、子どもの側にみられる、学校の道徳的規律訓練［discipline］が独断的であるという感情に映しだされている。教師を健全な成長よりも失敗に注目させる諸状況は、誤った基準を与え、歪みと逸脱をもたらす。悪い行為への注目は、原理であるよりもむしろ偶発的な出来事であるべきだ。子どもは、本人がなすべき作業に関連する観点から自己の行為を判断するために、自分が何をしているのかについて積極的な意識をもつべきである。このような方法においてのみ、子どもは、生き生きとした基準、つまり、失敗を未来の原因に変えられるような基準をもてるのである。

学校の道徳の涵養が形式的であるということによって、私が意味していることは、現在学校で強調されている道徳的習慣は、言わば、その場かぎりで生みだされた習慣である、ということだ。とりわけ、学校で教えこまれるような、機敏さ、規則正しさ、勤勉さ、他者の仕事への不干渉、課された課業への忠実

さの習慣でさえ、たんに、学校システムがそうであるから、そして無傷のまま保持されるべきであるという理由から必要とされる習慣である。もし、私たちがそのようなものとして学校システムの不可侵性を認めるなら、これらの習慣は永続的に必要な道徳的観念を表すことになる。しかし、まさに学校システムが孤立し機械的であるかぎり、これらの道徳的習慣の強要は、多かれ少なかれ、非現実的である。なぜなら、それらの道徳的習慣が関連している理念それ自体が必要ではないからである。言いかえれば、この義務はあきらかに学校の義務であり、生活の義務ではないのである。もし私たちがこの状況を秩序ある家庭の状況と比較するなら、子どもが秩序ある家庭で認識しなければならない義務と責任は、特殊化され孤立した制度としての家族に属するのではなく、家族が参加し寄与している社会生活のまさに本質から湧きでていることを、私たちは見つけるだろう。子どもの正しい行為に対する動機や、学校のなかで判断される基準は、当人の属するより幅広い社会生活のなかにおける大人の動機や基準と同じであるべきだ。共同体の福祉への関心、感情的であるとともに知性的で実践的であるような関心、つまり、社会秩序と進歩を作るあらゆるものを知覚することへの関心、そしてこれらの原理を実行に移すことへの関心は、もしすべての特殊な学校の習慣が生活の息吹によって生気を与えられるべきなら、すべての特殊な学校の習慣が関連づけられるべき道徳的習慣である。

3　教授法からみた道徳の涵養

　道徳教育の基礎的要因としての学校の社会的特徴の原理は、教授法に関する問いにも——その細部においてではなく一般的な精神において——当てはまるだろう。したがって、強調点は、吸収することやたんなる学習よりも構築や発表することにある。私たちは、この吸収することやたんなる学習の方法が、どれぐらい本質的に個人主義的であるか、そして無意識的だとしてもこの方法が

どれぐらい確実で効果的に子どもの判断や行為の方法に影響を与えているかを認識しそこなっている。40人の子どもたちすべてが、来る日も来る日も、同じ本を読み、同じ授業に向けて、暗唱していることを想像してみよう。このプロセスが子どもたちの作業のかなりの部分を構成し、子どもたちはある学習時間のなかで何を取りいれ、暗唱の時間のなかで何を再生産できるかという観点から絶えず判断されていると想定してみよう。そこには社会分業のための機会はほとんどない。すなわち、それぞれの子どもにとって、他者の生産に参加すると同時に、〔他者と〕共通の蓄積［common stock］へ貢献するような、本人自身の特別な何かをやりとげる機会はない。すべての子どもは、まさに同じ作業に取りくみ、同じ生産物を作りだすことになっている。社会的精神は養われない。実際、まったく個人主義的な方法が社会的精神の作業に入りこむかぎり、社会的精神は使用の欠如によって退化する。学校のなかで声をだして読むことが不十分な一つの理由は、言語を使用する際の現実的な動機が——コミュニケーションしたいという欲望や学びたいという欲望が——利用されていないことにある。子どもは、教師やあらゆる仲間の生徒たちが、確実に同じ事実と観念をもっていることをとてもよく知っている。子どもは、教師やあらゆる仲間の生徒たちに何も与えていない。そして、道徳の欠如が、知性の欠如ほど大きいのではないかということが問われるだろう。子どもは、与えたい、なしたい、役に立ちたいという自然な欲望をもって生まれる。これらの傾向が用いられないと、すなわち、別の動機が代わりに用いられる状況のとき、社会的精神に反して働く影響力の蓄積が、私たちが考えられるよりもはるかに大きくなる。とりわけ、毎年毎年、毎週毎週、同じことを繰り返すような作業の重荷が、こちら側に注がれるときはそうなる。

　しかし、社会的精神の養成を欠いているだけではない。あきらかに、個人主義的な動機と基準が教えこまれている。子どもに学習を維持させるために、何らかの刺激を見つけなければならない。よくてもせいぜい、これは、自分は学校の規則を破っておらず、したがって積極的ではないかもしれないが消極的には学校の善に寄与しているだろうという気持ちと一緒になった、教師に対する愛情だろう。私はこれらの動機が機能するかぎり、反対するわけではないが、これらの動機は十分ではないと思う。なすべき作業と第三者への愛情との関係

は、内在的ではなく、外在的である。それゆえ、外在的状況が変わればいつでも、この関係はこわれる。さらに、特定の人物への愛着は、ある意味では社会的である一方、利己的であると言えるほど、孤立し、排他的になってしまうこともある。ともかく、子どもは二人や三人に関連づけられ留め置かれるのではなく、この相対的に外在的な動機を漸進的に脱していき、本人がなすべきことの社会的価値をそれ自体において、その生活とのより大きな関係ゆえに尊重するようになっていかなくてはならない。

　しかし不運なことに、動機はつねにこうした比較のうちでもっともよいものであるわけではなく、〔そこには〕あきらかに利己的な、より低次の動機が混在している。恐怖は、入りこむことがほとんど確実な動機である。この場合の恐怖は、かならずしも身体上の恐怖、あるいは罰を受ける恐怖ではなく、むしろ、他者の賞賛を失うという恐怖、あるいは病気になり体が麻痺するほどの極端な失敗への恐怖である。別の側面から見れば、競争や対立がその動機に入る。まさに、すべての人が同じ作業をおこなっており、そして、個人的な寄与ではなく、相対的な成功という観点から（等級づけや進級と関連する暗唱または試験のいずれかによって）判断されるため、臆病な子どもが抑圧される一方で、他者に対する優位の感情が過度に喚起されることになる。子どもたちは、同一の外在的基準を実現できる能力において判断される。より弱い子どもは、次第にみずからの力の感覚を失い、連続的で永続的に下位のポジションを受けいれることになる。自己尊敬と作業に対する尊重との両方に対する影響は、言うまでもないだろう。強い子どもは、彼自身の力強さではなく、だれかよりも強いという事実を誇りにすることを学ぶ。子どもは、早すぎる段階で、しかも競争がもっとも適当でない方向、すなわち、協働と参加を法とする知性的で芸術的な物事に向かって、個人主義的な競争の領域に送りだされる。

　受動的吸収や外的地位をめぐる競争の有害さの次にくるのは、おそらく、遠い未来のための準備が絶え間なく強調されることから生じる有害さである。目の前の現在のなかで大部分を生きている子どもたちが、ほとんど何も意味していない暗くて不確かな未来というものでいざなわれるときに生じるエネルギーや活力の浪費について、私はここで言及するつもりはない。私は、むしろ、作業への動機が現在にあるのではなく未来にあるときに生じる習慣的な遅延や、

作業が現在のニーズや現在の責任にもとづいてではなく、試験をパスする、進級する、高等学校に入る、大学に入るなどの外在的な成果によって、評価されるときに生みだされる判断の誤った基準について考えている。それ自体ではなすべき価値は何もなく、何かある他のものに対する準備としてのみ価値があり、しかも今度はその何かが、もっと先にある何か本当に重要な目的のための準備である、という絶え間ない印象から生じる道徳の力の喪失を、だれが計算できるだろうか。さらに、たいてい、はるか遠い成功という目的は、成功する——他者より成功する——という利己的な欲望がすでにたいへん強い動機になっている人に対して、もっとも強く働きかけるものであることが見いだされるだろう。未来の勝利という明るい絵を描くようなすでに非常に強い個人的な野心をもっている人びとは、それに触発されるだろう。しかし、より鷹揚な性質の人びとは、それに触発されない。

〔ここで〕私は、もう一つの側面を描きだすために立ちどまることはできない。私はただ、次のことだけを述べよう。それは、子どもの活動的な力、構築や生産、創造における子どもの力へ訴えるあらゆる方法の導入は、利己的である吸収から社会的であるサービスへと倫理的重力の中心を移動する機会を示しているということである。手工訓練は手工以上のことであり、知性的である以上のことである。よい教師のもとでは、手工は、容易に、そしてほぼ当然のこととして、社会的習慣の発展を支える。カント哲学以来、芸術は普遍的であるというのが、美学理論の常套句であった。芸術は、純粋に個人的な欲望あるいは意欲の産物でもなく、また、たんに個人が所有する能力でもなく、芸術を知覚するすべての人によって参加される価値をもっている。もっとも意識的な注意が道徳的考慮に払われる学校においてさえ、学習と暗唱の方法は、力よりも鑑賞を強調している。他者の経験を吸収するための情緒的レディネスを、別の状況や過去においてこれらの経験を有意義なものとした価値を前進させる啓蒙され訓練された能力よりも、強調している。とにかく、指導と人格との分離が、学ぶこととなすこととの完全な分離の結果として（個々の教師の努力にもかかわらず）つづいている。学習のたんなるプロセスや学習に付随する習慣に真の道徳的効果をともなわせようという試みは、しきたりや独断に感化された訓練と、順応しそこなうということの過度の強調に終わるだけである。成しとげられた

ものがいまあるほどにあるということは、互恵、協働、前向きで個人的な達成の機会を提供する、学校の活動の方法に含まれている可能性を示している。

4　学習課程の社会的性質

　学校の全般的な雰囲気と支配的な規律訓練［discipline］と指導［instruction］の方法との両方を決めるのは、多くの点で、学校生活で使用されている科目内容である。実を結ばない「学習課程［course of study］」、すなわち、学校活動の細々とした狭い領域は、生き生きとした社会精神の発展あるいは、吸収や排他性や競争の代わりに共感や協働に訴える方法になることはできない。したがって、私たちが、道徳的価値についての社会的基準を、学校の作業の科目内容に、つまり、伝統的に私たちが「学習［studies］」――これが生徒の心を占める［occupy］のだが――と呼んでいるものに、どのように適応すべきかを知ることが、もっとも重要なことである。
　教科は、子どもに行為の社会的場面の理解をもたらすための手段として考えられるべきである。このように考えると、教科は、題材の選択と価値判断のための規準を与えている。私たちは、現在、三つの独立した価値をもっている。それは、文化の価値、情報の価値、規律訓練の価値である。現実には、これらの価値は、ただ社会的解釈の三つのフェーズをあらわしているものである。情報は、社会生活の文脈に位置づけられた題材の明確なイメージと概念を提示するかぎりにおいてのみ、本物であり、教育的である。規律訓練が真に教育的であるのは、個人が社会目的のために自身の力を用いられるように、その個人自身の力へと入りこむ情報の応答［reaction］を規律訓練が示すときだけである。もし文化が真に教育的であるべきで、外在的な磨きや人工的な上塗りでないなら、文化は、情報と規律訓練の生き生きとした結合を示す。文化は、人生観における個人の社会化を表すものである。

この点は、学校における学習のいくつかに簡潔に触れるだけで示せるだろう。そもそも、自然科学、歴史学、地理学などそれぞれに属するものとして分類される事実のあいだに境界線はない。現在広くおこなわれている細かい分類（最初から、異なる教科書ごとの多くの異なる教科に、子どもを導入することによって促進されている）は、教科間の関連と、すべての教科が属している知的な全体と教科との関連について、非常に間違った考えを与えている。実際、これらの科目は、同じ根本的な現実、すなわち、人間の意識的な経験に関係がある。私たちがさまざまな関心をもち、さまざまな目的をもっているがゆえに、私たちは題材を分類し、その一部に理科というラベルをはり、その一部に歴史というラベルをはり、その一部に地理などのラベルをはっている。これらの「分類」は、社会生活の支配的な典型的な目的やプロセスに関連して整理整頓された題材を示している。

　この社会的規準は、教科を別の教科から区別するだけではなく、各々の教科の理由――教科を提示する動機――を把握するためにも必要である。たとえば、私たちは、どのように地理学を定義すべきだろうか。地理学分野と言われているもの――数理地理学、自然地理学、政治地理学、商業地理学――における統一性とは何か。それらは、私たちが多くのさまざまな事実に偶然出会うという素朴な事実に依存する、単純な経験的分類なのだろうか。あるいは、題材がこれらのさまざまな項目に分けられることに、本質的な原理が――これらに対する人間精神の態度や関心に関する何かが――あるのだろうか。私は次のように考えている。地理学は、人間の生活と自然との相互作用にかかわる社会生活のあらゆる側面についての学である。あるいは、地理学は、社会の相互作用の場面として考えられている世界についての学である。それゆえ、ある事実が人間の自然環境への依存に関するものであるかぎり、また人間の生活を通してこの環境に導かれた変化に関するものであるかぎり、どんな事実でも地理学的であると言えるだろう。

　したがって、上記で言及した地理学の四つの形式は、人間の生活と自然との相互関係の議論における抽象の四つのステージを示している。初めは、地球をそのまま、相互の関係のなかで行為する人間の家として認めるという、社会地理学である。私が、社会地理学で意味していることは、次のことである。あら

ゆる地理学的事実の本質は、同時に分離し、また物理的環境によって結びついてもいる二人の人間の意識、あるいは二つのグループの意識である。そして、関心は、これらの人びとがどのようにして、離れていながら同時に物理的環境によって、彼らの行為においてともにかかわっているのかということを、理解することにある。湖、川、山、平野の究極的意義は、自然的なことにあるのではなく、社会的なことにある。すなわち、その究極的意義は、人間の関係を修正したり導いたりすることにおいて果たす役割にある。このことは、確実に、商業上という語の拡大を含んでいる。それは、狭い意味において、たんにビジネスとかかわるということではなく、自然の諸形態や諸特質に影響された人間の交流と交際に関するものすべてと関連する。政治地理学は、同様の社会的相互作用を、動的ではなく静的なあり方において示している。すなわち、ある形態に一時的に結晶化され、固定化されたものとして、ということである。自然地理学（たんに地形学的なことだけではなく、植物相や動物相の研究を含む）は、さらなる分析あるいは抽象化を示している。自然地理学は、人間が具体的に行為する方法をとりあえず考慮から除いて、人間の行為を決定する状況を研究する。数理地理学は、ふたたびより究極的で離れた状況において分析をおこなうものであり、地球の自然状況が、究極的であるのではなく、より大きな体系のなかで世界が占めている場所に依存していることを示している。言いかえれば、ここでは、人びとの直接的な社会的仕事や集団の分類と、これらを究極的に条件づけている全体的な自然を結びつけているリンクが、少しずつあきらかにされている。少しずつ、その場面は拡大され、社会的行為の構造に入りこむイメージが広げられ、拡大される。この結びつきの鎖が崩壊することはない。

　教科を一つずつ取りあげ、その教科の意味が社会的考慮によって同じようにコントロールされていると示すことは、不可能である。しかし歴史に関しては一言二言述べておきたい。歴史は、社会学的観点から示されているか、示されていないかに応じて、子どもにとって生き生きとしたものになるか死んだものかになる。歴史をたんに過ぎさった過去の記録として取りあつかうとき、歴史は機械的であると言わざるをえない。なぜなら、過去は、過ぎさったこととして、遠くかけ離れたところにあるからである。たんに過去のものとしてあるだけでは、その過去に対して注意を払う動機にならない。歴史教育の倫理的価値

は、過去の出来事が現在を理解するための手段になる——今日の社会の構造と働きを構成するものについての洞察を提供すること——程度によって、計測されるのである。実在する社会構造は、とても複雑である。子どもにとって、実在する社会構造全体に［en masse］取りくみ、それについての何か一定の心的なイメージを得ることは、実際には不可能である。しかし、望遠鏡を通してのように、実在する秩序の本質的な構成要素を示すような、歴史的発展の典型的段階を選ぶことはできるかもしれない。たとえば、ギリシャは、芸術や個人の表現の増大する力が意味するものを示している。ローマは、非常に大きな規模で、政治的生活の要素と力を示している。あるいは、これらの文明はそれ自体かなり複雑なので、文明のはじまりにおける狩猟、遊牧、農業生活というまだ単純な形態についての学習、鉄や鉄の道具の導入の影響についての学習が、複雑なことをよりシンプルな要素にする。

　歴史教育が一般的にあまり効果的ではない理由の一つは、どのような時代もどのような要素も何一つ生徒の精神に典型的なものとして立ち現われてこないような方法で、生徒が情報を獲得させられていることにある。すなわち、あらゆることが、同一の死んだようなレベルにされているのである。必要なパースペクティブを獲得する方法は、あたかも現在の要素の拡大をともなう現在の投影であるかのように、過去をあつかうことである。

　対比の原理は、類似の原理と同じぐらい重要である。現在の生活は、私たちにとても身近であり、あらゆる点で私たちに接しているので、私たちは、現在の生活から離れて現在の生活をそのものとして見ることができない。特徴的なものとして、あきらかにあるいははっきりと浮かび上がることは何もない。過去の時代の学習において、著しい相違にかならず注目がなされる。このようにして、子どもは、想像力の場所を獲得し、それらを通して、現在の取りまく環境の圧力から自己自身を引きはなし、これらの環境をあきらかにすることができる。

　歴史は、社会進歩の方法［method］を教えることに、等しく役立つことができる。一般的に、歴史は原因と結果の観点から学習されるべきであると述べられている。この意見が真であるかどうかは、その解釈に依存している。社会生活は非常に複雑であり、その社会生活のさまざまな部分は、相互にそして自然

的環境と非常に有機的に関連しているため、このことやあのことが別の特定の出来事の原因であると述べることは不可能である。しかし、歴史の学習は、社会進歩の偉大な時代を生みだした発見、発明、生活の新しい様式等における主要な道具を見いだすことを可能にする。そして、歴史は子どもたちに、社会進歩のおもな筋道のタイプを示すことができ、進歩の行く手をふさぐ主要な困難や障害がなんであるかを子どもたちの目の前に示すことができる。もう一度言えば、このことは、社会的影響力そのものはつねに同じである——現在働いているのと同じ種類の影響が100年前や1000年前にも働いていた——ということ、そしてまた、ある特別な歴史の時代を通して、根本的な影響力が作用する方法を説明すると認められるかぎりにおいてのみ、可能となることである。

　それゆえ、あらゆることは社会的観点からあつかわれ歴史に依存している。それは、社会発展に影響を与えた作用を示し、社会生活がそれ自身を表現するなかに見られる典型的な制度を提示するような歴史である。文化段階説は正しい方向に向いてはいるのだが、過去の時代を現在との関連で——現在の構造の象徴的要因についての洞察を提供するものとして——あつかうことの重要性を認めそこなっている。つまり、文化段階説は、過去の時代がそれ自体においてある意義や価値をもっていたかのように、過去の時代をあまりにもあつかいすぎてきた。伝記的方法が用いられる手法も同じ点を示している。大衆の協働［association］に含まれている社会的力と原理を子どもたちの意識から排除してしまう（少なくとも十分に強調をしない）かたちで、この方法はよくおこなわれている。子どもが、伝記的観点から、歴史に容易に興味をもつということは本当のことである。しかし、「英雄」が、彼の背後にあり、まとめあげ指揮していた共同体生活との関連のなかで取りあつかわれないかぎり、歴史はたんに刺激的な物語に切りつめられてしまう危険がある。そうすると、道徳の教授は、社会的関係、理念、手段についての子どもの想像力を広めて深める代わりに、考察対象の特別な人物の人生からある一定の教訓を引きだすことに切りつめられている。

　私は、これらの点を、それら自身のために重視しているのではなく、ある教科はそれが社会生活を理解するための一つの様式として教えられるとき明確な倫理的重要さを有するのだ、という一般的原理との関連において重視している。

子どもが継続的に求めていることは、正直さや誠実さの重要性に関する孤立した道徳的教訓でもなければ、ある特定の愛国心的な行為から導かれる有益な結果でもなく、社会的な想像力と概念の習慣を形成することである。

私はもう一つの例を、すなわち数学を取りあげる。数学は、社会的道具として提示されるか提示されないかに応じて、その十分な目的を成しとげたり成しとげなかったりする。情報と人格のあいだの一般的な分離、知識と社会的行為のあいだの一般的な分離が、この場面に広がっている。数学の学習が、社会生活のなかでの使用に関して数学が占める場所から切りはなされた途端に、数学の学習は、純粋に知的な側面に関してでさえ、過度に抽象的になる。それは、どんな目的あるいは使用からも離れた技術的な関連と公式の問題として提示されている。小学校において、数の学習が直面している困難さは、動機の欠如である。あれやこれやといったそれぞれに悪い方法の背景にあるのは、何らかの目的を成しとげるための手段ではなく、まるで数それ自体が目的であるかのように、数をあつかうという根本的な間違いである。数の使用が何であるのか、数が実際は何のためのものであるのか、に関する意識が子どもに獲得されたなら、戦いの半分は勝ったと言える。いまや、理由の使用というこの意識は、暗示的に社会的であるようないくつかの目的を含んでいる。

算術のさらに前進した学習における不条理なことの一つは、次のようなものである。すなわち、数学は、自らを特徴づける固有の原理をもたないような、職業との関連においてみられるある一般的原理を表しているものとして〔とらえられ、こういった理由から〕数の操作を、子どもが学習させられている程度にある。それらが有用である職業現実への注意を払わない、あるいは、これらの職業活動を必要とする社会生活の状況への注意を払わないままで、子どもにこの操作を訓練することは、算術でも常識でもない。子どもは、利息、共同経営事業、銀行業、仲買業務など一連の例をなすように要求されるのだが、そこで子どもが算術との関連において含まれている社会現実の感覚を得ているかどうかについては、注意は払われない。算術のこの部分は、その性質において、本質的に社会学的である。社会学的なこの部分は、全面的に忘れられるべきか、関連のある社会現実の学習との結びつきのなかで教えられるべきかのどちらかである。いま私たちがあつかっている学習は、水から離れて泳ぐことを学ぶと

いう古い事例の再現であり、それに応じて実用面において悪い結果をともなう。

　議論のこの部分を結論として、私たちは次のように述べることができるだろう。道徳教育についての私たちの概念は、あまりにも狭く、あまりにも形式的であり、あまりにも病理的であった。私たちは、倫理的という語を、徳とラベル付けされ、多くの他の行為と区別され、それらを遂行する子どもたちの習慣的なイメージと動機からさらに切りはなされているような、特定の特別な行為と結びつけて考えている。こうして、道徳の教授は、これらの特殊な徳について教えること、あるいは特殊な徳に関する特定の心情を徐々に教えこむことと結びついてきた。道徳はあまりにも、いかにも善人ですといったような人のイメージで考えられてきた。究極的な道徳的動機や力とは、社会的知性——社会状況を観察し把握する力——と、社会的関心と目標のために機能する社会的力——訓練された統制能力——以上でも以下でもない。社会の構成をより明確にする事実や、その訓練が社会の資源をより豊かにするような力は、すべて道徳である。

　したがって、私は、あなたたちの注意を学校における道徳的三位一体［moral trinity］にいざなうことによって、この議論の部分をまとめたい。要求は、社会的知性［social intelligence］、社会的力［social power］、社会的関心［social interest］に対してある。私たちの資源は、(1) 社会的制度それ自体としての学校生活であり、(2) 学びと作業をなす方法であり、(3) 学校の教科あるいはカリキュラムである。学校がそれ自身の精神において、本物の共同体を表現していること、学校の規律訓練、管理、秩序などと呼ばれるものがこの本来備わっている社会的精神を表現していること、用いられる方法が活動的な力や構成的な力に訴え、子どもたちが与え役立つことを可能にするような方法であること、カリキュラムが、子どもがその一部を担うべき世界や子どもが折り合いをつけるべき要求についての意識を子どもに提供するような題材を与えるように選択され組織化されていること、これらの目的が満たされるかぎりにおいて、学校は倫理的基盤にもとづいて組織化されている。一般的原理に関して、あらゆる基礎的な倫理的要求は満たされている。あとは、個々の教師と個々の子どものあいだのことである。

5　道徳教育の心理学的側面

　私たちは、これまで、行為を構成する目的と結果の構造——「何［what］」がそれを構成しているのか——について考えてきた。しかし行為はある特定の方法と精神——すなわち「どのように［how］」——をもっている。行為は、社会的成果を実現することや社会的構造を維持することであるとともに、個人の態度と性向を表すことであるとも見なされている。個人のパフォーマンス、個人的なおこないの様式として行為について考察することは、道徳の社会的側面から道徳の心理学的側面へと私たちを連れていくことになる。第一に、すべての行為は、最終的に根本的に、生まれながらの本能と衝動から生じている。私たちは、何に訴え何にもとづけばよいのかを知るために、これらの本能と衝動が何であるか、そして、子どもの発達のそれぞれの段階においてこれらが何であるかを知らなければならない。この原理を無視することは、道徳行為の機械的な模倣を生みだすだろうが、その模倣は、倫理的には死んでいると言えるだろう。なぜなら、この模倣は、外在的なものであり、個人のなかにではなく、個人の外に中心をもっているからである。言いかえれば、私たちは、必要なものや望ましくない徴候を知り、示唆を得るために、子どもを研究しなければならない。子どもの多かれ少なかれ自発的な行為は、教育者の努力がしたがうべき道徳形式を定めていると考えてはならない。これは、たんに、子どもを甘やかす結果になるだけである。これら子どもの自発的行為は、解釈されることを要求する徴候であり、導きによって応答されるべき刺激であり、どのように変容しようとも、未来の道徳的行為と人格を最終的に構成する唯一の素材である。
　それゆえ、第二に、私たちの倫理的原理は、心理学的用語で述べられなければならない。なぜなら、子どもだけが、道徳的理念を実現する方法や道具を、私たちに提供しているからである。カリキュラムの教育内容が、どれほど重要

で、思慮深く選ばれていようとも、個人自身の活動、習慣、欲望の手段に作り直されるまでは、決定的な道徳的内容を欠いている。私たちは、潜在的に道徳〔的である部分〕を歴史、地理学、数学から引きだす前に、歴史、地理学、数学が、心理学的には、すなわち個人的に経験することの様式として何を述べているかを知らなくてはならない。

　教育の心理学的側面とは、もちろん、人格についての考察である。人格の発達は、あらゆる学校の仕事の目的である、というのはありふれた言明である。困難は、この言明の実行にある。そして、この実行の背景にある難しさとは、人格が何を意味しているかについての明確な概念を欠いていることである。これは、非常に極端な言明のように思われるかもしれない。もしそうなら、私たちは一般的に人格を結果の観点からのみ考えている、と言いかえてもいいだろう。私たちは、心理学的には——すなわち、働いている、または力動的であるプロセスとしては——人格についての明確な概念をもっていない。私たちは、人格から生まれる行為の観点からは、人格が意味することを知るが、私たちは、その内側においては、つまり実際に作用している力の体系としては、人格の正確な概念をもっているわけではない。

　(1) 力、実行の過程にある能力、あるいは、明白な行為は、人格の必要な構成成分の一つである。私たちの道徳のテキストや講義において、私たちは、よい意図などに重点を置いているかもしれない。しかし、私たちは、教育を通して私たちが形成したいと願っている人格の種類は、よい意図をもつだけではなく、それらを実行することを強く要求するような人である、ということを、実際には知っている。実行のない他のどのような人格も、煮えきらない感じである。つまり、それは、善を気取っているものではあるが善ではない。その個人は立ちあがる力をもち、生活の実際の葛藤に対して何かしら一翼を担うものでなければならない。個人は、主導性、強い主張、持続性、勇気、勤勉さをもたなければならない。要するに、個人は、「人格の力 [force of character]」という名のもとで機能するすべてのものをもっていなければならない。この点に関して、個々人は生まれながらの才能においておおいに異なるということはあきらかだ。それでもなお、個々人は、衝動、前へ向かう傾向、何かをなすという内的駆動力というある特定のものが原初的に備わっている。この側面における教

育の問題は、力の生まれながらの蓄えが何であるかを発見すること、それからその生まれながらの蓄えを、堅固に維持される行為の様式——習慣——に組織化するような方法（刺激と統制の両方の状況を提供するような方法）で、それを利用することである。

(2) しかし、こうした純粋な力そのもの以上に求められる何かがある。純粋な力そのものは、野蛮であるかもしれない。すなわち、この力は、他者の利益を踏みつぶすかもしれない。正しい目的をめざして進む場合でさえ、この力は、他者の権利を侵害するような方法で進むかもしれない。そのこと以上に、まったくの力そのものにおいて、正しい目的を保証するものはない。能率は、間違った目的に向かうかもしれないし、明確な損害や破壊に終わるかもしれない。すでに示したように、力は、方向づけられなければならない。この力は、社会的な経路に沿って組織化されなければならない。すなわち、この力は、価値ある目的に結びつけられなければならない。

このことは、知性的側面と感情的側面の両方に関する訓練・涵養を含む。知性的側面において、私たちは判断しなければならない——通常、良識と呼ばれている。たんなる知識あるいは情報と、判断との違いは、前者は単純にもたれているものであり、使用されてはいないということである。〔たんなる〕判断は、目的の達成に関連して、方向づけられた知識である。よき判断とは、それぞれの [respective]、あるいは、バランスのとれた [proportionate] 価値についての感覚である。判断する人は、状況をとらえる能力を有している人である。そのような人は、さしあたり、無関係であること、あるいは重要ではないことを却下して、目の前にある場面や状況を把握することのできる人であり、注意を必要とする要因を把握することができる人であり、それぞれの要求に応じそれらに順列をつけられる人である。抽象的に正しいことは何であるかというたんなる知識、一般的に正しいことにしたがうというたんなる意図は、どれほどそれ自体賞賛に値するものであっても、訓練された判断の力の代わりにけっしてならない。行為は、つねに、具体的ななかにある。行為は、特定の明確なものであり、個別的である。それゆえ、行為が、それが生じている状況におけるアクチュアルで具体的な要因の知識によって裏打ちされ、統制されている場合でなければ、行為は相対的に無益であり、浪費であるに違いない。

（3）しかし、目的についての意識は、たんに知性的である以上のことである。私たちは、最高にすぐれた判断を有しているのに、自身の判断にもとづいて行為をしていないという人を想像することができる。障害に対抗して実行する努力を保証するための力がなければならないだけではなく、繊細でパーソナルな反応もなければならない——感情的な反応がなくてはならない。実際、よき判断は、この感受性なしには不可能である。状況や、他者の目的と関心に対する機敏でほとんど本能的な敏感さがなければ、判断の知性的側面は、作用するための適切な題材をもたないことになるだろう。まさに、知識の題材が感覚を通して提供されるのと同じように、倫理的知識の題材は、感情的な反応によって提供されている。この特質を言葉で表現することは難しいが、私たちはみんな、厳格で堅苦しい人格と、思いやりがあり、順応性があり、率直な人格のあいだの違いを知っている。抽象的には、前者も後者と同じように、道徳的観念に心から向かっているかもしれないが、実際的な問題としては、私たちは後者とともに生活することを好むだろう。私たちは、前者が規則へのたんなる忠誠によって完遂することよりも、気配りによって、他者の要求を本能的に認めることによって、順応するスキルによって、後者がより多くを完遂することを頼りにしている。

　それゆえ、ここに、学校が個々人に対して直接的におこなうことにもとづいて、学校の仕事を吟味するための道徳的基準がある。(a) 現在、学校は、システムとして、自発的な本能や衝動を十分に重要なものとして考えているだろうか。学校は、自発的な本能や衝動にあらわれでて、結果を達成することができる十分な機会を提供しているだろうか。私たちは、現在、学校が原則的に、吸収と学習のプロセスよりも、活発な構築的力に結びついていると言うことさえできるだろうか。自主活動についての私たちの話は、おもに、私たちが考えている自主活動が、手と目を通して機能する衝動との関連から離れて、純粋に「知性的である [intellectual]」ために、それ自体無意味なものになっていないだろうか。

　まさに、現在の学校の方法が、こうした問いの吟味に答えることができないかぎり、道徳の成果は、不十分であるに違いない。私たちがその代価を進んで払わないかぎり、私たちは人格の明確な力の発達を手に入れることはできない。

私たちは、子どもの力を窒息させたり、抑圧したりすることはできないし、あるいは、次第に子どもの力の成長を止め（練習のための機会の不足から）、それから、イニシアティブと連続的な勤労をともなう人格を当てにすることはできない。私は、抑制に結びついている重要さを意識しているが、たんなる抑制は無価値である。何らかの価値ある唯一の抑制、保持は、力を明確な目的に集中させておくことから生じてくるものである。本能や衝動がランダムに放出したり脇道に脱線しないようにしておかれないかぎり、目的を達成することはできない。力をそれらの適切な目的において働いているよう維持することにおいて、本物の抑制のための十分な機会がある。抑制は力より重要であると述べることは、死は生以上のことであり、否定は肯定以上のことであり、犠牲は奉仕以上のことである、と述べることとほぼ同じである。

（b）私たちは、また、学校がよき判断の形成にとって必要な状況を提供しているかどうかを発見することによって、学校の働きを吟味しなければならない。相対的な価値の感覚としての判断には、選択することのできる能力、判別することのできる能力を含む。情報を獲得することは、けっして、判断の力を発達させえない。判断の発達は、単純な学習を強調する教授の方法のおかげではなく、そうした方法にもかかわらずなされえないのである。テストは、獲得された情報が使用されなければならないときにのみ、有効になされる。獲得された情報は、私たちがそれに期待していることをおこなうだろうか。私は、熟達した教育者がこのように述べるのを聞いたことがある。その彼女の判断では、知性的側面に関する今日の教授におけるもっとも大きな欠点は、子どもたちが精神的な展望［perspective］をもつことなしに学校を卒業するという事実のなかに見いだせるという。〔学ばれる〕諸事実は、子どもたちにとって、すべて同じ重要さに見えている。そこには、前景も背景もない。また、価値の尺度にもとづいて事実を分類することや段階別にするという本能的習慣もない。

子どもは、判断を形成しテストするという継続的な練習をすることによって以外に、判断力を得ることはできない。子どもは、自己自身のために選択する機会をもたなければならないし、自己の選択を実行するという試みのための機会をもたなければならない。すなわち、子どもは、自己の選択を、最終的なテスト、つまり、行為のテストに委ねるだろう。このようにしてのみ、子どもは、

成功になりそうなことと、失敗になりそうなこととを識別することを学ぶのである。すなわち、このようにしてのみ、子どもは、自身の目的や考えと、それらの価値を決定する状況とを関連づける習慣を形成することができる。システムとして、学校は、現在、この種の実験のための十分な機会を提供しているだろうか。学校の仕事の強調点が、知性的に行為することや活動的な探究にある場合でなければ、学校の仕事は、よい人格の不可欠な一部分である判断を行使するために必要な状況を備えていない。

　(c) 別の重要な点、つまり感受性と応答性の必要性に関しては、簡潔に述べよう。教育のインフォーマルな社会的側面、すなわち、美的な環境や影響は、すべて重要である。教育の働きが規則正しく、定式化された方法において営まれるかぎり、生徒同士、生徒と教師のあいだにおける、カジュアルで自由な社会的交流の機会を欠いているかぎり、子どもの性質のこうした側面は枯渇するか、さもなければ、多かれ少なかれ公にされない経路にそった無計画な表現を見いだすだけであろう。学校システムが、実践的であること（ここでいう実践的とは、狭く功利主義的であることを意味している）を口実に、子どもを 3R's〔読み reading・書き writing・算 arithmetic〕とそれらに結びつく公式の教科に限定するとき、そして、学校のシステムが子どもを文学や歴史における生き生きとしたものから締めだすとき、そして、建築、音楽、彫刻、絵画における最上のものと触れあう権利を子どもから奪うとき、共感的な開放性と応答性の訓練の一定の結果を期待することはできない。

　教育において私たちが必要としていることは、効果的な適応をすることのできる道徳的原理の存在を真に信用することである。大部分の子どもに関するかぎり、私たちが子どもたちに長く十分につづけておこなうなら、私たちは読むことと書くことと計算することを教えることができると信じている。私たちは実際、たとえ無意識でも、道徳における同様の保証の可能性に関しては、懐疑的である。私たちは、確かに道徳的法や規則を信じてはいるが、それらは漠然としている。それらは、それら自身だけであるような何かである。それらはま゛さ゛に「道徳的」なので、日常生活の標準的な出来事と関連しない。これらの道徳的原理は、社会的用語と心理学用語における言明を通して、地上にもって来られなくてはならない。私たちは、道徳的原理が専断的ではないということ、

「超越論的」ではないということを知る必要がある。すなわち、「道徳的」という用語は、特別な宗教あるいは生活の一部を示すものではない。私たちは、道徳を、私たちの共同体生活の状況や力に、そして、個人の衝動と習慣に翻訳する必要がある。

　他のあらゆるものは、香りづけである。必要なただ一つのことは、道徳的原理は、他の力が現実のものであるのと同じ意味で、現実のものであると認めることである。すなわち、道徳的原理は、共同体生活と個人の稼働している構造に本来備わっているものである。もし私たちが、この事実に対する真の信用を確かなものにできたなら、私たちは、教育システムから、そのなかにあるあらゆる有効性を得るために必要なただ一つの状況を確保することになるだろう。この信用をもって働いている教師は、あらゆる教科、あらゆる教授の方法、学校生活のあらゆる出来事が道徳的可能性に満ちていることを見いだすだろう。

11
教育における興味と努力

Interest and Effort in Education, 1913

橘髙佳恵 [訳]

1 統一的活動　対　分割的活動

　興味［interest］対努力［effort］という教育における訴訟に関し、原告と被告双方の弁論趣意書を検討してみよう。興味の方では、注意［attention］を保証する唯一のものが興味であると主張されている。もし私たちが、ある何らかの事実や考えに対する生徒の興味を確かなものにできたならば、私たちは、その生徒が自身のエネルギーをそれらの習得に向けるであろうことを完全に確信できる。同様に、もし私たちがある何らかの道徳的脈絡や行為の道筋に対する子どもの興味を確かなものにできたならば、私たちは、その子どもの活動はその方向において反応していると想定して構わない。興味を確かなものにできなかったときには、私たちは、ある場合において何がなされるかに関して何の保証ももたないことになる。実際、規律［discipline］の教義は成功していない。ある事柄に心からではなくいやいやながら取りくんだときの方が子どもは知的ないし精神的な規律をいっそう得るのだと推定するのは、馬鹿げたことである。努力の理論は、単純に、いやいやながらの注意（好みに合わない物事を、好みに合わないがゆえにおこなうということ）が自発的な注意よりも優先されるべきだと主張している。

　実際には、純然たる努力に訴えるだけでは何にもならない。子どもが自身の作業を課業［task］のように感じるとき、彼がそれに取りくむのは、強制のもとにおいてのみである。外部からの圧力が弱まるたび、彼の注意は束縛から解放されて彼の興味を引くものへと飛んでゆく。「努力」にもとづいて育てられた子どもは、興味を引かない主題に専念しているように見せかけるということにおいて驚くべきスキルを獲得し、このとき彼のエネルギーの本当の中心は、他の物事にかかわっている。実際、努力の理論は矛盾している。心理学的には、何らかの興味なしにはどのような活動を呼びおこすこともできない。努力の理

論は、単純に、ある興味を他の興味の代わりにしているだけなのだ。努力の理論は、教師に対する恐れや未来の報酬に対する希望といった不純な興味を、提示された題材に対する純粋な興味の代わりにしている。そして、エマソン[Ralph Waldo Emerson]が『報償（*Compensation*）』のエッセイの冒頭で説明したようなタイプの人格が引きおこされる。エマソンは目下の報償主義を、人がいま自身を十分犠牲にしさえすれば未来にははるかにいっそう自分のしたいようにできるだろうということを含意するものとして、あるいは、人がいまよい人であるならば（よいとは、興味を引かない物事に注意を向けるということである）未来のいつかにおいていっそう多くの快い興味を自分のものとすることができるだろう——つまりそのときには悪い人になってもよい——ということを含意するものとして提示したのだった。

　努力の理論は、その教育方法の結果得られるものとしては強く精力的な人格をつねにあげているのだが、実際にはそのような人格が得られることはない。得られるのは、その人自身がもともと抱いていた目的や信念の道筋における場合を除いては頑固で無責任な狭くて偏狭な人間か、あるいは自発的な興味の必須のジュースが絞りだされてしまったせいで鈍く機械的で鈍感になってしまった人格だけである。

　ここからは被告の主張を聞くことにしよう。人生は、興味を引くわけではないのに直面しなければならない物事に満ちているのだと、努力の理論は主張する。興味を引く特徴を示していなくとも、要求は絶えずなされており、状況は対処されなくてはならない。興味を引かない作業に打ちこむ訓練を前もって受けていないかぎり、つまり個人的な満足が得られるかどうかにかかわらず、単純に物事を処理しなければならないがゆえに処理するという習慣が形成されていないかぎり、人格は人生の重大な問題に直面すると、壊れるかその問題を回避してしまうだろう。人生は、ただたんに愉快なだけでも個人的な興味の絶え間ない満足でもない。人生の真の労働に対処する習慣を形成するために、課業の遂行において絶え間なく努力を発揮することが必要なのだ。そうしないと、人格の芯は侵食されて優柔不断で弱々しい人間が残されることになる。これは、娯楽と気晴らしを絶え間なく要求する道徳的依存の状態である。

　未来の問題のほかに、子ども時代においてさえ興味の原理に絶え間なく訴え

るということは、子どもを絶え間なく興奮させること、つまり子どもの気を絶え間なく散らすということである。活動の連続性は破壊される。すべては遊びとなり娯楽となる。これは過度の刺激を意味し、エネルギーの四散を意味する。意志［will］はけっして呼びおこされない。外在的な誘惑と娯楽が頼みである。あらゆるものが子どものために砂糖で包まれて、間もなく彼は、気晴らしになる事柄に人工的に囲まれていないものすべてから目を逸らすようになるだろう。好きなことしかしない甘やかされた子どもというのが、当然の結果である。

　興味の理論は、知的にも道徳的にも有害である。注意は本質的で重要な事実に向くことはけっしてなく、単純に、事実を包んでいる魅力的なラッピングに向くだけである。不快であったり興味を引かない事実であっても、その事実は、遅かれ早かれそれ自体のありのままの性質において直面されなくてはならない。それを偽りの興味で取り囲んでも、子どもがそれに最初よりも近づくわけではない。2と2を足すと4になるという事実は、それ自体で習得されるべきありのままの事実である。単純なありのままの事実が提示されたときよりも、その事実に鳥やタンポポの楽しい物語がくっつけられているときの方が、子どもはその事実をよりよく理解できる、というわけにはいかないのだ。このとき子どもが数と数の関係に興味を引かれていると推定するのは、自己欺瞞である。子どもは、数と数の関係に結びつけられた楽しいイメージに注意を向けて取りいれているだけである。こうして、興味の理論はみずからの目的をくじいてしまう。興味を少ししかあるいはまったく引かないとしても学ばなくてはならない事実があり、その唯一の方法は、努力すなわち外在的などのような誘因からも独立に活動を進めていく力を通してであるということを最初から認める方が、よほど素直なありかただろう。実にこの方法によってのみ、行く手に広がる人生に必要な規律すなわち重大な問題に応答する習慣が子どもに形成されるのだ。

　私は、議論における双方の主張を説明しようとしてきた。少し振り返ってみるだけで、どちらの主張とも、その強みがみずからについての論述よりも敵対する理論の弱点に対する攻撃にあることが納得されるだろう。どちらの理論も、肯定的陳述より否定的陳述において強いのだ。見かけ上はもっとも敵対しているように映る二つの理論の基盤において、たいていはある共通の原理が無意識のうちに想定されているということは、少々驚きではあるがよくあることであ

る。このような共通の原理は、努力と興味の理論においては、これらが提示されてきた一面的な形式において見いだすことができる。

　ここでの共通の想定は、習得すべき対象や考えや目的の、自己に対する外在性という想定である。対象や目的は、自己の外側にあると想定されているがゆえに、興味を引くようにされなくてはならないことになる。つまり人工的な刺激や注意に対する偽りの誘因によって取り囲まれていなくてはならないことになる。あるいは対象が自己の範囲の外側にあるがゆえに、純然たる「意志」の力すなわち興味なしの努力の発揮に訴えるということが必要になる。興味の真の原理とは、学ばれるべき事実や提案された行為と成長しつつある自己との一致［identity］の認識という原理である。つまり、これらの事実や行為が行為者自身の成長の方向にあり、したがって行為者が彼自身であるためには不可避的に必要なものとなっているということである。この一致の条件をひとたび確かなものにできたならば、純然たる意志の力に訴える必要も、物事を興味あるようにすることに専念する必要もなくなるだろう。

　努力の理論は、注意の事実上の分割と、関連して生じる人格の知的および道徳的分解を意味する。いわゆる努力の理論と呼ばれるものの重大な誤りは、精神の行使と涵養を、何らかの外在的活動や何らかの外在的結果と同一視することにある。ここでは、子どもが見かけ上は何らかの課業に専念しており、また求められた成果を示すことができることをもって、その子どもは確かに意志を発揮しており確かな知的および道徳的習慣が形成されつつあるのだと推定されている。しかし本当は、意志の行使は、表面上想定されたどのような態度にも見いだすことはできないのだ。道徳的習慣の形成を、他人の求めに応じて結果を示せる能力と同一視してはならない。意志の行使は注意の方向に見いだされるのであり、そして作業が遂行される際の精神［spirit］や動機［motive］や性向［disposition］にかかっている。

　子どもは、表面上は掛け算表を習得することにすっかり専念しており、また教師の求めに応じてこの表を復唱できるかもしれない。教師は、この子どもが正しい習慣を形成するよう意志の力を行使していたのだと考えて喜ぶだろう。しかしながら、正しい習慣と求めに応じてある一定の結果を示せる能力とを同一視するのでないかぎり、そうではないのだ。子どもがこの課業に従事してい

るあいだ、彼が内面的には何に専念していたかということ、彼の注意や気持ちや性向の支配的な方向がどのようであったかということを私たちが知るまでは、教育的訓練・涵養［educative training］の問題に触れたことにならない。子どもにとって、ある課業がたんなる課業としか映らないとき、その子どもは単純に分割的注意［divided attention］の習慣を獲得することに従事しているのだということは、身体的な行為と反応の法則と同じく心理学的にも確実である。つまり、彼は一方では目の前の物事を記憶に刻みつけるために自分の目や耳や唇や口をそれらに向けるという能力を獲得しつつあり、他方、彼の思考については、真に興味を引く物事に取りくめるような自由な状態にしている。

　子どもが分割的注意を教育されつつあることを認識し、このような分割にどのような価値があるのかという問題に向きあわないかぎり、実際に獲得された教育的訓練・涵養に関するどのような説明も不十分である。課業としての課業に対する外在的で機械的な注意には、快い物事に沿っての精神のランダムな放浪が不可避的にともなう。

　子どもの自発的な力、自分自身の衝動を現実化したいという要求は、抑制できない。外在的条件が、子どもがなすべき作業に自身の活動を注ぐことができないようなものであるときには、子どもは実に驚異的にも、教師の要求を満たすためにこの外在的な題材に向けるべき注意の正確な量を学びとる。そして残りの力は、自身の興味を引く示唆の道筋を追求するためにとっておくのだ。私は、これら外在的な注意の習慣を形成することにはまったく何の道徳の涵養もかかわっていないと主張したいわけではない。しかし私は、知性の四散［intellectual dissipation］という習慣の形成には道徳上の問題があることを指摘したいのだ。

　生徒が（求めに応じて授業内容を再生できる能力によって判断されるところの）規律の行き届いた習慣を獲得しつつあることを私たちが喜んでいるあいだ、私たちは、彼のより深い性質は何の規律も獲得しておらず、それ自身の気まぐれとそのときどきの秩序のない示唆にしたがうままになっており、それゆえにみずからを哀れむことを忘れている。私は、想像力の習慣や情動的な耽溺の方向の訓練が、行為の何らかの外見上の習慣の発達と少なくとも同程度に重要だということを否定できる人がいるとは思わない。私としては、たんなる実際の便益

ではなく道徳上の問題となると、それらの訓練の方がはるかにいっそう重要だと考えている。また私は、現在の学校の多くの作業をともかく知っていながら、生徒の過半数は分割的注意の習慣を徐々に形成しているのだということを否定できる人がいるとも思わない。もし教師が熟練しており隙のない人であったなら、つまり立派な規律主義者と呼ばれる人であったなら、子どもは確かに自分の感覚を何らかのかたちで集中させつづけることを学ぶだろう。しかしその子どもは、ある教育内容が意味あるものとなるためにはその教育内容に集中していなくてはならないはずの自分の思考を、まったく別の方向に向けるということも学ぶのである。私たちの学校を卒業していく生徒の大多数の実状に直面することは、私たちにとって快いものではないだろう。注意の分割と、結果として生じる分解とがあまりにも大きいので、私たちはすっかり嫌悪感を抱いて、教えることをやめてしまうかもしれない。それにもかかわらず、このような状況が存在するということ、そしてまた、これは注意の核心を確保しないで偽りの注意を要求する状況の当然の結果であると認識するのは賢明なことである。

　対象や考えを興味あるように「する」という原理もまた、対象と自己の分離を含意している。物事を興味あるようにする必要があるとすれば、それは興味そのものが欠けているからである。そのうえ、この言い回しは正しくない。この物事、この対象が、以前よりも興味を引くようになるわけではないのだ。単純に、何か他の物事に対する子どもの好みが頼みとされているだけである。子どもに、さもなければ不快であるような物事を興奮のなかでどうにか身につけさせることができればという期待のもと、子どもはある何らかの方向に興奮させられる。快さ［pleasure］には二つのタイプがある。一つは活動に付随するものである。これは、うまく達成できたり習得できたり捗ったりということにともなって見いだされるものである。これは発揮されるエネルギーの個人的な側面である。この種の快さは、つねに活動そのものに合併されている。これは分離した存在ではない。これは正当なる興味において見いだされるタイプの快さである。有機体のニーズに応えることが、この快さの源である。もう一つの種類の快さは、接触から生じるものである。これは受容性を示すものである。この快さの刺激は外在的である。これは活動の快さとしてではなく、快さとして単独で存在している。ただたんに何らかの外在的刺激によって興奮させられ

ているだけなのだから、これは外在的対象に建設的に対処する行為の質ではない。

　対象を興味あるようにするというとき、この後者のタイプの快さが作用することになる。ある程度の興奮はどの器官においても快いという事実が、利用されることになる。そして生じる快さは、自己と、それ自体では興味を引かない事実とのあいだのギャップを埋めるために利用される。

　その結果、エネルギーが分割される。好みに合わない努力の場合、分割は同時に起こっていた。しかし今回の場合、分割は継起的である。機械的で外在的な活動とランダムな内在的活動が同時に存在する代わりに、興奮と無関心［apathy］の振動がある。子どもは過度の刺激の期間と不活発の期間を行ったり来たりするのであり、これはいわゆる幼稚園でときおり見られることである。そのうえ目や耳をはじめとするどのような器官の興奮に関しても、興奮そのものによって、同じ種類の刺激に対するさらなる要求が生みだされる。味覚の場合と同様、目や耳においても快い刺激に対する欲求が生みだされうる。鮮やかな色や好みの音の繰り返しに、大酒のみが一杯に依存しているのと同じくらい依存している子どもまでいる。これこそが、このような子どもの特徴であるエネルギーの散漫と四散、外在的示唆への依存、そして一人になると資源が足りなくなるということの原因である。

　ここまでの議論は、次のように要約できるだろう。真の興味とは、自己と何らかの対象や考えとが、その対象や考えが自発的な活動の維持に必要であるがゆえに、行為を通して一致することに付随するものである。興味と対立するものという意味での努力は、自己と習得すべき事実や遂行すべき課業との分離を含意し、そして活動の習慣的な分割を引きおこす。表面上は、何らの精神的目的も価値もない機械的な習慣があることになる。内面的には、ランダムなエネルギーないし精神の放浪、行為における焦点を欠くがゆえに何の目的もない考えの継起があることになる。努力と対立するものという意味での興味は、単純に快さを生じさせるための感覚器官の興奮であり、これは一方での緊張状態と他方での無関心状態という結果をもたらす。

　しかし私たちが、子どものうちに発達を求める力すなわちそれら自体の有効性と規律を確かなものとするために発揮されることを必要としている力がある

ことを認識するならば、私たちは、そのうえに建設していくことのできる堅固な基盤をもつことになる。通常、努力はこれらの力を十分稼働させてこれらの力に成長と完成をもたらそうとする試みのなかで生まれる。これらの衝動にもとづいて適切に行為することには、まじめさ、没頭、目的の明確さがかかわる。そして結果として、価値ある目的のための着実さと持続的な習慣が形成される。しかしこの努力は、骨の折れる単調な仕事［drudgery］や、たんなる必死の努力の緊張状態に堕することはけっしてない。なぜなら興味がつづくから——つまりはじめから終わりまで自己がかかわっているからである。私たちの最初の結論は、興味は統一的活動だということである。

2 直接的興味と間接的興味

　ここからは二つ目の主題、興味の心理学である。短い説明的記述からはじめることにしよう。第一に、興味は活動的で投影的で推進的である。私たちは興味をもつ。ある事柄に興味があるとは、それに活動的にかかわるということである。ある主題に関するたんなる気持ちは固定的で不活発かもしれないが、興味は力動的である。第二に、興味は対象的［objective］である。私たちは、その人は気にかけたり関心を抱いたりする興味をたくさんもっているというふうに言う。私たちは、人の興味の幅や、職業上の興味や地元の興味などについて話す。私たちは、興味を関心［concerns］や関心事［affairs］と同一視する。興味はたんなる気持ちとは異なり、単純にそれ自体で完結することはなく、関心の対象において具象化されている。第三に、興味は個人的である。興味は直接的な関心を示しており、利害関係のある何らかの物事すなわち当人にとってその結果が重要であるような物事の認識である。興味には、活動的で対象的な側面とともに、情動的な側面もあるのだ。特許法や電気に関する発明や政治は、ある人の主要な興味でありうる。しかしこのことは、彼の個人的な幸福と満足

がこれら関心事の繁栄に何らかのかたちで結びついていることを含意している。

これらが、興味という語が常識的な意味で用いられる際のさまざまな意味である。この語の根本的な意味は、何らかの活動に、その活動に価値を認識するがゆえに没頭すること、夢中になること、あるいは完全に魅せられることのようである。興味［inter-esse］という語の語源的意味、「あいだにある」も、同様の方向を示している。興味は、人とその人の行為の題材や結果とのあいだの距離の消滅を示す。興味は、これらの有機的な統一を示すものなのである[原注1]。

1. 興味の活動的ないし推進的な側面は、衝動と、活動の自発的な要求ないし傾向についての考察に私たちを引き戻す。完全に拡散した偏りのない衝動などというものは存在しない。衝動は、つねに多かれ少なかれ特定の経路に沿って分化している。衝動の放出には特定の道筋がある。二つの干し草の束のあいだにいるロバという古い問いは馴染み深いものだが、この問いの根本的な誤りはそれほど知られていない。もし自己が純粋に受動的で純粋に偏りがなく、外部からの刺激を待っているのだとしたら、この仮定の例において説明されている自己は、食物の二つの源との釣りあいのせいで、永遠に困ったまま餓死してしまうだろう。誤りは、このような受動的な状態を想定することにある。人はつねに、心に訴えるものに向いて何事かをしつつあるのだ。そしてこの進行中の活動は、つねにある一つの方向に他の方向よりも向いている。換言すれば、あのロバは、すでにどちらかの束に向かって進みつつあるはずなのだ。どれほどの身体的な斜視［cross-eyedness］も、動物が両側から等しい刺激を受けているという精神的斜視の状態を引きおこすことはない。生命には活動がかならずともなっており、活動にはそれぞれ固有の傾向や方向がある。

この自発的で衝動的な活動という原初的な状態に、自然の興味の基盤がある。

［原注1］ 興味という語が明確に非難めいた意味で用いられることがあるのも、また確かである。私たちは興味という語を原理に対立する意味で用い、自己の利益［self-interest］という語をただ自身の個人的な利益のみを考えて行為する動機の意味で用いる。しかしこれらは、この語が用いられる唯一の意味でも支配的な意味でもない。これはこの語の正当な意味を狭めて引きさげるもの以外の何ものでもないのではないかと問われてしかるべきだろう。それはともかく、興味という語の用い方に関する論争が生じるのは、一方の人びとはこの語を認識された価値や夢中にさせる活動というより大きな対象的な意味で用いており、他方はこれを自分勝手な動機と同義のものとして用いているからだということは間違いないだろう。

衝動と同じく興味も、外部から興奮させられることを受動的に待っているわけではない。衝動の選択的ないし優先的性質が意味するのは、私たちはかならず、もし起きてさえいれば、ある一つの方向に他の方向よりも興味を引かれているということである。興味の完全な欠落や、偏らずに分配されている興味などという状況は、堅苦しい倫理学にでてくるロバの話と同じくらい架空のものである。

　2. 興味の対象的な側面について。すでに述べたとおり、すべての興味はある対象に結びついている。芸術家は、彼の絵筆や絵の具や技術に興味をもっている。実業家は、需要と供給の動きや市場の動きなどに興味をもっている。興味のどの事例をとってみてもわかるのは、興味の集まっている対象を削除したときには興味そのものも消滅し、空虚な気持ちに転落してしまうということである。

　誤りは、対象はすでにそこにあると仮定して、そのあとに活動を生じさせることにある。たとえばキャンバスや絵筆や絵の具が芸術家の興味を引くのは、それらが彼に存する芸術的能力を発見し促進する助けになるからである。輪と糸も、すでに活発となっている何らかの性向ないし衝動に訴えて、そしてそれに遂行の手段を供給するのでないかぎり、子どもの活動を喚起することはない。12という数は、たんなる外在的事実であるときにはおもしろくも何ともない。兆している何らかのエネルギーや欲求——箱を作る、背の高さを測るなど——を実行に移す手段として映ったとき、はじめて興味を引くものとなる（ちょうど独楽(こま)や手押し車や玩具の機関車が興味を引くように）。そしてまったく同じ原理が、程度の差こそあれ、科学的知識や歴史的知識のもっとも専門的な事項にも当てはまる——行為を促進し精神の運動を助けるものが、興味を引くものなのだ。

　3. さてここからは情動的側面についてである。価値は対象的であるとともに主観的でもある。物事は、価値があるとかやりがいがあるものとして提起されるだけでなく、その価値が味わわれもするのだ。

　したがって、興味の心理学の要点は、次のように述べることができるだろう。興味は、何よりもまず、自己表現的な活動——生まれつつある傾向にしたがって行動することを通してあらわれる成長——の形式である。この活動を何がなされるかという側面から検討してみれば、その活動の対象的な特徴すなわち興

味が結びつき集まっているところの考えや対象などが得られるだろう。この活動が自己発達であるということ、自己は自分自身をこの内容のうちに見いだすのだということを考慮するならば、活動の情動的ないし鑑賞的側面が得られるだろう。したがって、真の興味についてのどのような説明も、真の興味を、直接的な価値を有する対象に結びついた外向性の活動として理解しなくてはならない。

　行為が直接[direct]にすぐさま[immediate]おこなわれる場合がある。これは、あとのことについてとくに考えることなくなされる行為である。これは、これ自体で満足するものである。現在の活動が目的であり、それゆえ精神にとって手段と目的のあいだには何のギャップもない。すべて遊びは、このすぐさまおこなわれるという性質のものである。純粋に美的な鑑賞も、このタイプに近い。現在の経験はそれ自体で私たちをとらえるのであり、私たちは、この経験がそれ自体を超える何かに私たちを連れていくことを求めない。子どもとボールにおいて、愛好家と交響曲を聴くことにおいて、いまここにある対象が夢中にさせるのだ。価値はそこにあり、直接的に存在しているもののうちにある。

　他方、間接的で転移した興味、つまり専門用語を用いれば媒介された興味[mediated interest]もある。しばしば、それら自体では関心を引かず、ことによると不快でさえあるような物事が、私たちがこれまで気づいていなかった関係やつながりを仮定することによって興味を引く物事になるということが起こる。いわゆる実用的な性分と言われる生徒の多くにとって、かつては不快であった数学の理論が、この理論を必要なツールとするある何らかの工学について勉強したあとには、非常に魅力的なものとなった。楽譜と指使いの技術は、分離されてそれ自体が目的であるとして提示されても子どもの興味を引かないのだが、自分の歌への愛をよりよくより完全に表現することの助けとなるというその役割と意義を子どもが理解すると、魅惑的なものとなる。興味を引かれるか引かれないかは、関係次第である。幼い子どもは物事の近景しかとらえないのだが、経験が増すにともなって自身の範囲を拡張し、行為や物事や事実を、それ自体としてではなくより大きな全体の一部として見ることができるようになる。もしこの全体が彼に属すのであれば、もしこれが彼自身の運動の様式であるならば、この全体に含まれる物事や行為もまた彼の興味を引くものとなる。

ここにおいて、そしてここにおいてのみ、「物事を興味あるようにする」という考えのリアリティがある。興味の敵対者のなかには、教育内容を選択したあと、それから教師がその教育内容を興味あるようにすべきだと主張する者があるが——文字どおり受けとるならば——これは私の知るかぎりもっとも混乱した原則である。この原則は、二つの完全な誤りの結合である。一方では、教育内容の選択が興味——つまり子どもの生来の要求やニーズ——にかかわる問題とはすっかり無関係の事柄になってしまっている。さらには指導の方法が、相互に関係のない題材をいくらかでも注意を引くものとなるよう飾りたてるための、多かれ少なかれ外在的で人工的な装置に引きさげられてしまっている。「物事を興味あるようにする」という原理は、現実には、主題は子どもの現在の経験や力やニーズに応じて選択されるべきだということを意味している。そしてまた（彼がこの関連性に気づかなかったり、味わえなかったりする場合に備えて）、新しい題材は子どもがその意義や関係や価値を、彼にとってすでに意義を有しているものとの関連において味わえるような仕方で提示されるべきである、ということを意味している。新しい題材の意義を意識できるようにするという、まさにこのことが、「物事を興味あるようにする」という現実を構成しているのだが、しかしこの点は、味方にも敵にも非常にしばしば誤解されている。

　換言すれば、問題は、注意の動機としての内在的接続 [intrinsic connection] に関することなのだ。地理の授業をもっとうまく復唱できなかったら居残りですよと子どもに告げる教師は[原注2]、媒介された興味の心理学に訴えている。ラテン語の発音を間違えると指関節を打つという英国の古い方法も、ラテン語の複雑さに対する興味を呼びおこす一つの方法である。子どもにご褒美をあげたり、教師の愛情や次学年への進級やお金を稼ぐ能力や社会における地位を約束することも、また別の方法である。これらは、転移した興味の事例である。しかしながら、これらを判断する規準はまさにここにある。ある興味は他の興

［原注2］　勉強のために居残りさせられた子どもは、算数や文法に対してそれまでもっていなかった興味をしばしば獲得したのだと、まるでこれが興味に対して「規律」の有効性を証明したものであるかのように実に真面目に主張されるのを私は聞いたことがある。もちろん現実は、より大きな気安さや個別に説明が与えられる機会が、その題材を子どもの精神のうちで適切な関係に至らしめる役に立ったのだ。つまり子どもはそれを「学んだ [got a hold]」のだ。

味に対してどの程度まで外在的に結びつけられ、あるいは代わりとされているのだろうか。新しい魅力や新しい動機は、さもなければ興味を引かないような題材を解釈し引きだし関連づけるのにどの程度役立っているだろうか。繰り返しになるが、これはあいだにあるもの［*inter-esse*］の問題である。この問題は、手段と目的の関係の問題と言うことができる。関心を引かなかったり不快であったりするものが、ひとたびすでに注意を引いている目的のための手段と映ると、あるいはすでに統制下にある手段にさらなる運動と放出を可能とさせる目的と映ると、興味を引くものとなる。しかし普通の成長においては、手段に対する興味は、目的に対する興味に外在的に結びついているわけではない。目的に対する興味は、手段に対する興味を満たし、浸透し、変容させる。目的に対する興味は、手段に対する興味を解釈し再評価する——手段に対する興味に新たな意義を与えるのだ。男性が妻と家族をもつとは、日々の仕事に対して新しい動機をもつことである——彼は日々の仕事に新しい意味を見いだし、以前には欠けていた着実さと熱心さを注ぐようになる。しかしながら、彼が日々の仕事を本質的に好みに合わないものとして、骨の折れる単調な仕事として、単純に最終的な給料報酬のためだけにおこなうときには、事態はまったく異なっている。手段と目的は遠く離れたままであり、相互に浸透することはない。その人は、自分の仕事に以前よりも興味をもつわけではなく、仕事はそれ自体では労苦であり逃れたいものである。したがって、彼はこの仕事に十分な注意を向けることができない。この仕事に全面的に入りこむことができない。ところが他方の男性にとっては、仕事の動きの一つひとつが、文字どおり彼の妻と赤ん坊を意味している。表面上は、物理的には、これらは遠く離れている。しかし精神上は、彼の人生計画においては、これらは一つであり同じ価値を有している。一方骨の折れる単調な仕事においては、手段と目的は、空間と時間においてだけでなく意識においても分離したままである。ここでの真実は、教えることにおける、外的動機に訴えることによって「興味を作る」というすべての試みにおいてもまた真実である。

　今度は芸術作品の事例を取りあげてみよう。彫刻家は、彼の目的、彼の理想を念頭に置いている。この目的を実現するためには、彼は一連の中間段階を踏まなくてはならないのだが、表面上これらの段階は目的に等しいわけではない。

彼は原型を作り成型し彫らなくてはならない、つまり一連の一つひとつの行為を遂行しなくてはならないのだが、これらは、彼が念頭に置いている美しいかたちを示していたりこのかたちであるものは一つとしてなく、そして同時に、これらの一つひとつが個人のエネルギーの発揮のあらわれである。しかしながら、これらが彼の活動を達成するのに必要な手段であるがゆえに、これらの特別な行為のうちに完成品の意味が転移している。粘土の一捏ね、のみの一彫りが、そのときの彼にとっては現実のものとなりつつある目的全体なのだ。目的に結びつく興味や価値はすべてこれら一つひとつの段階にも結びつく。彼はどちらにも同じくらい没頭している。一致が完全でないということは、非芸術的な作品を意味し、彼が自身の理想にそれほど興味をもっているわけではないということを意味する。他方では、結局のところ彼の興味は、目的の手段である一つひとつのプロセスの目的としてとらえられる。興味は、完成ではない活動的なプロセスにおける目的の位置ゆえに、目的に結びつく。彼はまた、このようなおもしろい作品を終わらせる日の接近を残念に思うかもしれない。いずれにせよ、たんなる外在的成果が彼をとらえるわけではないということである。

　手段と目的とは日常的に用いられる語なので、私たちはこれらの語をとくに断りなく用いてきた。しかしながら、これらをいくらか分析して、これらが間違った意味にとられないようにする必要があるだろう。「手段[means]」と「目的[end]」という語は、何よりもまず、諸行為がある一つの発達しつつある活動の諸段階として占める位置に対して適用されるものであり、物事や対象に対する適用は二次的である。目的という語が真に意味するのは、ある活動の最終段階すなわちその活動の最後ないし終結の期間のことである。そして手段とは、先行する諸局面すなわち活動が終結に至るまでに経てきた諸局面のことである。このことは、たとえば食事をなるべくはやく済ませようとかき込むのではなくゆったりととることや、野球をすることや、音楽を聴くことにおいてはっきりと確認できる。それぞれの事例には、明確な結果がある。食事が済んだときには、一定量の食物が体内にある。野球の9回が終了したときには、どちらか一方が勝利している。それから──結果に至ったあと──、外在的結果を、プロセスすなわちこの結果に至った連続的な活動から分離することが可能となる。結果に至ったあと、私たちは結果をプロセスから分離しがちであり、

プロセスの結果を目的と見なしがちであり、プロセス全体は外在的結果に至るための手段であると単純に見なしがちである。しかし文明社会では、食事は、多量の食物エネルギーを体内に取りいれるためのたんなる手段ではない。それは社会的プロセスであり、家族とのあるいは友好的な集いの時間である。そのうえ、食事の一皿一皿にも、食事を共にするという活動的で連続的なプロセスとしてのそれ自体の楽しみがある。手段と目的に分離することには、ほとんど何の意味もない。プロセス全体を構成する段階のそれぞれに、十分な意義や興味がある。それは先行する段階にも、後に来る段階にも、である。しかしここにおいてさえ、最良のものは最後に取っておこうとする傾向が見られる——デザートは最後にくる。つまり最後の段階を満足ないし成就の段階にしようとする傾向が見られるのだ。

　音楽を聴くことにおいて、先行する段階は、後に来る段階のためのたんなる手段ではけっしてない。先行する段階は、精神にある一定の構えをもたらして後の諸展開を予期させる。したがって、終わりないし結末は、ただたんに時間的に最後だけのものではない。それは先行するもろもろを完成させる。言ってみれば、それは旋律全体の性質を定めるのだ。野球では、試合の段階を一つひとつ経るにしたがって興味が増していくだろう。そして最終回が、どちらが勝ちどちらが負けるかという、その時点までは未定で不確かであった事柄を最終的に確定する。試合では、最終回はただたんに時間的に最後だけではなく、試合全体の性質を確定し、先行するすべてに意味を与えるのだ。それでも、試合の早い段階も確かに試合の一部である。試合の早い段階は、最終回に至るためのたんなる手段ではない。

　これらの説明において私たちは、いかにして最後の段階が先行するすべての満足と完成と成就でありうるのか、そして活動全体の性質を決定しうるのかということを見てきた。しかしいずれの場合においても、目的は、外在的結果に等しいだけのものではない。一方が勝ったというたんなる事実——外在的結果ないし対象——は、それが結末であるところの試合と離れては意味がない。同様に、私たちは、ある代数方程式における x の値は 5 だと言うことができる。しかしながら、一般に x は 5 であると言うのはナンセンスである。この解は、ある特定の方程式を解く特定のプロセスの結果としてのみ意味がある。しかし

ながら、もしこの数学的探究を、関連する他の方程式を解くことにまで進めるとしたら、5という結果をこの結果に至ったプロセスから分離して、さらなる計算のなかで、5を解としていた方程式とは独立に用いることが可能となる。この事実は、さらなる複雑化をもたらす。

　私たちの多くの活動、むしろほとんどの活動は、相互に結びついている。食事をとるというプロセスがあるだけでなく、食べた食物のさらなる利用——新たな働きのために消化しエネルギーへと変えること——もまた存在する。ある楽曲を聴くことは、音楽教育のいっそう連続的なプロセスのなかの1ステップであるかもしれない。ある試合の結果は、一連の試合における両チームの相対的な順位を決定する要素であるかもしれない。新しい電話機器の発明者は、そのプロセスのそれぞれの段階に夢中になっている。しかし発明が完成したときには、この発明は異なる諸活動の要素となる。芸術家が絵を完成させたとき、彼の頭にあるのは、いかにしてこの絵を売って家族のために生計を立てようかということかもしれない。ある一連の行為の結果が、何らか他の一連の行為における既製の要素として用いられるというこの事実のゆえに、私たちは手段および目的を活動に対して外在的で固定した物事として把握し、また活動全体を外在的成果のためのたんなる手段として把握するようになる。こうして野球の試合は勝利のためのたんなる手段と見なされて、今度はこの勝利がシリーズで勝つためのたんなる手段と見なされることになる。そして今度はシリーズに勝つことが、お金や一定程度の栄光を獲得するためのたんなる手段として見なされることになり、このようにして果てしがない。したがって、議論を混乱させないために、目的という語の二つの意味を注意深く区別する必要があるだろう。活動が進行中のあいだは、「目的」は、単純に、プロセス全体の成就段階をあらわすある対象を意味している。それは、私たちがいましていることがあとでなされるべき物事になるべくシンプルかつ効果的につながるように、将来を考えていましていることについてよく考える必要をあらわしている。活動が結末に至ったあとには、「目的」は、固定的なものとして成しとげられた成果を意味する。同様の考察が「手段」という語にも当てはまる。活動中は、それは単純に、成就に向かって成長していく活動の諸段階における題材や行為の仕方を意味している。活動が成しとげられたあとには、成果に至る一連の行為とは切

りはなされたものとしての活動の成果を、何か他の事柄を達成する手段として用いることが可能となる。

　この区別は、たんなる理論上のものではなく、教えることにおける興味の範囲と意義全体に影響するものである。私たちがすでに議論した純粋に外来の興味——砂糖で包むことによって、物事を興味あるようにすること——は、何らかの既定の教育内容——生徒自身の活動とはまったく独立に存在する教育内容——を想定している。そうしておいてから、どうすればこの異質な教育内容を生徒の精神に導入できるかということが問われる。どうすれば、彼が自然に関心を引かれる物事から彼の注意を逸らして、関心を引かない既製の外在的題材に彼の注意を向けることができるだろうかという問いである。何らかの興味、何らかの接続を見つける必要がある。広くおこなわれている実践と、教師の受けた訓練と性向とによって、「ハード」と「ソフト」どちらの教授方法が用いられるかが決まる。「スープ接待所［soup-kitchen］」タイプと「刑務所」タイプどちらがとられるかということである。関心を引かない物事（個人の活動スキームの外側にあるせいで関心を引かない）は、好みに合う外来の特徴で包むことによって興味を引くようにされるべきだろうか。それとも、脅しの方法——興味を引かない物事に注意を向けることが、それに注意を向けないことの結果よりは好みに合わない程度が軽いようにすることによって、それを勉強することが、どちらも嫌な二つの選択肢のうちではましな選択肢であるようにすること——によってだろうか。

　しかしながら、どちらの方法も、正しい問いを立て正しい解決方法を探し求めることに失敗していることをあらわしている。学ばれるべき物事や習得されるべきスキルの様式が手段や目的であるような、どのような活動の経路が、生徒の経験のうちですでに（生来の資質や過去の達成によって）働いているだろうか。つまり、その教育内容を取りあげて利用することによって適切な終結へとよりよく導くことのできるどのような行為の道筋が存在しているだろうか。あるいは、学ばれるべき物事において自然に終結し完成に至るように導くことのできるどのような行為の道筋が存在しているだろうか。繰り返して言うが、誤りは、子どもがすでに没頭している活動を見落とすことや、それらは実に些細で的外れな物事なので教育に対して何の意義ももっていないと想定することに

ある。これらの活動が正当にも考慮に入れられたときには、新しい教育内容そのものが、これらの活動の働きに入りこむ程度に応じて興味を引くものとなるのだ。誤りは、これらのすでに存在している活動を、成長の限界にすでに達しているかのようにあつかうこと、現在のかたちで申し分なく、単純に興奮させられるべき物事のようにあつかうこと、あるいはただたんに不十分なので抑圧されるべき物事としてあつかうことにある。

　手段と目的を、一方では行為プロセスに対して外在的な手段と目的、他方では行為プロセスに内在する手段と目的とのように区別することによって、私たちは快さと幸せ［happiness］の違いを理解することができる。ある物事に外在的に行きあたり、その物事によって心地よく興奮させられる程度に応じて快さが生じる。快さという問題は、すぐさまの、あるいはそのときだけの反応という問題なのだ。幸せは、一つの快さとも一連の快さとも質を異にしている。子どもは——そして大人も——強制されない様式の活動に一貫して没頭しているときには——つまり彼らが専念しており忙しいときには——ほとんどつねに幸せであり楽しんでいる。行為の経路の進歩的な成長すなわち拡張や達成の連続的な運動にともなう情動が幸せなのだ。それは精神的満足ないし平和のことであり、それが著しい場合には喜びや歓喜と呼ばれる。子どもも大人も、自分が上手くできること、自信をもってアプローチし成就の感覚をもって没頭できる物事に興味を引かれるものだ。このような幸せや興味は、自意識過剰や自分勝手ではない。これは力が発達しつつあることと、なしつつある物事に対して没頭していることのしるしである。ただ活動が単調になったときにのみ、幸せは活動の遂行にともなわなくなる。そして単調とは、成長、発達が止んだことを意味する。活動を前に進めるような新しい何ものも入ってはこない。他方、通常の専心活動［occupation］が不足することは、落ち着かなさや怒りっぽさをもたらし、活動を誘発する刺激をどんなものでも要求する状態がもたらされる——これは、興奮をそれ自体のために切望するような状態に容易に移行してしまう状態である。健康な家族や社会環境のなかにいる健康な子どもは、「何をしていいの？」と聞くのであり、「どんな快さが得られるの？」と聞くのではない。求められているのは、発展しつつある活動、専心活動、興味である。それらが得られれば、幸せはおのずからやってくるだろう。

直接的興味と間接的興味のあいだに、厳密で越えられない境界線があるわけではない。活動の複雑化にともなって、より多くの要素が関係してくる。単純に積み木を積みあげている子どもは、非常に短いタイム・スパンの活動をおこなっている。彼の目的は、彼がこの瞬間におこなっていることのすぐあとにある。つまり積み重ねがより高くなるように、倒れないように、積み木を積みあげつづけることである。彼にとって、積み重ねが立っているかぎり、何を作っているかは問題でない。積み重ねが倒れると、彼は喜んでまた積みあげはじめるだろう。しかし何かより複雑な物事が目的となったときには、つまり積み木で何らかの構造物を組み立てようとするときには、目的が複雑化することによって、彼の行為のサイクルはより長いタイム・スパンのものとなる。目的への到達は先延ばしになる。結果に到達する前に、彼はより多くのことをしなくてはならず、ゆえに彼は、その結果を、自身の諸行為を瞬間瞬間に統制するものとしてより長いあいだ念頭に置いておかなくてはならない。この状況は、何らかの遠く離れた、そしてそれら自体では関心を引かない中間手段が重要であるような価値ある目的がないかぎり即時の活動は何の興味も引かないという状況へと徐々に推移していく。訓練を経た大人にとっては、遠い未来の目的、到達に数年かかるような目的が、長い一連の困難な中間段階を刺激し調整することもありうる。これらの中間段階は、しかし目的と離れてはまったく関心を引かないものであり、不快でさえあるかもしれないのだ。この側面からすれば、間接的興味の発達は、単純に、シンプルな活動がより複雑なものへと成長し拡張していくことのあらわれである。活動が複雑になるほど遂行には時間がかかり、したがって、中間段階に明確な意味と十分な価値を付与するものである目的は達成が先延ばしになる。

　しかしながら、対象に対する直接的興味が行為の長さの延長にともなって徐々にかつ自然に間接的興味に変わるというだけでなく、逆のプロセスもまた生じる。間接的価値が直接的なものになるのだ。当初はお金によってできることのゆえにお金の獲得に興味をもっていた人が、最終的にはただたんにお金を所有しているということにすっかり没頭してお金を満足げに眺めているというのは、だれでも聞いたことのある話だろう。これはあきらかに、手段が目的に変わる好ましくない事例である。しかしながら、同種のしかも普通で望ましい

変化も頻繁に起こっている。たとえば数と数の関係に、当初は何か他のものを作るにあたって利用できるので興味をもっていた（つまり当初は単純に手段やツールとしてこの算術の一部門に興味をもっていた）生徒が、そのうち数自体でできることに魅惑されるようになることがある[原注3]。

　おはじきやボールで遊ぶスキルに、当初は単純にそれらが自分たちの興味を引くゲームの一要素だからという理由で興味をもっていた男子たちが、そのうち的に向かって撃つ、投げる、キャッチするなどの行為の練習に興味をもつようになって、スキルの洗練にとても熱心に打ちこむようになることがある。ゲームにスキルをもたらす技術の練習自体が、ある種のゲームに変化するのだ。人形の洋服を作ることに、人形遊びに興味を引かれるがゆえに興味をもっていた女子たちが、洋服を作ること自体への興味を増していき、とうとう人形の方は洋服を作るためのたんなるある種の言い訳か、少なくともたんなる刺激になってしまうということもある。

　読者が自身の人生の来し方の一定期間を振り返ってみられるならば、以上の事例においていくぶん平凡に説明されたようなことが実は始終起こっているのだということに気づくだろう。読者は、自身の活動が（硬直し化石のようになってしまうのではなく）範囲と意味の幅において発展したときには二つのうちのどちらか（または両方）が進行していたのだということに気づくだろう。一方では、より狭くシンプルなタイプの興味（その実現には短い時間で足りる）が、より長い時間を必要とするものへと拡張していた。この変化によって、興味はより豊かで充実したものになったのだ。興味は、以前には関心を引かず、ことによると不快でさえあったような多くの物事を含むようになった。なぜなら、いまや目的の価値には、それを達成するプロセスに含まれるすべての物事の価値までが含まれるからである。他方、当初はただ興味を引かれる活動全体の一部として必要であったがゆえに意義を有していた多くの物事が、それら自体で価値あるものと見なされるようになった。ときにこれらは、もとを辿ればこれらをともなって出現したところの活動にすっかり置き換わってしまっている。こ

　[原注3]　日常的な言い方では、「具体的な」数への興味が「抽象的な」数への興味に変化する。

れはまさに、子どもが成長して、以前には彼らをとらえていた興味を卒業するときに生じることである。たとえば男子がもうおはじきで遊ぶのは自分たちよりも下の年齢のことだと感じたときや、女子が自分はもう人形に興味を引かれていないと気づいたときである。表面的には、単純に、もとの興味が押しだされるか置き去られるかしただけのことのように見える。しかしより注意深く検討してみれば、当初は単純にもとの活動においてある場所を占めていたがゆえに重んじられていた活動や対象が、当初は考慮に入っていたところのもとの活動よりも重要なものに成長したということなのだ。多くの事例において、よりシンプルで見たところより些細な興味が適切なときに影響力をもたなかったならば、その後のより重要で専門化した活動が生じることはなかっただろう。そして同様のプロセスは、発達がつづいているかぎり、大人の発達においても確認することができる。これが途絶えたときが成長の停止である。

　いまや私たちは、教育における興味の機能についての正しい理解の仕方と間違った理解の仕方をより意義深いかたちで再提示するとともに、興味の原理が正しく用いられているかどうかを判断する規準を定式化することができる。当該の活動が成長や発達をともなうかぎり、興味は正常［normal］であり、この興味を頼りとすることは教育的に正当である。興味が活動の発達が停止する徴候や原因となっているときには、興味は不当な用いられ方をしている。

　もちろんこれらの定式は抽象的であり、説明を要する。しかしこれまでの議論に照らしてみれば、これらの意味はあきらかだろう。興味に対して、たんなる娯楽やふざけやいっときの興奮であるとして異議が唱えられるとき（なお教育的実践においては、興味は単純にこのような物事を意味するのみとなっている）、当該の興味は永続的な活動——ある期間を通して発展する活動——におけるその位置からは分離したたんに束の間の活動に結びついたものであることが見いだされる。このようなことが起こるとき、興味（と呼ばれているもの）を喚起する対象は、ただそれが引きだす一瞬の反応、それが呼びおこす即時の快さにもとづいて重んじられているだけである。このようにして創られた「興味」は正常でない。なぜなら、これはエネルギーが四散していることのあらわれだからである。これは人生が相互につながりのない一連の諸反応に切り刻まれていることの徴候であり、一つひとつの反応は、連続した活動を前進させる（あるいは

発達させる）にあたってどのように働くかとは無関係に、それら自体で重んじられている。すでに見てきたように、たとえばただたんに偶然にも快い反応を引きだす他の物事をくっつけることによって数を興味あるようにするということと、より包括的な活動を進めるための真の手段として機能するようにして数を導入することによって数を興味あるようにするということは、根本的に異なっている。後者の場合、興味は、数とは無関係の何か他のものを結びつけることによって生じる興奮を意味していない。数は、連続的ないし永続的な活動の道筋を促進する機能をもつがゆえに興味を引くものとなっている。

　したがって結論は、単純に、興味のうちのあるものはよくて、あるものは悪いということではない。そうではなく、真の興味とは、何らかの題材や対象やスキルの様式（やその他何でも）が、人が同一化する何らかの行為の様式を成就に至らしめるにあたってのそれらの働きゆえに尊重されていることのしるしだということである。短く言えば、真の興味は、単純に、人が何らかの行為の経路に同一化しているということ、あるいはそれに自分自身を見いだしているということを意味しているのだ。したがってその人は、その経路を上首尾に遂行するのにともなうすべての対象およびスキルにも同一化している。この行為の経路は、状況に応じて、とりわけ当人の経験と成熟に応じて、長い時間がかかることも短い時間しかかからないこともある。幼い子どもに年上の子どもと同程度に複雑な活動に没頭することを期待するのも、その年上の子どもに大人と同程度に複雑な活動に没頭することを期待するのも的外れである。それでも、ある程度の時間持続する何らかの拡張がともなっている。スプーンでソーサーを叩くことに興味をもっている赤ん坊でさえ、純然たる一瞬の反応と興奮に関心があるわけではない。叩くことは叩いて出る音と結びついており、この点で興味を引く。そしてこの叩いて出る音は、それ単独で興味を引くのではなく、叩いたことの結果だということで興味を引くのだ。これほど短いスパンの活動は、直接的興味を形成する。一般に、自発的な遊びはこの種の活動である。なぜなら（すでに述べたように）、このような事例では、先行する諸活動の進行を維持してそれらの遂行の仕方と順序を導くために、来るべき成就段階の活動を念頭に置いておく、という必要がないからである。しかし行為が洗練されるほど、活動に要する時間は長くなる。要する時間が長いほど、達成ないし満足の

段階は先延ばしになる。そして先延ばしが長いほど、目的に対する興味が諸中間段階に対する興味と相容れないという機会がより多くなる。

　議論の次のステップは、活動の達成が先延ばしになりあるいは遠く離れる分だけ努力が作用することになるということについてである。そして、努力を必要とする状況の意義は、それらと思考の結びつきにあるということである。

3　努力、思考、動機

　私たちが努力という名において高く評価するのは、本当のところ何なのだろうか。私たちが、努力する能力の増大を教育の目的と見なすとき、私たちが確保しようとしているのは本当のところ何なのだろうか。実際的見地からすれば、この問いに答えることはそれほど難しくはない。私たちが求めているのは活動の持続［persistency］ないし連続［consecutiveness］であり、障害物や妨害に耐えられるということである。エネルギーの消費におけるたんなる緊張状態の増大という意味での努力は、それ自体では私たちが重んじるものではない。むしろそれは、それ自体では私たちが避けたいものである。たとえば、ある子どもが自分には重すぎるおもりをもちあげようとしている。おもりをより高くもちあげるにはいっそうの努力が必要であり、緊張状態の増大はいよいよ苦痛である。賢明な保護者は、たんなる緊張状態の増大から子どもを守ろうとする。つまり、過度の疲労や身体の構造を痛めることや怪我することから子どもを守ろうとする。このように、たんなる緊張した活動としての努力は私たちが高く評価するものではない。他方、賢明な保護者は、子どもが障害物にぶつかるとあまりにも簡単に意気阻喪してしまうというのも見たくないだろう。子どもが身体的に健康ならば、ある行為の経路の放棄やより容易な行為の道筋へのエネルギーの方向転換は、妨害が兆した途端に生じるようであれば悪い徴候である。努力の要求とは、困難にあっても継続することの要求である。

問題のこのような説明は、表面にあるかのようにあきらかである。しかしこの説明をさらに検討してみれば、これはただたんに、拡張しつつある活動にともなうものとしての興味に関連して私たちがすでに学んだことの繰り返しだということがわかるだろう。興味と同じく努力も、一連の段階を通して発展するがゆえに完成には時間のかかる行為の経路とのつながりにおいてのみ意味がある。到達すべき目的と離れては、努力は束の間の緊張状態やこのような緊張状態の継起以上のものにはなりえない。これは避けるべき事柄であるが、その理由は、それが好みに合わないからというよりも、疲労および事故の危険に晒されること以外には何ももたらされないからである。しかし行為が発達し成長しつつあるものである場合、努力すなわち活動全体のどの時点においてもエネルギーを発揮しようとする意思は、ある一つの全体としての活動が当人をどれほどとらえているかを測る物差しとなる。努力は、彼がその活動にどれほど真に関心を抱いているかを示すのだ。私たちは（分別があるならば）、確かに意志や目的があったという証拠がないかぎり、自分自身に関しても他人に関しても「実行の意志［will for deed］」を認めることはけっしてない。そしてその唯一の証拠は、目的を実現しようと懸命になることであり努力することである。どのような努力も不可能な状況下にあるならば、これはもはや「意志」の問題ではなく、単純に共感的な願い［sympathetic wish］の問題となる。
　もちろんこれは、このような状況下でも努力はつねに望ましいということを意味するわけではない。それどころか、骨折り損のくたびれもうけになるかもしれないのだ。到達すべき目的は、実はこれほどのエネルギーの消費や過度の緊張状態の危険を正当化できるほど重要ではないかもしれない。このような問題を裁定するために、判断がおこなわれることになる。そして一般に、ひとたび開始した活動をどのような犠牲を払ってでもつづけようとするのは、困難が兆すと同時にそれから背を向けてしまうのが弱さのしるしであるのと同じくらい悪い判断のしるしである。ここに示された原理が示すのは、努力はたんなる努力や緊張状態としてではなく、活動を成就に至らしめることに結びついてこそ意味があるということである。すべては目的にかかっているのだ。
　二つの考察が導きだされる。(1) 一方では、障害物による一時的な妨害にもかかわらず活動を持続するときは精神的ストレスの状況が生じている。これは

欲求と嫌悪の結合した独特な情動状況である。目的は魅力をもちつづけており、人は困難による妨害にもかかわらずその活動を持続する。この前方に存在しつづける魅力が欲求の源である。他方、障害物は、今後の進歩を阻み妨げる程度に応じて行為を抑制して、行為を何らか他の進路に方向転換させがちである——言いかえれば、行為をもともとの目的から逸らせがちである。これが嫌悪を生じさせる。精神的な経験としての努力とは、まさにこの相容れない諸傾向——逸れる傾向と向かう傾向——の独特な結合、嫌気と切望の結合である。

　(2) もう一つの考察は、さらにいっそう重要である。なぜなら何が起こるかを決定するものだからである。努力やストレスといった情動は、その事柄について考え [think]、考察し [consider]、省察し [reflect]、探究し [inquire]、調べよ [look into] という警告である。この状況下では、この目的は労力を費やす価値があるだろうか。この状況下、何か他のよりよい経路はないだろうか。このような再考が生じているかぎり、状況は、障害が兆した途端にただたんに諦めてしまうという状況とはまったく異なっている。最終的な決定が諦めるということだとしても、この状況は、たんなる目的の不安定さのゆえに諦めてしまう状況とはまったく異なっている。この諦めはいまや理性をともなっており、目的の固持や「意志の強さ」とまったく矛盾しないものでありうるのだ。しかしながら、省察はまったく別の経路をとることもありうる。つまり、目的の再考ではなく新しい手段の探索に至るということである。短く言えば、発見と発明に至るということである。運びたいと思う石を運べなくても、子どもは不可能を達成しようとするむなしい奮闘をつづけたり、彼の目的を放棄したりしないで済むかもしれない。彼は石を動かす何か他の方法を考えつくかもしれない。棒をてこにして石を動かそうとするかもしれない。「必要は発明の母」である。

　後者の場合、確かに障害物はエネルギーを方向転換させた。しかし重要なのは、エネルギーは思考へと方向転換したのだということである。つまり状況についての、そしてとりうる方法や手段についての知性的な考察への方向転換である。努力の経験における真に重要な問題は、努力と思考の結びつきである。問題は純然たる緊張状態の量ではなく、目的についての思考が困難にもかかわらず保持され、そして障害物の性質とそれに対処するために利用できる資源について人を熟考させる仕方である。

子どもであっても大人であっても、人は活動の経路のなかで何らかの障害物や困難に遭遇する。この妨害の経験には二重の結果がある——場合によっては、一方の結果が目立ち他方を不明瞭にしてしまうかもしれないが。結果の一つは、前向きの勢いが弱まることである。現在の行為の道筋は、困難を乗り越えるために緊張状態が必要となるので多かれ少なかれ不適なものとなる。この結果、傾向としては、この行為の道筋を諦めてエネルギーを何か他の進路に方向転換するということになる。他方、障害物との遭遇は、目的についての当人の知覚を拡大することもありうる。彼にこの目的が自身にとってどれほどの意味をもつのかということをかつてなくはっきりと了解させるかもしれず、したがって目的を達成しようと努力する彼を支え励ますかもしれないのだ。ある一定の範囲内であれば、妨害はエネルギーを生じさせるだけである。妨害は刺激として作用する。ただ甘やかされた子どもや甘やかされて育った大人のみが、進路上のライオンによって、奮起するということの代わりに、怖気づいて勇気を喪失しわきへ逸れることになる——ライオンが非常に獰猛で脅迫的でないかぎり。正常な人であれば、自分が何をしているかについての充実した鮮明な感覚をもつために、そして自分がしていることに対して生き生きした興味をもつために、乗り越えるべきある程度の困難を要求するものだと言っても過言ではないだろう。

　障害物との遭遇によって、人は、自身の活動におけるよりあとの達成の時期に対してよりはっきりと意識を向けるようになる。つまり、自身の行為の経路における目的を意識するようになる。彼はいまや直感や習慣によって盲目的におこなうのではなく、自分が何をしているかについて思考している。結果は意識的な目的となり、人を導き奮いたたせる目的となる。それは、欲求の対象であることによって努力の対象ともなるのだ。

　この誘発し導く機能は、二つの仕方で働くものである。努力は、その結果が達成されるべきものととらえられたときにはより安定して持続的なものとなる。そして思考は、状況に対処する最適な方法を発見するよう刺激される。障害物に対して全力で突破しようとして盲目的に向かいつづける人は、非知性的に行為している。彼は到達すべき目的の性質について意識していない。彼は奮闘する動物のレベルにとどまっており、たんなる力任せによって妨害を乗り越えて

ゴールに達しようとしている。したがって、努力を呼びおこす状況の真の機能とは、第一に個人をより自身の行為の目的と目標 [*purpose*] について意識するようにさせることである。第二に、彼のエネルギーを、盲目的で思慮を欠いて奮闘することから反省的判断へと向け変えることである。思考のこれらの二つの側面は相互依存的である。結果についての思考すなわち人を意識的に導く目標としての目的についての思考は、達成手段の探索へとつながる。この思考は、試みられるべき適切な行為の諸経路を示唆するのである。これらの手段は、考察され試みられるなかで、目的についての思考により充実した内容をもたらす。たとえば、男子がいくぶん盲目的に凧を作りはじめる。一連の作業のなかで、彼は予期しなかった困難にぶつかる。凧が分解してしまったり、バランスが取れなかったりするのである。この活動が彼の興味を少ししか引いていないのでないかぎり、彼は自分が作ろうとしているまさにそのものについてよりはっきりと意識するようになる。彼は、自身の行為の対象と目的についてよりはっきりと十分に考えるようになる。彼の目的は、いまやたんなる凧ではなく、何らかの特別な種類の凧である。そして彼は、いま存在している作品の何が問題なのか、何がトラブルなのかを調べて改善方法を見つけようとする。こうするなかで、完成した作品としての凧についての彼の考えはより適切なものとなっていく。そして、その凧を作るために何をしなくてはならないかという道筋が、彼にとってよりはっきり見えてくる、などなど。

　いまや私たちは、教育的発達において困難と努力が占める場所を見積もるための規準を手に入れた。課業という語を、単純に乗り越えるべき困難をともなう企てという意味で用いるとすれば、子どもも青年も大人もみな発達の持続のために課業を必要としている。しかし、課業という語を、興味を引かず魅力がなく完全にかけ離れた、したがって好みに合わない物事という意味で用いるとしたら、事態はまったく異なってくる。前者の意味での課業は、思考、反省的探究に不可欠の刺激を供給するものであるがゆえに教育的である。後者の意味での課業は、純然たる緊張状態、束縛、そしてそれに取りくみつづけるためには何らかの外在的動機を必要とするということの他は意味しない。これらは、目的についての意識の明確化や実現のための適切な手段を探すことをもたらさないので、非教育的 [*uneducative*] である。これらは、鈍らせ麻痺させるもの

であるがゆえに誤教育的［miseducative］でもある。これらは、自分のしていることについての鋭敏な感覚を欠いたまま進められる行為にかならずともなっている、あの混乱して鈍感になった精神状態をもたらすのだ。これらは、外在的目的への依存をもたらすという理由によっても誤教育的である。子どもは単純に課業を課す人の圧力ゆえに活動するのであり、圧力が弱まる分だけ自分のエネルギーを他のことに向ける。あるいは、彼は何かかけ離れた誘因のため——自分のしていることとは何の内在的つながりもない何らかの報酬を得るため——に活動することになる。

したがって、念頭に置いておくべき問いは二重になっている。この人は、彼にとってはやさしすぎる物事——彼のエネルギー、とりわけ思考のエネルギーを呼びおこすには妨害の要素が不十分な物事——に取りくんでいるのではないか。あるいは、彼に課された作業が難しすぎて対処に必要な資源を彼がもちあわせていない——彼の経験や獲得された習慣とはあまりにもかけ離れているせいで、どこからどのように対処すればよいかわからない——ということはないか。これら二つの問いのあいだに教師のタスクがある——生徒と同じく、教師も課題をもっている。どのようにしたら、生徒の活動を諸困難の導入によってさらに複雑化していくとともに、これらの諸困難が生徒を鈍感にさせてただんにやる気を喪失させてしまうのではなく、刺激するような性質のものであるようにできるだろうか。指導者の判断、機転、知的共感［intellectual sympathy］にもっとも重い負担がかかるのは、多様な教育内容に関して、これらの問いに具体的に答えることにおいてである。

活動があまりにもやさしく単純なとき、人はその活動によって快い興奮がすぐさま得られるのでその活動に従事するか、または要求されたことをおざなりに遂行するのにちょうど足りるだけの力——力の純粋に機械的で物理的な側面——をその活動に注いで、そのあいだ彼の精神は、少なくとも彼の空想を維持するには十分なだけの目新しさを有する他の物事に向いているということになる。奇妙に聞こえるかもしれないが、機械的な反復作業と、生徒にはあまりにも難しい教育内容を課すことの両方に対する主要な反論の一つは、これらによって現実に生徒がいざなわれることになる唯一の活動は彼らにとってあまりにやさしい類の活動だということである。作用するのはすでに形成された力やす

でに確立した習慣だけであって、精神——思考する力——が作用することはない。こうして生来怠惰な子どもには無関心が、より想像的な性質の子どもには精神の放浪がもたらされる。あまりにも難しい作業、能力の限界を超えた作業が要求されたときには何が起こるだろうか。教師が専門的に熟練している場合、生徒は完全には回避したり逃げたりできない。彼は熱心な勉強態度を維持して、そして専念していたことの証拠として結果を出さなくてはならない。当然ながら彼は近道を探す。彼は、自分には手の届かない思考のプロセスなしでできることをする。「答えを得る」ためにどのような外在的でお決まりの手段も利用されるのであり、それはことによると他者からの内密の援助や完全なるカンニングかもしれない。いずれにせよ、彼は自分にとってすでにもっともおこないやすくなっている物事をおこなうのであり、妨害がもっとも少ないような道筋を行くのだ。唯一の代案は、問題の状況とそれに取りくむ方法について進んでよく考えることである。そしてこの代案が生徒にとって手の届くものであるのは、なされるべき作業が彼にとって魅力的であったり彼の力を取りつけることができたりする性質のものであり、しかも困難が彼を挫くのではなく刺激するようなものである場合だけである。

　換言すれば、よい教授［teaching］とは、確立している諸力に訴えるとともに、これらを新しい目的へと向け直すことを要求するような新しい題材をも含んでいる教授である。そしてこの向け直しには、思考——知性的な努力——が必要である。どのような場合でも、努力の教育的意義すなわち教育的成長に対する努力の価値は、努力がいっそうの緊張状態を課すことにではなく、努力がいっそうの思慮深さをもたらすことに結びついていることに存する。教育的努力は、（衝動的にせよ習慣的にせよ）比較的盲目的な活動が、より意識的省察的なものへと変容していくことのあらわれである。

　主張を完全なものとするために言えば、(いまや確認するまでもないことだが)このような努力は興味の敵ではけっしてない。これは直接的興味から間接的興味へという活動の成長プロセスの一部である。これまでの議論では、私たちはこの発達を活動の複雑さ（すなわち関係する要素数）の増大を意味するものとして、そしてまた、すべてが興味を引くものであるわけではないかもしれない一連の中間手段に打ちこむ動機として目的がいっそう重要になっていることを意

味するものとしてとらえてきた。ここでの議論では、私たちは、目的が遠ざかるほど（ある活動を達成するのに要する時間が長くなるほど）乗り越えるべき困難が増え、したがって努力の必要性も増すという事実をより強調したのだった。そして、必要とされる努力が確保されるのは、当該の活動が本人に目的をより明確に認識させて達成手段についてより思慮深く考察させるようなポジティブで持続的な興味のものである場合だというのが、私たちの結論であった。困難と努力を思考のいっそうの深さと広さに結びつける教育者は、ひどく間違えることはけっしてない。それを純然たる緊張状態や力いっぱいの必死のエネルギーに結びつける教育者は、必要とされる努力を必要時に確保する方法も喚起されたエネルギーの最良の利用方法もけっして理解できないだろう。

　ここまでの議論を動機の問題に適用するという作業が、まだ残っている。「動機」とは、目的あるいは目標を、活動に対するこれらの影響、これらの推進力 [power to *move*] に着目して呼ぶ呼称である。起こりうる結果についてぼんやり推測している、すなわち純粋に理論的に考えている状態と、熟考したり予想したりする結果がとても望ましいものなのでその結果についての思考が努力をかき立てるという状態は、まったく異なるものである。「動機」とは、目的を、その活動的で動的な性能において呼ぶ呼称である。この推進力は、予感された目的と、自己が同一化するところの活動が、どれほど結びついているかをあらわしているのだが、これはこれまでの分析のたんなる繰り返しである。目的の推進力と目的の有する興味は、企てられた活動の経路の活力と深さを表現しているのだと述べれば十分だろう。

　動機という観念を、あまりにも*個人的な* [*personal*] 意味で、つまり考慮している対象や目的からあまりにも分離した意味で理解してしまわないよう注意が必要である。指導の実践とは別個のものとしての指導の理論においては、動機の必要性は長らく見すごされ否定されさえしてきた。ただ純然たる意志の力、恣意的な努力のみが必要だと想定されてきたのだ。これは実践においては（すでに見てきたように）、動機の源を外部に求めることを意味した。つまり教師やテキストの権威への畏敬の念や、罰や周りの人の不興を招くことに対する恐怖や、大人になったときの成功や、ご褒美をもらうことや、同級生のなかで高い位置に立つことや、留年の恐怖などに訴えることを意味した。このような動機

は多くの生徒にとって有効ではないということ——このような動機には具体的には十分な推進力が欠けているということ——を認識する者が教育者のなかにあらわれたとき、次のステップがとられることになった。彼らは、平均的な生徒にとってより重要性のある動機を見つけようとした。しかし多くの場合、彼らもまた動機は教育内容の外部にあると考えていた。純粋に気持ちのうちに存在しているものであり、そしてそれ自体では動機をもたらさないような物事に注意を向ける根拠を提供していると考えていた。彼らは、勉強や授業のうちにある動機ではなく、それらのための動機を探していた。授業の題材に結びつけられることで、授業の題材に効力や推進力をもたらす根拠は、算数や地理や手工活動とは離れてただ人のうちに求められていた。

　一つの結果として、教育内容についての具体的な考察の代わりに「動機」についての抽象的な議論がおこなわれることになった。傾向としては、まず子ども一般ないしある年齢の子どもを活動に駆りたてるだろうと推定される動機ないし「興味」のリストが作成される。そして次に、これらの動機ないし興味をどのようにして多様な授業に結びつけて授業に有効性を付与できるかが考察された。しかし重要な問いは、どの特定の教育内容が、現在子どもがもっている具体的な能力の成長に強く結びついており、この能力に推進力をもたらすことができるだろうかということである。必要なのは、子どもが有していると私たちが推定する個人的な動機のリストではなく、彼らの力や行為の傾向、そしてこれらをある教育内容によって前進させることのできる方法についての考察である。

　子どもがたとえば音楽や絵画の方向において芸術的能力を有しているとしたら、この能力が発揮されるための動機を探す必要はない。問題は動機を見つけることではなく、この能力を発揮できるような題材や条件を見つけることである。この能力に訴える題材はすべて、訴えるというまさにそのことによって推進力である。人の活動に不可欠に結びついている目的や対象が動機である。

　動機という概念をあまりにも個人的に理解することのもう一つの帰結は、使用と機能の概念が狭く外在的なものとなることである。教育内容に有用性を求めるのはもっともなことである。しかし使用の評価はさまざまな立脚点からなされうる。私たちは使用や機能について既製の概念をもっており、そして学ば

れた内容の価値を、この基準に適合するかどうかで判断しようとするかもしれない。この場合私たちは、私たちが有用で実用的だと規定した何らかの特別な役割を担っていることが確認できないかぎり、どのような追求も適切に動機づけられていたととらえることはできない。しかしながら、私たちが当該の子どもの活動的な諸力の見地から出発するならば、新たな教育内容や新たなスキルの様式の有用性は、これらが子どもの諸力の成長をどのように促すかによって測られることになるだろう。私たちは、目に見える物質的な成果や、学ばれた内容が目に見えるかたちでさっそくさらなる利用に供されるということ、あるいは子どもが何らかの点で道徳的に向上したという証拠さえ、諸力の成長はそれ自体道徳的向上であるということを別にすれば要求してはならない。

4　教育的興味のタイプ

　興味に関する議論において私たちが手がかりとしてきたのは、興味と、人が心から没頭している活動との結びつきであった。興味は何かある一つのものなのではない。興味とは、ある行為の経路、専心活動、追求に、ある個人の力が完全に注ぎ込まれているという事実の呼称なのだ。ただし活動は真空のなかでは進みえない。題材や教育内容といった遂行の条件が必要である。他方、自己の側にも、何らかの傾向や習慣といった諸力が必要である。真の興味においては、かならずこれら二つが同一化している。活動している本人は、自身の幸福が実は対象がそれ自体の結末へと発達することに堅く結びついているということに気づく。活動がある道筋を辿ることによって、教育内容は何らかの結果に至り、そして人は何らかの満足を達成する。

　活動という概念を重要な教育的原理ととらえることは、とくに目新しいわけでも注意を引くわけでもない。長らくそれは、とりわけ「自己活動」の観念というかたちで究極の教育的理想を指す名称であった。しかし活動は、しばしば

あまりにも形式的かつ内面的に解釈されてきたせいで、実践に影響することのない不毛な理想にとどまってきた。たんなる決まり文句となって、口先だけの敬意を受けるにすぎないということさえあった。活動という観念を有効なものとするには、これを力——とりわけなされたことの意味を理解する力——の成長をともなうすべての行為［doings］を包含する広い概念としてとらえなくてはならない。このとき、外部からの束縛や指令のもとでなされた行為は含まれない。このような活動は、遂行する当人の精神にとって何の意義もないからである。また束の間の行為が止むとともに終わるような——換言すれば、行為している当人を未来のより広い地平に連れていくことのないような——刺激に対するたんなるランダムな反応も含まれない。さらにまた、非常に習慣的なのでルーティン化し機械的になってしまった行為も含まれない。残念なことには、外部からの束縛によってなされる行為や、ただたんに興奮を好むがゆえの活動や、習慣の機械的な力によってなされる活動が非常にありふれたものとなり、例外であるはずのこれらが活動の大半を占めるようになっている。しかしこれら例外の領域の地平は、教育的プロセスの進行していない地平である。

　真に教育的興味であるような活動の種類は、年齢や個人の生来の資質やそれまでの経験や社会的機会に応じて無限に多様である。これらの一覧表を作るなど不可能である。しかしながら、これら〔の多様な活動〕のより一般的な特徴を識別することによって、興味と教育実践のつながりを少しばかりより具体的に明確にできるかもしれない。自己活動を形式的な意味でとらえることの一つの主要な原因が、身体および身体的性向の重要性を無視することだったので、まずはこのもっとも直接的で言葉どおりの意味での活動における興味を取りあげるのがよいだろう。

　1. 昔から知られていることであるが、他の動物の子どもなら本能的に、あるいはわずかな試みでできるような物事のほとんどを、人間の子どもは学ぶ必要がある。この事実を省察してみれば、人間の子どもはこれらの物事を学ぶなかで他の物事をも学ぶ必要性に至り、そしてまた、学ぶ習慣——学びへの愛——を習得することにも至るのだということがわかる。これらの考察はとくに珍しいわけではないにもかかわらず、身体活動をめぐる事実に対するこれらの意義はしばしば見落とされている。身体活動が学ばれるべきものであるかぎり、

身体活動の質は身体的なだけでなく精神的であり知的でもあるのだということが、これらの考察から当然結論されるはずなのだ。人間の子どもの最初の課題は、感覚器官——目や耳や触覚など——と運動器官——筋肉——の相互に関連させながらの使用を学ぶことである。もちろん、精神的な実験をあまりともなわず、むしろ生理学的連関の成熟にともなって習得が達成されるような事柄もある。とはいえ、ある種の目の活動がある種の腕の動きや指の握りなどを意味していること、そしてこれによって今度は指を用いてのある種の探査が引きおこされて、そしてたとえば滑らかさの経験という結果に至るのだということを子どもが学ぶとき、ここには真に知的な要素がある。このような事例においては、単純に新しい身体能力の獲得が生じているだけではない。精神的な意味での学びも生じており、何らかの発見があったのだ。乳幼児期の最初の1年半における精神的発達の急速であること、成長しつつある赤ん坊の自身の行為に対する心からの集中と没頭、自身の運動を統制する能力の増進にともなう喜び——これらすべては、興味の性質や（表面的に判断すれば）身体的である諸活動の知的な意義に関する拡大した実物教授である。

　成長のこの時期は、もちろん子どもの就学前のことである。少なくとも何かしら学校と呼ばれるものに行くようになる前のことである。しかしこの行為の学校における学びの量と様式がもっとも意義深いのは、学校における感覚と運動の働きをともなう諸タイプの専心活動の重要性をあきらかにする点においてである。自己活動の原則（精神的なイニシアティブおよび知的な自己信頼の推奨と、注入するという考えおよび受動的な吸収に対する非難をともなう）を実践に適用することで得られた前進がわずかであったことの理由の一つは、まさに（すでに示されたように）、自己活動は遊びや対象の制作や、題材やツールの操作を通しての身体行為の協同なしで、純粋に内面的に確保できると推定されていたことであった。しかし専門化した知的能力を有する子どもでないかぎり、感覚器官や筋肉の関与なしに精神活動を確かなものにするなど不可能である。それなのに、小学校教育のいかに大きな部分が、身体の全活動を抑制するための規律の諸形式を課すことにあてられていることだろう！　このような体制のもとでは、子どもは学ぶことを生来嫌がっているという見方や、知的活動は子どもの性質からかけ離れているので子どもを知的活動に従事させるには強制や巧妙におだて

ることが必要だという見方が生まれるのは当然のことだ！　そうして教育者は、学ぶことを生まれもつ行為器官の使用から分離することによって学ぶことを困難かつ煩わしいものにしてきた条件を非難する代わりに、子どもあるいは人間性のひねくれていることを非難してきた。

　内面的で抽象的であるがゆえに純粋に形式的なものであった自己活動の概念の優位に挑戦するものとして、はじめて重要な影響力をもったのは、ペスタロッチ［Johann Heinrich Pestalozzi］の教えと教授学における感覚訓練および実物教授の学派の教えであった。しかし残念なことに、当時の心理学はまだ誤った生理学と、精神と身体の関係についての誤った哲学に結びついていた。感覚は、知識ないし少なくとも知識の素材の注入口であり通り道であり入り口であった。感覚器官は単純に刺激が運動反応に至る通り道であるということ、そして知識の成長が生じるのはこれらの運動反応を通してのみ、とりわけ感覚刺激と運動反応の相互適応の考慮を通してのみだということはまだ知られていなかった。色や音や接触などの感覚の質は、それらをただたんに受容し保存することにおいてではなく、それらと知性的な統制を確かなものとするさまざまな行動形式との結びつきにおいて重要なのだ。種々の質を相互に重要であるように関連づけて首尾一貫した総合体とする活動的な反応なしでは、赤ん坊は、帽子、椅子、オレンジ、石、木といった個別のものの知識にさえ至ることはないだろう。運動活動のすべての形式を抑制することが主要な任務であるように考えられている通例の厳しい学校においてさえ、黙読するときに目や唇などを動かすことや、音読、計算、書くこと、復唱における身体の調整といったこの状況下でなお許容されている身体活動は、注意を維持するにあたって一般に認識されているよりもはるかに重要である。しかし行為の余地は非常にわずかで偶然的なので、エネルギーのほとんどは利用されないままであり、その結果すぐにでもいたずらやそれよりも悪いことへと行ってしまいそうである。そしてこの間精神は、種々の主題への無統制の空想、白日夢、放浪の状態にある。

　より現実的かつより恣意性の低い活動概念の発達の次の大きな前進は、フレーベル［Friedrich Wilhelm Froebel］と幼稚園運動によってもたらされた。遊びやゲームや連続的な類の仕事という、制作と操作をどちらも要求するものが教育上必須の重要性をもつということが、プラトン［Plato］後、実にはじめて認

識されたのだ。精神の成長における身体機能の行使の役割が、実際上認められた。しかしその原理は、使用においてなお誤った生理学と心理学によって妨げられ、ゆがめられていた。目的実現にあたって、身体器官や物理的な題材および器具を自由かつ完全に統制することが成長に対してなすその直接の貢献は、まだ理解されていなかった。したがって、遊びやゲームや仕事や恩物［gift］の使用などの物理的な側面の価値は、間接的な考慮――象徴化――によって説明されていた。教育的発達は、直接なされた物事によるのではなく、それらの活動がどのようにかして象徴しているはずの、何らかの究極的な哲学的および精神的原理によって可能となっていると推定されていたのだ。非現実性と感傷の要素を導入するという危険を別にすれば、幼稚園における活動の価値の源についてのこの誤った解釈は、題材や活動の選択と組織にこれほど決定的に影響しなかったならば、これほど深刻なものとはならなかっただろう。フレーベルの弟子たちは、遊びと仕事の諸様式をそれら自体の価値においてあつかうことを許されていなかった。彼らはそれらを何らかの象徴化の原理なるものにしたがって、つまり折りたたまれた〈絶対的統一［Absolute Whole］〉を解いていくための仮定的な法則にしたがって選択し配列しなくてはならなかった。学校外の経験を通して非常に価値があると認められた素材や行為の道筋のなかには、象徴的解釈の原理が当てはまらないという理由で排除されたものもあった。そのうえこれらの原理は、幾何学的に抽象的な形式を過度に好むことや、それらをあつかうための高度に洗練された技術に厳密に固執することをももたらした。科学と哲学の前進によって、行為の直接的な価値や、遊びおよび専心的な活動をより自由に用いることの直接的な価値が認識されるようになったのは、ようやく先の世代のことである。このより自由かつより科学的な仕方で理解されるならば、間違いなくフレーベルの原理は、教育的成長における身体行為の可能性を認識することに関するこれまででもっとも偉大な前進である。モンテッソーリ［Maria Montessori］の方法も類似の認識にもとづいており、しかも技術的知識の追加という利点も加わっていた。この方法を相互に孤立した機械的な諸運動にしてしまおうという傾向（残念なことに、はっきりと定式化されたシステムの普及にはかならずともなう傾向）に抵抗し乗り越えることができるならば、間違いなくこの方法は、幼い子どもやより年長だが知覚運動面の発達の遅れた子

どもにとって利用できるさらなる資源を提示することになるだろう。

　2. この身体活動に関する議論の大部分において私が念頭に置いていたのは、シンプルな題材やせいぜい鉛筆や絵筆といったシンプルな器具を直接あつかう身体器官の活動、とりわけ手の活動であった。身体の知覚運動器官の関与するいっそう高度な活動の形式は、外在的対象の統制が何らかのツールやある題材を他の題材に適用することによって達成されるときに見いだされる。ツールの介在の例としては、のこぎり、木工錐、かんな、モデリング・スティックなどの使用があげられる。あるもの（やエネルギーの様態）を用いて他のものを変化させる例としては、縫いものにおける糸の使用や、料理や他のシンプルな実験における熱や水蒸気の利用があげられる。もちろん実践上も原理においても、このような活動の形式とつい先ほど議論したようなより直接的な活動の形式とのあいだにはっきりした区別があるわけではない。身体器官——とりわけ手——は、試行錯誤を通して使用が学ばれる一種のツールととらえることができるだろう。ツールは身体器官のある種の拡張と見ることができるだろう。しかしツールの使用の拡大は発達の新しい道筋を開くのであり、この道筋のもたらす結果は非常に重要なのでとくに注目する価値がある。人類および個人の歴史において、長期にわたる複雑な活動——結果が非常に先延ばしになる活動——を可能としたのは有機体外のツールの発見と使用である。そしてすでに見たように、この延長と先延ばしが知性のいっそうの使用を必要とするのだ。また（広い意味における）ツールや器具の使用は、自然な器官の使用の習得に比べていっそうの度合いの技術的スキルを必要としており——あるいは、ツールや器具の使用は自然な器官のいっそう複雑な使用をともなっているとも言える——それゆえ発達の新しい道筋を刺激する。

　大まかに言ってしまえば、このような介在する器具の使用が、一方のゲームおよび作業と他方の遊びのあいだに境界線を引くのだ。子どもは自分の手や移動や運搬によってもたらすことのできる変化でしばらくは満足している。これらによってもたらすことのできない他の変化については、想像するだけで満足しており、実際の物理的な変更までは求めない。「遊ぼう」——物事はこうこうだというふうに「ごっこをしよう [make-believe]」——ということで満足している。あるものが、実際に適合的であるかどうかにはかかわりなく他のもの

の代用となる。こうして食事の用意遊びにおいて葉っぱはお皿になり、鮮やかな石は食べものになり、木片はナイフやフォークになる。自由な遊びのなかで物事は柔軟であり、気分やそのときどきの必要に応じて性質を変える。たとえば椅子はあるときにはワゴン、あるときには列車、そしてまたあるときにはボートとして用いられる。しかしゲームのなかでは守るべきルールがある。ものはある明確な目的を達成する手段なので、こん棒はボールを打つためのバットであるというふうに、はっきり決まった使い方がある。同様に、子どもは自分の力が成熟するにしたがい本物のお皿や本物の食べものを使いたがるようになる。そして実際に火を起こし調理できるならばいっそう満足する。子どもはただ空想において達成する代わりに、目的に適合しており何らかの結果を実際に達成できるようなものを使いたいのだ。この変化は目的をより長期間念頭に置いておくことのできる能力とともに生じるということが、見いだされるだろう。私たちは、幼い子どもは即時の結果をほしがると言う。幼い子どもは、少し待っても目的達成に適切な手段を得てそれを適切な方法で使うということができない。年長者よりも物理的に我慢強くないからではなく、ほとんど即時に達成されない目的というのは彼の頭から離れていってしまうからである。目的達成のためには、幼い子どもは想像という魔法の杖の一振りで、彼の「手段」に自分の考えを実現させてしまうのだ。しかし考えがより長期間保持されるようになるにつれて、考えは、状況の変容を実際にもたらすために用いられるようになる——これは、ツールの介在や介在器具の使用をほとんどかならず要求するプロセスである。

　目的に到達するために仲介手段や器具を使用する行為の呼称としては、作業 [work] がもっとも適当だろう。しかしこの意味で用いられた場合、作業は、労働 [labor] や労役 [toil] や骨の折れる単調な仕事とは区別される必要がある。労働とは、達成される直接的な結果が、何か他のものとの交換手段としてのみ価値があるような作業の形式である。これは経済用語であり、生産品に支払いがおこなわれる形式の作業に適用されるのであり、そして支払われた金銭は、より直接的な価値を有する対象のために使われる。労役は、課業が異常に難儀であり疲労をともなうということを含意している。骨の折れる単調な仕事とは、それ自体ではまったく好みに合わず、何らか完全に外部の必要という束縛のも

とで遂行される活動である。したがって、遊びと作業を、していることに対する直接的な興味のあるなしによって区別することはできない。ツールで何か、たとえばボートを作ることに没頭している子どもは、自分のしていることに対して、まるでそのボートで帆走しているかのように直接的に興味を引かれているだろう。彼がその活動をしているのは、たんなる外在的結果——ボート——のためでも、ただたんにあとでそれで帆走するためでもない。完成品や完成品をどのように使うかということの考えは、彼の頭に浮かぶかもしれないが、それは制作という目下の活動を拡張するためである。この事例では、彼の興味は自由である。彼には遊ぶ動機がある。つまり彼の活動は、原理において本質的に芸術的である。これをより自発的な遊びから区別するのは知的な質である。時間的により遠くにある目的が、一連の行為を示唆しまた規制するのである。子どもは準備できているのに、この意味での作業の要素を導入しないとすれば、それは単純に子どもの発達を恣意的に阻んでいるということであり、子どもは考えにもとづいて行為できるようになっているのに、彼の活動を知覚興奮のレベルに留めているということである。ある時期においてはまったく正常な活動様式であっても、人がよりいっそう思考をともなう活動に対して準備できてからも存続するとなると、分解させるようなものとなる。また私たちは、結果が近くにあるような活動から結果がより遠くにあるような活動へという変化は一度に起こるわけではなく、すべての物事に関して同時に起こるわけでもないということを覚えておく必要がある。子どもは、たとえば食事の用意や料理に関しては、はさみや絵の具と絵筆といったツールを用いる専心活動をおこなう準備ができていても、他の活動に関しては、前もって計画し配列することがまだできないかもしれない。こうして、幼稚園の年齢の子どもができるのはごっこ遊びだけであり、小学校の子どもは遊んではならず作業だけをすべきだという想定には根拠がないことがわかる。象徴化についての誤った考えのみが、前者の結論に達する。そして興味や遊びと些細な娯楽との誤った同一視のみが後者の結論に達する。遊んでいるときにのみ人は人である、と言われてきた。このように言われるとき、遊びはついいましがたの用法とはいくぶん異なった意味で用いられている。しかしこの言い方は、自分がしていることとの心からの同一化といういっそう広い意味においては——興味の完全性という意味において

は——完全に正しいのであり、自明の理と言ってよいだろう。

　ここで定義された意味での作業には、結果を達成するにあたって意識的に用いられる介在する題材、器具、スキルの諸形式の使用をともなうすべての活動が含まれている。ツールや題材を用いての表現および制作のすべての形式、すなわち芸術的および手工活動のすべての形式が、それらが目的を達成しようとする意識的ないし思慮深い努力をともなうかぎり含まれている。つまり絵を描くことも、線画を描くことも、粘土の模型製作も、歌うことも、それらが手段——遂行の技術——に対する何らか意識的な注意をともなうかぎり含まれている。手工訓練の種々の形式、木工、金属、織物、料理、縫い物なども、これらが（思考の必要性をなしにする指図や外在的モデルのもとでなされるのでなく）達成されるべき結果という考えをともなうかぎり含まれている。さらにまた、科学的探究の手工的側面すなわち研究のための資料収集や器具の管理や実験をおこない記録するために必要な一連の行為も含まれている。

　3. この後者の興味——発見や所与の状況のもとで何が起こるのかを見いだすことに対する興味——が重要性を増すとともに、三つ目のタイプの興味すなわち知的であることを特徴とする興味が発達する。言葉の表現に注意する必要がある。知的興味は、いまはじめて登場する新しいものというわけではない。赤ん坊のいわゆる身体活動の発達についての議論や、子ども、青年、大人の制作活動についての議論で私が示したかったのは、知性、それも活動の結果についての明確な知覚および手段の探索と適応という意味での知性が、これらの活動において不可欠の要素となっているべきだということであった。しかし、この知的興味があるプロセスを達成することの支配下にあり補助的なものとなっているということはありうる。しかしまた、これが支配的興味となり、ある活動をうまく達成するために物事を考え発見するという代わりに、何かを見いだすために活動するようになるということも起こりうる。そしてこのとき、知的であることを特徴とする興味、つまり理論的な興味があらわれるのだ。

　理論においてと同様、実践においても明確な境界線があるわけではない。前もって計画する、何が起こるかに留意する、試みたことにこれを関連させるといったことは、すべての知性的ないし目的をもった活動の一部である。教育者の仕事は、実用的な興味を表現する条件が、活動の知的側面の発達を促して理

論的なタイプへの漸進的な変容を生じさせるものであるように気をつけることである。科学の根本原理が因果関係に結びついているということは、よく知られたことである。因果関係に対する興味は実用的側面からはじまる。何らかの効果が目的とされて、その効果を求めて作業がなされるとき、注意はそれを生みだす条件に向けられる。当初は目的の達成に対する興味が支配的である。しかしながら、この興味が思慮深い努力に結びついていくとともに、目的ないし効果に対する興味はそれをもたらす手段——その原因——に対する興味へと必然的に移行していく。ツールを用いての作業、ガーデニングや料理などが知性的に遂行されているときには、興味が実用的側面から発見のための実験へと移行していくようにするのは比較的単純なことである。人がある問題に対して問題として興味をもち、その問題を解決するために探究と学びに興味をもつならば、この興味は知的であることを特徴とするものとなっている。

4. 社会的 [social] 興味、すなわち人に対する興味は、強力で特別な興味であり、またすでにここまでで名づけられた興味と撚りあわさっている。幼い子どもの人に対する関心は非常に強い。少なくとも、幼い子どもは支援と導きを他の人びとに依存しているということが、人に対する注意やこれらの人びとと親密な結びつきをもちたいという願いの自然な基盤である。そして社会的であることを特徴とする性向、つまり共感や模倣や承認を好むことなどが生じてくる。子どもの他の人びととの接触は継続的である。そして、子どもの活動で孤立しているものはおそらく存在しないだろう。子どもの活動は他の人びととごくても密接に関係しており、また他の人びとのおこないは子どもに深くさまざまなかたちで影響を及ぼす。ゆえに、他の人びとのおこないはまさに彼らだけのもの、自分自身のおこないはまさに自分だけのものと子どもが明確に線引きするのは、意志の衝突が生じたときなどだろうが、しかし非常に珍しいことである。彼の父親と母親、兄弟姉妹、彼の家、彼の友人は彼のものである。これらは、彼の自分自身という観念のうちに含まれている。もしこれらの人びとが、彼の自分自身という観念から、そして彼の希望、欲求、計画、経験から切りはなされたとしたら、これらの物事は内容をほとんどすっかり失ってしまうだろう。子どもには、他の人びとにはできるのに、経験と知性の制約のせいで自分にはできないということがたくさんある。しかしこれらの制約のうちで、子ど

もの自身の関心と他の人びとの関心との同一化は、大人のそれよりも自然によりいっそう強いものとなっている。子どもは他の人びとと仕事上競争する関係に至っていない。子どもが出会う人で、その子どもの関心に共感的でないという人は少数である。子どもがもっとも意義深く満足感を味わうことのできる経験を見いだすのは、他の人びとの行為に直接的にあるいは想像的に入りこむことを通してである。以上を踏まえると、平均的な大人よりも子どもの方が、興味においてより社会的であるように思われる。

　したがって、この社会的興味は子ども自身の行為や苦しみに対する興味に溶けこみ浸透しているだけでなく、子どもの物事に対する興味を満たしてもいる。大人は、物事に対する関係と他の人びとに対する関係をはっきり分けて考えることにすっかり慣れている。人生における彼らの追求は、おおむねただ物事としての物事に関しての道筋に沿って専門化しており、ゆえに、子どもが物事に関心をもつのはそれらの物事が人の関心に入りこみ影響するかぎりにおいてだということ、そして個人的社会的興味が対象の上に広がりその対象に意味と価値を付与するのだということを理解するのは難しく、ほとんど不可能である。子どもの遊びについて少しでも考察してみれば、それらがおおむね社会的活動の共感的でドラマティックな再生産であることがわかるだろう。そして、子どもの物事に対する興味が、物事に対してあるいは物事によって人びとが何をするのかについてのその子ども自身の考えにどれほど由来しているのかを理解する手がかりをもたらしてくれる。子どものアニミズム的傾向と呼ばれるもの、つまり自然の対象や出来事を擬人化する傾向のほとんどは、実は子どもの社会的興味が溢れだしたものに他ならない。つまり、子どもは物事を文字どおり生きているととらえているというよりは、物事が子どもの興味を引くのは、それらが子どもの見るところ人において例示されているような興味に包まれているときだということなのである。そうでない物事は、子どもにとって、はじめほとんど関心を引かないものである。

　純粋に抽象的な知的勉強に対して多くの子どもが示す不快感のいくらかは、単純に、彼らに提示された物事——事実や真実——が彼らの人間的文脈から分離してしまっているという事実の反映なのだということは疑いない。もちろんこれは、生命のない物事にも神話的ないし空想的な人格を帰属させるべきだと

いう意味ではない。これが意味するのは、人格をもたない題材は可能なかぎりそれが生活のなかで実際に担う役割において提示されるべきだということである。ふつう子どもは、たとえば地理の勉強を、非常に強くロマンティックとさえ言えるような社会的興味をもって開始する。異質で遠くの地にある人びとがどのように生活し活動しているのかを学ぶことを思うと、子どもの想像は燃えたつ。ところが子どもは抽象的な定義や分類を与えられる。あるいは、同様に気持ちをなえさせてしまうことだが、陸や海の形状、大陸の構造などについてのたんなる物理的事実を与えられる。そうしておいて、子どもは勉強に対する興味をほんの少ししかもっていないという不満が口にされる──単純に、家で子どもが心動かされる部分に勉強が触れていなかったせいで。物理や化学といった科学では、人間の関心に結びついた事実や原理が十分にあるので、これらの科学の方法に関する完全な基礎教授のための題材を十分に供給することができる。

　社会的興味と道徳的興味の密接な結びつきに関しては、少し述べるだけで十分だろう[原注4]。直接的興味と責務が別々の方向を向いている場合、義務の要請によるどのような促しも、他の人びとの興味がそれに堅く結びついているという認識によって供給された促しほどには強くない。責務という抽象的な観念には、他の抽象的な観念と同様、推進力がもともと少ししかないのだ。社会的興味は強い影響力をもっており、協働 [association] を通して、道徳的に要求されるものへと変わっていく。したがって、強力な間接的興味は、即時的な好みによる反対方向への牽引力に抵抗する。道徳に関してここで述べておくべき最後の点は、興味の概念をそもそも自分勝手ないし自己中心的な原理と見る見方は、事実とまったく相容れないということである。そもそもすべての興味は、活動を進ませる対象や、活動の成就を示す対象のうちにある。したがって、興味の性質はこれら対象の性質に依存している。もしこれら対象の程度が低く価値がなく純粋に自分勝手ならば興味もそうだということであり、逆ではないのだ。他の人びとや彼らの活動および目的に対する興味の強さは、活動を広く豊

──────────

　　［原注4］『教育における道徳的原理（*Moral Principles in Education*）』〔本書10として収録〕参照。

かで視野の啓蒙されたものとするための自然の源泉である。そして身体的興味、手工的興味、科学的興味は対象との同一化において自己を広げる。

5 教育理論における興味の役割

　まとめとして、教育理論における興味の観念の重要性について簡単に再度述べておこう。私たちが見てきたように、興味は非常に多様である。人を実現に向けて突き動かすのに十分な力をもつような目的を生みだす衝動や習慣はすべて興味となる。しかしこの多様性にもかかわらず、諸興味は原理において一つである。興味はすべて、行為における、ひいては欲求、努力、思考における、自己と対象の同一化をあらわす。つまり活動が完成するところの対象（目的）との、そしてまた活動を目的へと進ませる対象（手段）との同一化である。興味は、この言葉の情動的な意味においては、対象としての教育内容に自己がどのように没頭し、専念し、魅せられ、関心をもち、熱中し、動かされているかをあらわしている。基本的には、興味の誤った概念はすべて、実践においてにせよ理論上にせよ、興味の動的で発達的な性質を無視したり排除したりすることから生じている。これらは活動を停止させて、その前進的な成長を一連の静的な横断面に切り刻んでしまう。このようなことが起こるときには、興味を、対象が引きおこす一瞬の興奮と同一視するほかない。対象と自己のこのような関係は、教育的でないばかりか何もないよりも悪い。エネルギーは四散して、無意味な興奮に依存する習慣すなわち持続的な思考と努力にとってもっとも敵対的な習慣が形成されるからである。このような実践が興味の名において用いられるところでは、興味は当然ながら悪評を得ることになる。注意を引くだけでは十分でなく、注意が維持されることが必要である。エネルギーを喚起するだけでは十分でなく、エネルギーのとる経路やそれのもたらす結果こそが重要な問題である。

しかしながら、活動はもともと衝動的なものでさえ多かれ少なかれ連続的ないし耐久性のあるものなので、このような静的で発達しない興奮が象徴するのは、興味ではなく異常な状況群である。興味の観念が教授理論に対してもつ積極的な貢献は二つある。第一に、興味は精神の概念をたんなる内面的なものととらえる誤りから私たちを守ってくれる。第二に、興味は教育内容という概念をたんなる外在的なものととらえる誤りから私たちを守ってくれる。

　(1) 興味の概念を、ある目的に向かって進む活動であり、進行の過程でこの目的についての思考と手段の探索を発展させていくものと理解した人は、精神(や自己)を単独で孤立した内面的世界ととらえる誤りにはけっして陥らないだろう。精神が知性的ないし目的のある活動——何かを意味しており、その意味が活動を発展させる要素であるような活動——と一体だということはあきらかだろう。精神を抽象化の力の成長によって測ることには一理あるし、重要なことである。他方、抽象性が教育を冒す最大の悪だと言うことにも一理ある。抽象化に関する誤った考えには、精神活動を、対象とも人と物事の世界とも離れて完全にそれ自体で進むことのできるものと考える見方が結びついている。現実の教育内容が取りさられてしまっているので、精神が専念するために、何か代わりのものが供給されなくてはならない。この何か代わりのものとは、当然たんなる象徴でしかない。つまり、それらに意味を与えてくれるはずの直接的な教育内容が排除されるか少なくとも無視されてしまったせいで、何をあらわすわけでもない物事である。あるいは対象——具体的な事実など——が導入されたとしても、それはただたんに、精神が自身の個々の力を別々に発揮する機会としてのみである——亜鈴や滑車とおもりが、筋肉を働かせるためのたんなる機会であるように。こうして、学問の世界は異様で奇妙な世界となる。なぜなら、それは生徒が人間として生き行為し苦しむ世界から切りはなされた——抽象化された——世界だからである。「興味」の欠落、注意を維持し思考を喚起する力の欠落は、学問のこのような分野に付随する非現実性の当然の結果である。そうしておいて、子どもや一般に人の「精神」は学ぶことを嫌っており、知性の関心に対して無関心だと結論される。しかしこのような無関心と嫌悪は、精神の行使にとって適切な条件が存在しないということを——直接的にあるいは以前の悪質な状況の結果として——証明するものである。物事に知性的に対

処すべき状況がなかったせいで適切な条件が排除されてしまっているということを証明するものである。日常的な用法において学問的、抽象的、形式的、理論的という語に非難めいた感じが含まれるルーツは、すべてここにある[原注5]。

(2) 教育内容を外部のものと推定することは、実は、精神を内面的に孤立したものと想定することと対をなしている。もし精神が、提示された教育内容によってまたそれに対して行使されることを必要としているだけの、それら自体で存在しているある何らかの力ないし機能を意味しているとすれば、提示された教育内容は、既製で分離した何かそれ自体で完全なものを意味しているはずである。地理、歴史、科学の対象、事実、真実は、経験の知性的な発達のための手段であり目的であるとは見なされないとき、たんに学ばれるべきものとして見なされている。読むことも書くことも計算も、ただたんに習得されるべきスキルの外在的形式である。芸術——描くことや歌うこと——さえ、外在的に生産されて複製されるべき多くの既製の物事、絵画や歌を意味していると見なされる。そして私たちは、このエッセイの初期に説明した状況に陥ることになる。精神と教育内容の分離を乗りこえるために、何らかの手段を見つけなくてはならない。教授方法をめぐる問題は、根本的に誤った方法がすでに用いられてしまったがために生じているギャップを乗りこえるための種々の方法へと引きさげられる。興味の原則は、このような類の「方法」への近道などではない。そうではなく、興味の原則は、自然な衝動や習得された習慣が、それらが望ましいものであるかぎり、達成と有効性というそれらの自然な目的へと発達するために教育内容とスキルの諸様式を獲得できるよう条件を整えなさいという警告なのだ。興味、すなわち精神と発展しつつある活動の題材および方法との同一化とは、このような条件が存在することの必然的な結果である。

こうして、「興味」をそれ自体目的ないし方法だとして掲げることによってはほとんど何も達成されないということが結論される。興味は、それについて思考し意識的にめざすことによってではなく、その背後にあってそれを駆り立てる条件について思考しめざすことによって獲得される。もし私たちが子ども

[原注5] もちろんここで述べたことは、物事とのより直接的な交渉の条件が満たされたあとの、物事を用いての想像的実験に含まれるすばらしい可能性を軽視するものではない。

の焦眉のニーズや力を発見できたなら、そしてもし私たちがこれらのニーズや力の適切な働きを導くために題材や器具そして物理的、社会的、知的資源のある環境を供給できたなら、もはや私たちが興味について考える必要はなくなるだろう。興味の問題はおのずから解決するだろう。精神が精神であるために必要なものが、精神にもたらされたからである。教育者、教師、保護者、国家にとっての問題は、教育的ないし発達的活動を誘発する環境を提供することである。これらの活動が見いだされたとき、教育に必要な最重要のものが確保されたことになる。

12
明日の学校

Schools of To-Morrow, 1915

増田美奈（序文〜3章）・杉山二季（4〜5章）・
佐藤知条（6〜7章）・千賀 愛（8章）・
齋藤智哉（9〜11章）［訳］

本を開いたままで試験をする。(アラバマ州フェアホープ)

序文

　本書には、教育の完全な理論を発展させる試みもなければ、また著名な教育者たちの「学説［system］」を批評したり、その見解を議論したりする試みもない。本書は、教育に関する教科書でもなければ、さらには、教育がいかに営まれるべきかについて苦心し疲弊している教師や不満を抱いている親に、学校教育の新しい方法を解説するものでもない。私たちは、さまざまな学校がそれぞれ独自の方法で理論を実践に移そうとしたときに、何が起きるのかをあきらかにしようとしてきた。いくつかの理論は、プラトン以来もっとも健全でよいものとして指摘され、したがって、私たちの受け継いでいる貴重な「知的遺産［intellectual heritage］」として丁重に貯えられてきたものである。またいくつかの見解は、教育学を学んだすべての教師にとってはよく知られているものであり、受け継がれたそれらの見解は、すべての教育理論の承認された一部分となっている。しかし、それらの理論や見解が教室のなかで適用されるとき、一般大衆やとりわけ他の教師たちは、教室が一時的な流行や気まぐれの場所になることにおおいに反対するのである。つまり、そのような教室には、いかなる遠大な目標や指導原理も欠如していると考えるのである。私たちは読者に、教師がそうした理論や見解を適用するときに何が起きるのかをあきらかにすることによって、教育改革者たちの、より広く評価され受けいれられている理論や見解が、実際にもつ意味を示唆しようと望んできた。

　説明するにあたって私たちが取りあげた学校は、そのすべての学校が誠実な教師たちによって指導されている。この教師たちは、自分たちが教育の根本原理［fundamental principles］と見なしているものを具体的に作りだすことによって、自分たちがもつ最善のものを子どもたちに与えようと熱心に取りくんでい

る。国〔アメリカ合衆国〕の至るところに、明確な教育理念を作りだそうと努力している学校が、ますます増えているのである。こうした理論からどんな応用がなされているかを示し、目下おこなわれているこの国の教育の方向を示すことが、本書の任務である。そのような学校の教室の活動を記述することを通して、私たちは、理論を生きた現実となすうえで自分たちが役立つことを望んでいる。他方で私たちは、現代教育［modern education］の要求とそれに応じるであろう教育方法を指摘するために、理論的な側面を詳説してきた。

　説明のために取りあげられたさまざまな学校は、いくぶん手当たり次第に選ばれているところがある。というのも、私たちがすでにそれらの学校を知っていたからであり、あるいは、それらの学校が私たちにとって便利な場所にあったからでもある。これらの学校は、子どもたちの学校生活を活気づけるために今日なされていることのすべてを表すものではない。同じような特徴のある学校は、この国のあらゆる地方に見いだされるであろう。なお紙幅の関係上、地方で起こっている学校の再編成［reorganization］や、教育における農業の利用といった、非常に重要な運動は省略せざるをえなかった。しかし、こうした運動も、私たちが述べてきた学校を特徴づけるさまざまな傾向、すなわち、より大きな自由に向かう傾向、子どもの環境や〔将来の〕見通し［outlook］を彼の学校生活と同一なものとしてあつかう傾向を示している。そして、いっそう重要なことは、教育がデモクラシー［democracy］において果たすべき役割を認識しようとする傾向をこうした運動が示している、ということである。これらの傾向は、時代の真の兆候と思われるし、訪問したすべての学校で、一例を除いては、もっとも特徴的な性格であることがわかった。

　訪問した学校からの情報提供や、それらの学校の教師や校長たちからの関心がなければ、本書はおそらくできなかったであろう。彼らが自分たちの時間をかけて示してくれ、また私たちの思い通りに教室の情報を使わせてくれた、その絶えざる好意に対して、心から感謝したい。また、フェアホープのジョンソン夫人［Marietta L. Johnson］とインディアナポリスのジョージア・アレクサンダー嬢［Georgia Alexander］には、情報や示唆の点でとくに感謝したい。さまざまな学校の訪問は、一例を除いて、私の娘〔エヴェリン・デューイ［Evelyn Dewey］〕によっておこなわれた。彼女はまた、本書中の描写的な章について責任

を負っている。

ジョン・デューイ

第1章　自然的発達としての教育

　「私たちは子ども期については何も知らない。しかも子ども期についての誤った考えで教育にかかわりをもてばもつほど、私たちはますます迷うことになる。もっとも賢明な著者たちでさえも、子どもが何を学びうるのかを問うことなく、人間［man］が何を知るべきなのかということについて専念してきたのである」——これは、ルソー［Jean Jacques Rousseau］の『エミール（*Émile*）』[訳注1]の特色をよく表している文章である。彼は、現行の教育が有害なのは両親や教師たちがつねに大人たちの業績について考えているからであり、しかもすべての改革は子どもの力［powers］と弱点に注意を注ぐことに依拠している、と主張する。ルソーは、彼の行動と同様に、かなり馬鹿げたことも言っている。しかし、教育は教えられる者の生来の能力［native capacities］に基礎を置くべきであり、これらの生来の能力がどのようなものであるかを見いだすために子どもたちを研究する必要がある、という彼の主張は、教育の進歩のためになされるあらゆる近代の努力にとって、その基調として鳴り響いたのである。その主張は、教育は子どもたちや青年たちに外から何かを押しつけるものではなく、人間が生まれたときにすでに与えられている能力を成長させることであることを意味した。この構想から、ルソーの時代以降の教育改革者がもっとも強調してきたもろもろの考えが生まれたのである。
　この考えは、第一に、教育の専門家がつねに忘れているある事実に注意を促すこととなる。すなわち、学校で学ばれることは教育のせいぜい少しの部分、相対的に表面的な部分にすぎず、にもかかわらず学校で学ばれることが社会に

　　［訳注1］　Jean Jacques Rousseau. *Emile: On Education*. Translated by Barbara Foxley. New York: E. P. Dutton and Co., 1911. または *Émile; onu de l'éducation*. Paris: Hector Bossange, 1829.

人為的な区別を作り、さらに人びとを相互に区分するという事実である。その結果、私たちは、学校で学ぶことを日常生活の過程のなかで得られることと比較して、過大視するようになる。しかしこのような過大視は修正しなければならない。学校で学ぶことを軽視することによってではなく、学校での最良の教育方法を見いだすために、出来事の日常的な過程における広範でより効果的な訓練を研究することによって、である。〔子どもが〕学びはじめる最初の数年は、子どもたちが学校に通う以前に、急速に、そして確実に進行する。というのも、そこでの学びは、子ども自身の力によって与えられる動機と、子ども自身の状況に影響される要求とに密接に関連づけられているからである。ルソーは、学ぶことが必要な事柄であると認めたほとんど最初の人であった。つまり、学びとは、自己保存と成長の過程の一部なのである。もし私たちが、教育がもっともうまくおこなわれる方法を見つけだそうとするならば、学ぶことを必要としている子どもたちの経験を調べるべきであって、そこで学ぶことが装飾であり、過剰であり、歓迎されない業務ですらある学校の実践を調べるべきでないのである。

　しかし、学校はつねにこの原則と反対の方向に進んでいる。学校は、成長という差し迫った要求とはまったく無関係な材料［material］や大人が蓄積した学問を取りあげて、それを子どもたちに無理に押しつけようとしている。子どもたちが生活していくうえで必要としているものを理解することなく、である。

　　大人は確かに、子どもにとっては役に立たないと思われる多くの事柄を知らなければならない。しかし、子どもは大人が知らなければならないすべてのことを学ばなければならないのだろうか、また、学ぶことができるのだろうか。ためしに、子どもとしての子どもに役立つものをその子に教えてみなさい。そうすればあなた方は、子どもの時間がすべて、子どもにとって役立つものを教えることに費やされることがわかるだろう。なぜ子どもの現在の要求にかなっているこれらの学びを無視して、子どもは彼らがまだ達していない年齢の学びを無理におこなわなければならないのだろうか。しかし、あなた方は、それが実際に用いられるときがきた際に、子どもが知らなければならないものを学ぶのでは遅すぎるのではないかと問う

自然は子どもを、大人になる前にまず子どもであるようにしておく。

子どもとしての子どもに役立つものをその子に教える。(ニューヨーク市のティーチャーズ・カレッジ)

だろう。私はそれについては、何も言うことができない。しかし、次のことなら言うことができる。すなわち、私たちの本当の教師は経験と感情であるから、早期に教えることは不可能なのであり、大人は自身の条件のもとで学ぶほかは、自分にとってふさわしいことをけっして学ぶことはないのである。子どもは、自分もやがて大人にならなければならないことを知っている。大人の知識に関して子どもがもちうるあらゆる考えは、子どもの教育にとって非常に多くの機会であるのだが、しかし子どもは彼の理解を超えたそれらの考えに、まったく無知のままでいつづけることになるのである。本書のすべてが、この教育の根本原理を支持するための一つの継続した議論なのである。

おそらく、私たち全員がおかしている最大にしてもっともありふれた誤りは、学ぶことが実際の状況をあつかううえで必要不可欠なことだと忘れていることである。それどころか、私たちは人間の精神が本来的に学ぶことを嫌っていると考えるまでになっている。これは、消化器官が食べ物を嫌っているので、説得したり、脅したりして、食べ物に関係したものを何でもよいから摂らせようとするのと同じである。今ある教授方法は、精神 [minds] が、学ぶこと——精神自身の行使——に反対しているという信念を支持するだけの十分な証拠を与えている。〔精神が示すと思われているような〕こういった反感は、実際には私

たちの〔教授・教育〕方法に対する〔子どもが示す〕非難である。この反感は、成長の現段階においては精神がまったく必要としていない材料を提供しているか、あるいは本当に必要なものを覆い隠してしまうようなやり方で材料を提供しているということを示唆している。さらに話を進めよう。私たちは、大人が必要としているものを本当に学ぶことができるのは大人だけであるという。確かに、大人は学びへの渇望が絶えず燃えているときに大人にふさわしい事柄を学ぶのであり、大人にとっての栄養物の時期尚早な食事療法が知識欲を失わせたあとよりも、その学びははるかによいのである。私たちは少しの信頼しかもちあわせず、かつなかなか信用しようとしない。私たちは、自分たち大人の知っている事柄について絶えず不安になる。また、子どもがそれらの事柄を知的にあるいは実際に用いるのに先立って、訓練によってそれらを繰り返し教えこまないかぎり、子どもはけっして学ばないだろうと心配したりもする。もし私たちが、子どもの現在の成長からくる要求に耳を傾けることが、子どもも教師も〔学ぶことに〕夢中にさせるとともに、将来必要とされる学びに関して望みうる最良の保証を提供することにもなるのだと、本当に信じることができたなら、教育的理想の改造はやがて達成され、他の望ましいさまざまな変化も自ずと進んでいくだろう。

そこで、ルソーが進んで時間を無駄に使う必要を説いたことは、まったく不思議ではない。

> 教育のもっとも大きく、もっとも重要で、もっとも有益な規則は、時間を節約するな、時間を無駄に使え、ということである。もし幼児が母親の胸のなかから理性をもった年齢に一足とびに行けるのなら、現在の教育は十分適切なものであろう。しかし、幼児の自然の成長は、まったく異なった訓練を要求しているのである。

そしてルソーは、さらに次のように述べる。

> 私たちが現在とっている方法は、全体として残酷なものである。というのも、それが遠く離れた不確実な未来のために現在を犠牲にすることで成立

しているからである。私たちを絶えず引きずり、現在を何も考慮に入れず、追いかけると飛びさってしまう未来を息を切らして追いかける虚偽の知恵、私たち自身の唯一の場所から私たちを連れだしながら、他のどんな場所にもけっして連れていかない虚偽の知恵、その叫び声を、私は遠くから聞くのである。

要するに、もし教育がさまざまな傾向と能力が適切に成長することであるならば、成長のプロセスが日ごとに進行する固有のあらわれにおいて、そのプロセスに対し注意を払うことは、大人の生活が成しとげてきたことを確保するただ一つの方法となるのである。成熟は、能力がゆっくりと成長していった結果である。成熟には、時間が必要である。成熟するよう急がせると、害を免れえないのである。子ども期の本当の意味は、それが成長の時間、発達するための時間であるということである。それゆえ、大人の生活を獲得するために子ども期の力と要求を軽視することは自滅的である。したがって、

子ども期を尊重せよ、そして、子ども期のよし悪しを早まって判断してはならない。あなたたちは、自然の仕事を自分たちで引きうける前に、自然のさまざまな行動を妨害しないよう、自然に仕事をする時間を与えよ。あなたたちは、自分たちは時間の価値を知っているし、時間を浪費することを心配しているのだと主張する。あなたたちは、何もしないより時間を悪用する方がかえってより大きな時間の浪費であること、そして、悪く教えられた子どもは何も学ばなかった子どもより、優秀であるに程遠いということを認識しない。あなたたちは、子どもが幼児期に何もしないで過ごすのを見ているのが不安なのであろう。しかし、はたして子どもが幸せそうにしていることが何もしないことであろうか。1日中、飛び回り、走り回ることが何もしないことであろうか。子どもの生涯すべてのなかで、このように忙しいことはもうないであろうに……子どもの生活のなかで時間を浪費することがあってはならないと夜も眠れない人を、あなたたちはどう考えるのか。

子ども期を尊重することは、成長の要求と機会を尊重することと同じである。私たちの悲劇的な誤りは、成長の結果をあまりに気にしすぎて、かえって成長していくプロセスを顧みないことにある。

　自然は子どもを、大人になる前にまず子どもであるようにしておく。もし私たちがこの順序を逆さにしようとすれば、私たちは不自然な果実、未熟で風味のない果実、熟す前に腐ってしまう果実を作りだすことになるだろう。……子ども期には、その時期特有の考え方、見方、感じ方があるのである。

　身体の成長は精神の成長と同一ではないが、両者は時間のうえで一致しており、通常、前者を欠いては後者は不可能である。もし私たちが子ども期を尊重するならば、私たちの第一の具体的規則は、健全な身体の発達を確実なものにすることである。身体の発達が効率的な活動と幸福の源泉として固有の価値をもつということを別にしても、精神の適切な発達は直接、筋肉や感覚の適切な使用にかかっているのである。働きかけたり、受けとったりする器官は、知識の材料と関係をもつうえで不可欠のものである。子どもの第一の仕事は、自己保存である。これはたんに生存を保つことを意味しているのではなく、成長し、発達する存在として自分を保存することを意味する。したがって、子どもの活動は大人が見るような無目的なものではなく、それによって子どもが自分の世界を知るようになり、またそれによって自分の能力の用途と限界を学ぶようにもなる手段なのである。子どもたちの絶え間ない活動は、成長した大人にとっては無意味に見えるだろう。それは彼らが自分たちを取りまく世界に慣れてしまっているからであり、またこのために、頻繁に〔何かを〕試み、実験することについて必要性を感じないからである。しかし、大人たちが子どもの絶え間ない運動によっていらいらさせられ、子どもを活動していない状態にさせようとするとき、彼らは子どもたちの幸福と健康を妨害し、本当の知識を得るもっとも重要な手段を子どもから奪うことになるのである。いかに健全な身体的状態が正常な精神的発達の消極的条件であるか、ということを示した研究者は多い。しかし、ルソーは、感覚および運動の器官の活動が知性を発達させる積極

的要因であるということについては、現在の心理学に先んじて〔見抜いて〕いたのである。

> もしあなたたちが、子どもをどこか遠くの野原に連れていったり、遠方の土地や外国、世界の果て、天国自体を散歩したりする代わりに、既存の実践とは反対の規則にしたがい、子どもを自由にさせ、彼自身の関心のおもむくままにさせるならば、子どもは自然の発達の順序にしたがってものを見、記憶し、推論できるようになるだろう。感覚で理解する幼児が活動的な存在に成長するにしたがって、彼の識別力は体力［strength］の増加と足並みを揃えてくる。体力が自己保存のために要求される以上に発達するまでは、思索の能力［faculty of speculation］は現れない。というのも、思索の能力とは、必要な目的以外の目的のために余分な体力を用いる力だからである。したがって、もしあなたたちが子どもの知性を育もうとするなら、知性をコントロールするよう作られている体力を育まなければならない。子どもの身体を絶えず運動させ、子どもをよく、賢くするために、身体を強く、健康にさせることである。子どもを働かせ、さまざまなことをやらせるがよい。そして走らせたり、大きな声を出させたりしなさい。子どもに活動させつづけるのである。……身体の活動が精神の働きを妨げ、まるでこの二つの種類の活動が協力して進んではならないもの、一方が他方の案内者として活動してはならないものと考えるのは、悲しむべき誤りである。

次の文章では、ルソーは、健康と精神の成長をもたらす身体的活動が、それらを相互に促進しあう方法について、より詳しく述べている。

> 身体の運動は、私たちの体力を使用すること、自分の身体と周囲の身体との関係を認知すること、私たちの手の届くところにありなおかつ私たちの感覚に適した自然の道具を使用することを、私たちに教える。……18歳になって、私たちは学校で、てこの利用を教えられる。しかし、村の12歳の子どもたちはみな、専門学校のもっとも賢い機械技師よりもずっと、

第1章 自然的発達としての教育

てこを利用することについて知っているのである。子どもが遊び場でお互いに与えあう知識は、教室で学ぶものよりも 100 倍も価値がある。部屋にはじめて入ってきたときの猫を見てごらんなさい。猫はあちこちと行き、あたりを嗅ぎまわり、あらゆるものを調べている。猫は少しもじっとはしていない。子どもが歩き始め、言わば彼の世界である部屋に入るときも同じである。いずれも視力を用いる。そして、猫が鼻を用いるのに対して、子どもは手を用いるのである

　人間にとっての最初の自然な衝動 [impulse] は、彼の環境で彼自身を評価することであり、彼が見るあらゆる対象に彼自身に関する性質を見いだすのだから、人間の最初の研究は、彼自身を保存していくための実験物理学の一種であると言える。ところが人間は、このことから遠ざけられ、世界における自分自身の場所を見つけだす前に、思弁的な学科へと追いやられてしまう。彼の敏感で柔軟な手足と鋭い感覚が、それらが働きかけようとする身体へと適応できているあいだとは、適した仕事に感覚や手足を働かせているときなのである。すなわち、感覚および手足と事物との関係を学んでいる時期である。自然の哲学において私たちの最初の教師となるのは、私たちの足、手、そして目である。それらを書物でもって代えると、〔その書物は〕私たちに推論することを教えるのではない。それは、私たち自身の理性よりも他人の理性を用いることを教えるのであり、多くを信じつつ、わずかしか知らないでいるよう、教えるのである。

　あなたたちは、ある技術を得るまえに、まず道具を得なければならない。そして、もしその道具を十分に使っていきたいならば、その道具を長く使用できるように十分強く作っておかなければならない。私たちは思考することを学ぶために、知力 [intellect] にとっての道具である手足や感覚、身体の器官を適切に働かせて訓練しなければならない。これらの道具をもっともよく使用するためには、これらを供給している身体を、強く健康に保たなければならないのである。真の理性が身体と関係なく発達するというのは誤りであり、それどころか、精神の働きを容易にし、正確にするのはむしろ、健康状態のよい身体なのである。

思考することを学ぶために、私たちは手足を働かせなければならない。
（シカゴ市のフランシス・パーカー・スクール[訳注2]）

　以上の文章は、ルソーが身体の発達をそれ自体で完全な目的であるとは少しも考えていなかったことをあきらかにするものである。また、感覚［senses］と知識［knowledge］の関係についての考え方において、いかに彼が当時の心理学よりもはるかに進んでいたかを示すものでもある。その当時の考え（なおかつ、現代においてさえ広く普及している考え）は、感覚は一種の出入り口や道であり、それを通してもろもろの印象が入ってきて、それから世界に関する知識図が作りあげられていくというものであった。ルソーは、感覚が、私たちが自身を環境に適応させる行動装置の一部であり、受動的な容器ではなく、運動するという活動――手足を使用すること――と直接的につながっていると理解した。この点で、彼は事物との感覚的接触の重要性を強調した彼の後継者たちよりも、ずっと進んでいたのである。というのも、後者は感覚を、人間を取りまく世界に人間を適応させるのに必要な道具と見なす代わりに、たんに事物に関する情報を調達し提供するものと考えていたからである。

　　［訳注2］　Francis W. Parker School。パーカー［Colonel Francis Wayland Parker］の教育理論にもとづいて1901年に創設された学校。パーカーはクインシー運動の指導者として知られ、デューイによって「進歩主義教育運動の父」と評されている。

第1章　自然的発達としての教育

したがって、ルソーは感覚を重視して、感覚を育てるための多くの遊びを提案したけれども、彼は感覚のたんなる訓練がそれ自体で目的になるとはけっして考えなかったのである。彼は次のように言う。

> 感覚を訓練するために、感覚を用いるだけでは不十分である。私たちは感覚によって判断することを学ばなければならない。私たちは学ぶとき以外は、本当に見たり、聞いたり、触れたりすることはできないのである。感覚をたんに機械的に使用していても、判断することは上達せず、身体を強くするだけである。泳いだり、走ったり、飛んだり、コマを回したり、石を投げたりするのは、すべて結構なことである。しかし、私たちは手や足と同時に目や耳ももっており、これらの器官は残りの器官の使用を学ぶために必要なのである。そこで、たんに体力を行使するだけでなく、体力を導く能力としての感覚を働かせよ。どの感覚をも最大限に活用し、そして、ある感覚のもたらした結果を他の感覚によって点検するようにさせよ。測定し、数え、重さを量り、比較するのである。抵抗を見積もるまでは、力〔force〕を用いないようにしなさい。手段を適用するより、結果を見積もることを、つねに先行させたまえ。子どもには、不必要で不適当な努力を避けることに関心をもつようにさせよう。もしあなたたちが子どもに、彼がおこなうことの結果を予測させ、そして経験によって彼の誤りを修正するように訓練すれば、子どもは何かをおこなえばおこなうほど、ますます賢くなっていくだろう。

自然な成長を導く教授〔teaching〕と大人が成しとげたことを押し付ける教授とについて、これらのまた別の相違にも注目すべきである。後者の方法は、記号という形式で蓄積された情報をより評価する。〔この方法では〕知識の質よりも量が強調される。すなわち、個人的な態度や方法よりも、求められたときに提示できるような結果が要求されるのである。発達は、情報の積み重ねではなく、経験上の問題をあつかう方法を身につけるという見地から、少数の典型的状況との私的で広い個人的知識を必要とすることを強調する。ルソーが指摘するように、私たちの誤った方法に子どもたちが器用にしたがうことによって、

私たちは絶えずごまかされているのである。私たちは、〔子どもたちが〕言っていることが何を意味するかわかっている——あるいは、わかっていると思いこんでいる。それゆえに、子どもが言葉の適切な形式を用いると、私たちは彼が同じように正しく理解していると考えてしまう。「子どもたちは、一見したところ容易に学んでいるように見えるが、このことが彼らを破滅させる。私たちは、この容易さこそが子どもが何も学んでいないことの証拠である、ということを理解できないのである。子どもたちの卓越した頭脳、完成された頭脳は、ちょうど鏡のように、私たちが子どもたちに提示したものをただ反映しているだけなのである」。ルソーは、事物相互の関係を知るように仕向けることなしに、事物に関して教えることについて、その欠点を次のような言葉で述べる。「あなたたちは子どもに世界がどのようなものであるかを教えていると考えているが、子どもはただたんに地図を学んでいるにすぎない」。地理から知識の全領域に例を広げると、読者はそれが小学校から大学に至るまでのほとんどの教授の要点となっているのだと理解できるだろう。

　ルソーが次のように言うとき、彼は、上述したものとはまったく逆の方法を思い描いていた。「科学への多くの近道があるなかで、残念ながら私たちは、苦労して学ぶ技術を私たち〔自身〕に教えるという道を必要とする」。もちろん、彼の考えは、事物を難しくしておくためにそれらを難しくするというものではない。彼が考えていたのは、学びの定式の繰り返しに見られるような無駄な学びを避けることであり、その代わりに、個人が〔彼自身で〕時間をかけて着実に発見していくプロセスをすえることを意味している。教科書や講義は他の人びとの発見の成果を与えるものであり、そのため知識への近道のように思われる。しかし〔こうした方法で教えた〕結果、〔子どもは〕事実そのものを理解せず、無意味に記号を反映してみせるにすぎない。さらに、精神を混乱させることにもなり、子どもは彼の最初の精神的な着実性〔surefootedness〕を失い、現実についての彼の感覚は徐々にむしばまれていく。「最初の無意味な語句、すなわち、子どもが自分でその意味を理解することもなく、他人の権威にもとづいて当然のように受けとられるものは、判断をだめにする発端である」。またさらに、「あなたたちが子どものためにすべて〔代わりに〕考えてやるとき、子どもに何を考えさせたいのだろうか」（さらに私たちは、教科書や規定の学課の

第1章　自然的発達としての教育

組織化された教材が他人の思考を表すものであることを忘れてはならない)。「こうしてあなたたちは、子どもにはほとんど役に立たないと思われる事物に子どもがもっている理性を使用させることによって、彼の精神のなかの理性の信用を失わせるという仕事を完成させるのである」。

　もしルソーの時代に、それ自体が目的としての情報、知識が「計りがたく、果てしない大洋」であるということが真実であったとしたら、彼の時代以来の科学の増大によって、教育とたんなる知識の蓄積を同一視することが理屈にあわなくなったのはよりあきらかである。現在の教育は、広範で種々雑多な科目を中途半端にかじり、表面をなぞるだけの印象を与えるという理由でしばしば批判されるが、それはその通りである。しかし、その望ましい矯正法を、3R's〔読みreading・書きwriting・算arithmetic〕の機械的で貧弱な教授に回帰することに見いだすことはできないだろう。それどころかむしろ、「あらゆる事態に対応する」ために知識の全領域をさまざまな種々の教科に割りつけようとする熱狂的な欲求を放棄することが重要なのである。私たちは、この無益で有害な目的に代えて、子どもが学びの道具に精通するような方法で少数の典型的経験を思慮深くあつかうという、よりよい理想をもたなければならず、またよりいっそうの知識を得たいと子どもが思うように諸状況を提示しなければならない。慣習的な教授方法によって、子どもは世界の代わりに地図を学び、事実の代わりに記号を学ぶのである。子どもが本当に必要とするのは、地誌についての正確な情報ではなく、自分自身で発見する方法である。「あなたたちの子どもの知識と私の子どもの無知にどのような違いがあるのかを見てみなさい。あなたたちの子どもは地図を学び、私の子どもは地図を作る」。必要なときに知識を作る方法を発見することが、学校における情報の獲得の真の目的であり、情報それ自体は目的ではないのである。

第2章　自然的発達としての教育における実験

　教育は自然的成長の過程であるというルソーの教えは、彼の時代以来、教育の理論化に非常に影響を与えたが、実際の学校活動の細部には、それほどは影響を及ぼさなかった。しかし、ときおり彼の原理に教育計画の基礎をおいた実験者たちもいた。これらの実験のうちの一つに、アラバマ州フェアホープのジョンソン夫人によっておこなわれたものがある。この地は過去数年間に学生や専門家たちの巡礼地となり、ジョンソン夫人の実験モデルの影響は、合衆国のさまざまな地域に同様の学校を創立させることとなった。ジョンソン夫人はコネティカット州グリニッジに子どものための学校をモデルとして運営し、そこで、彼女の考えにもとづく実物教授を伝え、実際におこなう教師養成のための夏期講習を開いている。

　彼女の主要な根本原理は、ルソーの中心的な考えと同じである。すなわち、子どもは、子ども期に子どもとしての彼にとって意味のあるものを経験することが、大人としての生活のためにもっともよく準備されるということ、さらに、子どもは子ども期を享受する権利を有しているということである。子どもは大人の成熟した世界でうまく生活するために発達しなければならない成長する動物であるがゆえに、成長を妨げるものがあるべきではないし、あらゆることが子どもの身体と精神の、より十全で自由な発達をはかるべくおこなわれなければならない。この身体と精神の発達は、ともに進んでゆくものである。この二つは切りはなすことのできない過程であり、ともに等しく重要なものとして絶えず心にとめておかなければならないのである。

　ジョンソン夫人は、今日ある従来の学校を批判する。彼女は、従来の学校が短時間で目に見える結果を望む教師のために、あらゆることが簡単にできるよう準備されているという。しかもそれは子どもの十全な発達を無視していると

第2章　自然的発達としての教育における実験

いう。従来の学校は致命的な温室計画のもとに整備されており、子どもたちの偏りない成長を育むのではなく、むしろ不毛な状況に押しこんでいる。それは辛抱強い抵抗や創造的な活動をなしうる個性を育てない。そして子どもたちの現在の要求を無視している。すなわち、子どもたちは毎年、毎時間十全に生きているのであり、年長者が決めるある期間――学校が過去の遺物である期間――に生きるのを待っているのではないという事実を無視しているのである。子どもたちが学校を嫌うのは、このようなことを誤解した自然で必然的な結果である。自然はこの若い動物を、狭い机やぎっしりと詰まったカリキュラム、そして複雑な事実を静かに吸収することに適応させていない。子どもたちの本当の生活と成長は動くこと [motion] に依存しているにもかかわらず、学校は子どもたちに一度に数時間も窮屈な姿勢を強制する。それによって子どもたちが授業を聞き、教科書を勉強すると教師は信じているのである。短い運動の時間は、子どもを残りの時間静かにさせておくための賄賂として許されるが、この気晴らしは子どもがしなければならない努力の埋めあわせにはならない。子どもは精神的にも身体的にも活動したがっている。身体的成長が精神的成長とともに進まなければならないのと同じように、子どものそれぞれの活動においてもそうでなければならない。子どもの身体的な運動と精神的な目覚めは、相互に依存しあっているのである。

　ジョンソン夫人は、この原理を述べるだけでは不十分で、実践に移して証明しなければならないと言う。栄養状態のよい、活動的な身体をもった子どもは、活動し、物事を理解するのをもっとも切望する子どもである。活動したいという欲求は、学校でつねに動いていることで満たされなければならない。すなわち、子どもは勉強するときも遊ぶときもともに動きまわり、自分で模倣し発見することを許されなければならないのである。彼を取りまく事物の世界は、6歳になってさえ未開の領域であり、彼の活動が彼の調査をさらに推しすすめるとき彼の小さな視界が絶えず広がる世界であり、また大人と同じように子どもにとってもけっして平凡ではない世界なのである。それゆえに、子どもの筋肉が柔軟で、精神も敏感であるうちに、子どもが自然物と人工物の双方の世界を自分で探究するようにさせるべきである。それが彼にとっての知識の源となるのだ。

この成長と発見の機会を与えないで、従来の学校は、子どもを狭い空間に押しこめ、憂鬱な沈黙を強い、精神と身体の不自然に作られた態度、姿勢を押しつける。そうしているうちに、子どもの好奇心は、彼がたまたま出会った未知の物事にも驚かなくなってしまう。子どもの身体はすぐに課題に飽きてしまい、子どもは教師をうまく避ける方法を見つけはじめ、小さな監獄から逃れることを求めはじめる。このことは、学校の言葉を借りると、子どもが落ち着かず、いらいらするようになることを意味し、与えられたわずかな課題にも興味をなくし、その結果ほんの少し前までは非常に心をひかれていた新しい世界にも興味を示さなくなることを意味している。この無関心という病気は、子どもが適切に知識への道に着く前に彼の敏感な魂［soul］を襲うのである。
　子どもたちがともに働く［work］学校を作る理由は、子どもは他者とともに働くことを学ばなければならないからである。そのことをふまえ、ジョンソン夫人は、個人が発達するための最大限の自由を与える計画を見いだそうと試みてきた。幼い子どもは、読み書きを学んだり、小さなおもちゃや道具のあつかいを学ぶことによって学校生活をはじめるべきではない。というのも、彼らは柔軟な筋肉と未成熟な感覚ゆえに、事物の詳細に関する細かい仕事に取りくむという難しい課題に適さないからである。子どもは、彼が家庭ではじめた自然な歩み、すなわちある興味をもった対象から他の対象へとすばやく移り、これらの対象の意味を探究し、とりわけその異なる対象の関係をあきらかにすることを、〔学校でも〕継続するべきである。これらはすべて、子どもが順を追って明白な事実の名前と意味をとらえていくように、大きな流れのなかでおこなわれなければならない。こうすることで、曖昧で難しい事実は、教師が無理に子どもの注意をそれに向けなくても次つぎとあきらかになってくるのである。一つの発見がもう一つの発見を導き、かつ、このような追求への興味が、しばしば厳しい知的訓練にも通ずるような研究に子どもたちが進んで取りくむようにもさせるのである。
　このような自然的成長の道にしたがいながら、子どもは自分自身の知りたいという欲求のために、読み、書き、算数や地理などに導かれるのだ。私たちは子どもの欲求、必要の意識を待たなければならない、とジョンソン夫人は言う。そのあとで、私たちは子どもの欲求を満足させるさまざまな手段をすばやく与

第2章　自然的発達としての教育における実験

えなければならないのだ、と。それゆえ、読むことを学ぶ年齢は、物事のより大きな関係についての子どもの経験と知識が基本的に身につくまで、延期されるのである。ジョンソン夫人はあまりにも早い年齢に読むことを学ぶのをできるだけ防ぐようにしている。8歳か9歳になって、子どもたちはかつて事物を調べたのと同じように書物を調べるのだと彼女は考えている。この時期になると、彼らは書物のなかに含まれる情報の必要性や用途を認識し、他の方法ではこの情報を得ることはできないのだということがわかるのである。そうなると、実際に読むことを学ぶことは、ほとんど問題にはならない。子どもたちは自分自身を教えるのである。個別の主題についての知識に到達したいという興味の刺激のもとに、子どもたちは読むことにかかわる機械的な困難に、容易にすばやく打ち克つことができる。彼らにとって読むことは孤立した練習なのではなく、おおいに望んだものを手に入れるための手段なのである。食料の入った棚を登るのと同じように、精神的食欲を満足させたいという我を忘れさせるような欲望においては、その困難や危険も忘れられてしまうのだ。

　カリキュラムのそれぞれの科目は、子どもが勉強して得ることができるよりももっと大きな諸関係の知識を得たいという要求に応じて、その子に与えられるべきである。6歳の子どもにとっては、数字で示される算数や抽象観念は無意味だが、その子が遊び毎日使うものの一部としての数はおおいに意味のあるものであり、彼はすぐに、それらの知識がなければうまくやっていけないことを見いだすのである。

　ジョンソン夫人は公立学校が抱える条件のもとで実験を試みているため、自分の方法がどの公立学校のシステムにも実現可能であると確信している。彼女は実際に授業料をとらず、どんな子どもでも歓迎する。彼女は自分の教育方法を「有機的［organic］」と呼ぶが、それはその方法が子どもたちの自然な成長に沿っているからである。学校は、それぞれの発達段階において、その段階で子どもが花開くために必要な仕事や活動をその子に提供することを目的としている。それゆえジョンソン夫人は、子どもが獲得した情報量ではなく、一般的発達にもとづいて子どもたちのクラス分けをおこなうべきだと主張する。グループ分けは、子どもたち自身が自然に分かれるところでおこなわれる。このグループは、学年という代わりに「生活学級［Life Classes］」と呼ばれている。最

初の生活学級は8歳と9歳のあいだで終わり、次の生活学級は11歳と12歳のあいだで終わる。そして、その後青年期に興味や好みのさらなる著しい変化が起こる際に、それまでとははっきりと異なる中等学校の学級をおく。したがって、そこのグループでの仕事は、子どもたちに彼らの身体と知性と精神［spirits］の発達のためにその年齢で必要とされる経験を与えられるよう、準備される。

　強いられた課題をおこなったり、勉強すべき課題を割り当てられたり、また通常の試験をおこなったりということは、フェアホープのカリキュラムには組みこまれていない。それゆえに、従来の学校の子どもたちのあいだでは不幸にもごく当たり前になっているような、学ぶことを嫌ったり、教師や教科書が述べる内容を信用しないといった態度を身につけることはない。彼らは、試験と進級に気を使いつづけるよう強いられることから生じる自意識をもつことなしに、自然に学ぶ本能を働かせることができるのである。

　頭のよい、賢明な子どもたちは、しばしば教室や教室で学ばれるものを嫌う態度を身につける。一度身についたそういった態度は、彼らが成長した後も完全に脱することができないだけでなく、彼らにとってまったく不利な条件となってしまうのだ。この態度によって、大学での学業に真剣にうちこまなかったり、彼ら自身の教室の外での経験から実際に導かれないすべての考えを疑うようになるのである。おそらく、子どもたちは権威的な発言にはどんなものであれおとなしくしたがうように育ち、現実に対する感覚を失っていく。私たちは、子どもたちに本は世界の知識の宝庫であり、過去の遺産を含んでおり、もしそれがなければ野蛮人になってしまうと教えたうえで、そのあとに子どもたちに、本の情報を嫌うように教え、教師が言うことを軽視するよう教えている。無能力が一般的なのは、人びとが子どもの頃に十分指導されなかったからではなく、学ぶことを少しも生かすことができないし、また生かさないからである。これが学校とそれに結びついた学びに対する幼い時期からの不信感の原因であるという点は、いくら誇張してもしすぎることはないほど重要だ。

　フェアホープの生徒たちは、このような闘うべき不利な条件をもたない。彼らは学校で一様に幸せであり、学校への「愛」を心から宣言する。学びはグループ全体にとって興味があるだけではなく、個々の子どもたちも魅力のない課

題を強いられることはない。それぞれの子どもたちは、他の子の邪魔をしないかぎり、好きなことをすることが許されている。しかし、子どもたちはあらゆる規律［discipline］から自由なわけではない。学校にいるあいだは仕事をつづけなければならないし、仲間に嫌な思いをさせず、必要とあらば手を差しのべることを学ばなければならない。気まぐれや怠惰によって、健全で価値のある制度に子どもがしたがわなくなることはないのである。

　ジョンソン夫人は、幼少期の子どもたちは道徳的でも不道徳的でもなく、ただ道徳を知らない、つまり善悪の感覚がまだ発達しはじめていないのだと考える。それゆえに、子どもたちは可能なかぎり多くの自由が許されるべきである。自分や仲間にどのような結果をもたらすかを彼ら自身が理解していない禁止や命令は、子どもに隠し立てをしたりごまかそうとする傾向を生むだけで、かならず無意味なものになるだろう。子どもにたくさんの健全な活動を与えよう。子どもがしつけられなければならないときは、子どもが理解していない分別にうったえかけるのではなく、必要ならば多少の苦痛によって、彼のよくない行為が遊び仲間にとってどのような意味をもつのか〔実際に見せて〕示すようにするのである。もし子どもが家族や友達と楽しいことやよいことを一緒にしようとするならば、家族や友達が彼の仲間でいたいと思うように振る舞わなければならない。これは幼い子どもでも理解できる動機である。というのも、友達がどんなときに自分と一緒にいたいか、いたくないのかを彼は知っているからである。このような規律の計画は、子どもに義務を怠らせたり隠し事をさせたり、あるいは嘘をつかせ自分の振る舞いに過剰に意識的にさせたりもする。〔しかし〕道徳的根拠にもとづく規律に比べれば、子どもにとって、年長者たちが望むという理由だけで彼が何かを強制されるということについてのただの口実のように見えることは少ない。

　自意識をほとんどもたないことは、幸せという面において好ましい進歩である。ジョンソン夫人の規律の計画は、あらゆる授業が目的としているところの、学校と仕事［work］への愛に寄与するものだ。作業が興味深いものであれば、子どもたちは無意味に拘束されたり些細なことで禁止されたりすることで作業が妨げられる必要がないのである。子どもたちが喜んで作業をするときは、彼らは学ぶことと心地よいことをすることとを結びつけるようになる。このこと

にはあきらかに積極的な道徳的価値がある。それは作業に対する自信に満ちた熱心な態度、すなわち、嫌ったり拒んだりすることなく課題に立ち向かう能力を育てるのに役立つ。困難で嫌いな課題をおこなったり、注意や服従を強制されたりするよりもずっと、人格形成のうえで真の価値があるのである。

　年齢集団や「生活学級」で〔子どもを〕分けることは、教科書〔の内容〕に習熟しているかどうかで成績をつけられることによって少なからず明白になる彼らの失敗や不十分さを重視しない。精神的に遅れている子どもは、恥ずかしい思いをさせられることがなくなる。その子どもに注意がことさら向けられることはなく、だれかに突かれたり、叱られたり、「落第させられる」こともなくなる。自分の欠点〔精神的な遅れ〕に気づくことなく、自分自身を信頼するという道徳的な支えをもちつづけることができる。そして、彼の手仕事や身体的技能がしばしば彼の仲間のなかで尊敬を得たりする。ジョンソン夫人は、従来の教室での暗唱や試験はたんに教師の仕事を楽にする手段にすぎないのであり、一方、採点し成績をつける結果生じる、彼が何を「知っている」か「知らない」かの意識は、子どもの失敗を強調することと同じように、子どもにとって有害なものとなると考えている。

　とくに目立ったのは、フェアホープの教室での練習と、通常の教室での暗唱のいちじるしい違いである。後者においては、子どもたちは本を閉じて静かに座り、彼らが一人で「勉強した」と思われる課題をどれほど記憶しているかを見ようとする教師から、かなりの質問を浴びせられる。ここでふたたびルソーの言葉を引用しよう。

> 彼（教師）は、時間が少しも浪費されていないことを努めて示そうとする。彼は子どもたちに店の陳列窓に簡単に展示できるような品物、彼が子どもたちに意のままに見せびらかすことのできる品物を与えるのだ。……もし子どもが試験されるとすれば、子どもは自分の製品を陳列し、それを広げ、見る者を満足させ、それから一包に荷造りして立ち去る。あまりに多くの質問は、私たちですら多くが退屈し、不快にすらなるのだから、子どもならなおさらである。数分後には子どもたちの注意力は衰え、彼らはひっきりなしの質問に耳を傾けるのをやめ、でまかせに答えるようになるのだ。

第2章　自然的発達としての教育における実験

　フェアホープでは、子どもたちは作業をし、教師は子どもたちが理解するのを助けるためにそこにいる。子どもたちが記憶したものを返答させるためにそこにいるのではない。試験はしばしば本を開いたままおこなわれるが、それは試験が、子どもが覚えたものを教師に示すためにあるのではなく本を用いる能力の進歩を見いだすためにあるからである。授業は課せられないが、本は子どもたちの手で開かれ、可能なかぎりのあらゆる喜びと情報を本から得るために、教師とともに本の内容について議論をするのだ。これは本に対する真の愛を促すため、本を勉強するための授業を課せられていない子どもたちも、学級の仕事のあとには自発的に本の内容について学ぶようになるのである。彼らは〔課題を記憶していることを〕示さなければならない状況におかれていないので、カンニングをする気にもならないのだ。
　このような規律と学習のシステムの結果、〔子どもは〕「3R's」の満足な進歩に加えて、精神的かつ道徳的な側面で自意識から自由になることができる。すなわち、子どもの生まれもった自発性と熱意をすべて自分の作業に注ぎ込む能力と、学びたいという自然な欲求を満たす力を育み、それゆえに、生きることの喜びと、自分の作業のために全精力を傾けることのできる自信を保つことができるようになる。子どもは学校が好きになり、自分が「学んでいる」ことを忘れてしまう。なぜなら、学ぶことは、自分たちにとって価値があると認めるところの経験の副産物として、無意識におこなわれるからである。
　次のような活動が、従来の学校のカリキュラムの代わりとしてフェアホープでは考案されている。すなわち、体操、自然研究、音楽、手工、野外地理[field geography]、物語ること、感覚の修練[sense culture]、数の基礎概念、戯曲化、ゲームである。第2学級には、地図を読むことがすでに身についているので、地図を描くことや人文地理が加えられる。また〔第1学級での〕数についての作業は図形の知識へと変わる。それぞれの授業は、明確な目的[end in view]をもった、望ましいものとして子どもを惹きつけるような具体的経験として計画されている。子どもの発達にしたがうことを強調していることから予想されるように、体操は1日の作業のなかで重要な役割を果たす。体操は毎日、通常の授業時間のなかでおこなわれるが、たいていは子どもたちが生き生きと

1日1時間を「ジム」で過ごす。　　　小峡谷はお気に入りの教科書である。
　　　　　　　　　　　　　　　　　（アラバマ州フェアホープ）

して活動的な朝の最初の時間におこなわれる。子どもたちが「ジム」と呼ぶ戸外の野原で1時間があてられている。横木や木馬などがあちこちに置かれ、子どもたちに新しいことを試みさせたり、作業がうまくバランスのとれたものとなるように手助けをするだれかがいる。しかし、いわゆる一般的に言うところの形式ばった体操はおこなっていない。ジョンソン夫人は、子どもが嫌っているからという理由はそういった形式ばった体操を廃止するのに十分であると言う。しかも、成長しつつある子どもは自分の筋肉を伸ばしたり動かしたりする機会を絶えず自発的に求めているので、学校がなすべきことは子どもに害を与えることのないよう見定めながら機会を供給することだけであると彼女は考えている。子どもたちは自然に、横木や輪にぶら下がりたい者、登ったり、跳んだり、走ったり、投げたりしたい者など、いくつかのグループに分かれる。走るのはたいてい、レースの形態をとり、石投げ競争では木が標的として使われる。子どもたちはそのような装置を使って自分たちでゲームを考えだすため、「ジム」での時間は1日のなかでももっともいそがしい時間の一つとなる。一組の筋肉を過度に動かしたり、だれかの命令で無意味な動きをいやいやながら繰り返すことがまったくないため、子どもたちは「ジム」の時間を通して、精神的作業に向け熱心になり刺激される。この運動のための通常の時間のほかに、子どもたちは戸外で学び、多くの授業が野外でおこなわれる。屋内では、遊びや手工や戯曲化がおこなわれ、それらはすべて、子どもたちの身体的満足を満たすのに役立っている。そこには拘束するような机は一つもなく、子どもたち

第2章　自然的発達としての教育における実験　　　　　105

は好きなようにどこでも、またどのようにでも座ることができ、仲間に邪魔をしなければ、自由に動きまわることさえできるのである。一つの部屋で二つのグループに分かれて授業は進み、それぞれ15人以上の子どもたちが作業をしているが、そこには必要な静けさと秩序が存在している。

　自然研究と野外地理は、ほとんどすべてが戸外でおこなわれる。子どもたちは野原や森へ行き、木や花を観察し、それらについて質問し、樹皮や葉や花の違いを調べ、自分の考えたことについてお互いに話しあい、木や草によって示された問いに答えるために書物を利用する。子どもたちは雄しべや雌しべや花弁という言葉の意味を採集した花で学んだり、植物から植物へと花粉を運ぶミツバチを観察したりする。個々の子どもたちは、自分の家庭で学んだであろうことを学級で話したり、自分の家の庭園から花をもってきたり、自分が観察したことを話したりするように勧められる。学級で近所の農園を訪れ、できるだけ多くの野菜を見わけ、初めて見る野菜の名前と特徴を学ぶ。教室に戻ると、書ける者は記憶できた野菜をすべて表にまとめ、こうして自然についての授業と書き方の授業が結びつけられるのである。校庭には庭園があり、そこで子どもたちは耕し、かきならし、植えることを学び、種が芽を出し、それから成長して花を咲かせるのを観察する。その庭園には自分たち自身の小区域があり、彼らは植物の生命の周期のすべての段階を観察し、またそのうえに、彼らは数ヶ月にもわたってつづく、思考とケアがつねに要求される一つの作業をやり通すことから生じる道徳的涵養の利益も得るのである。この種の作業は、幼い子どもたちのカリキュラムにおいて重要な役割を果たす。というのも、この種の作業はとくに彼らの世界に属するように思われるからである。すなわち、子どもたちが毎日眺め、手に触れて遊び、それゆえに彼らの好奇心を呼びおこす、明確で具体的な対象の世界である。

　野外地理もほぼ同じ方法でおこなわれる。かなり幼い子どもたちでさえ、直接観察することによって、岩石の構成物や風雨の作用や川の流れについて、異なった種類のよい考えを得ることができる。もし教科書を使うとしても、子どもたちが先に直接見てきたものを説明したり詳しく補足したりするために、教科書は後から使われる。学校のまわりの土地は粘土なので、雨が降った後はほんの小さな小川でも、川の流れ方や浸食、流域、洪水、あるいは変化する流水

についてのすぐれた事例を与えてくれる。一方、潮流やメキシコ湾流については、湾までちょっと旅行するだけで、生き生きと説明されるのである。校舎の近くにある小峡谷は、すばらしい遊び場であるだけではなく、山脈や谷、土壌や岩の構成物の教科書として役立っている。これらはすべて、後に学ぶ人文地理のためのすぐれた基礎と実例としても役立つのである。より進んだ地理はおもに商業地理であるが、子どもたちがすでに学んだ科学的背景とともに、気候と穀物、産業、輸出入やさまざまな社会事情との関係の実際の意義が、いっそう理解されることになるのだ。

　手工の価値は、身体的成長に重点をおくのと一致したものとして、フェアホープではおおいに強調されている。幼い子どもは、彼の身体が最高水準の健康と能率にまで発達させられるのであれば、自分の筋肉をますます熟練させて調整することを学ばなければならない。しかも、この点において、手でものを作るのに必要な、統制された、むしろ精巧な動き以上に役立つものは何もないのだ。子どもがものを作っているという事実は、彼にその作業をつづけさせ、精神と手と目の同じ努力を何度も繰り返させ、その過程で真に自分自身をコントロールすることができるのに必要な刺激を与える。実用的な面での手工の利益も同じように大きい。子どもは生活するうえで日常的に使う道具、すなわち、はさみ、小刀、針、かんな、のこぎりの使い方を学び、また画家の道具である絵の具と粘土の価値を知るが、このことは彼の残りの生涯までずっとつづくのである。独創的で発明の才能をもつ子どもならば、自分のエネルギーの自然で楽しい活路を見いだすであろうし、夢見がちで実際的ではない子どもならば、手を動かす作業に対する尊敬を学び、博識な人間になるための何かを得るであろう。男子も女子も同じように料理と大工仕事をするが、こうした作業の目的はある商売や職業のために彼らを訓練することにあるのではなく、可能性に満ち幸せな社会の構成員となるよう訓練することにある。絵画や粘土の模型作りは、それらがある目的にかなっていたり、子どもたちの興味を保つために他の作業と十分に結びつけられているならば、大工仕事や裁縫と同じように、幼い子どもたちにとってさえ大きな役割を果たしていると言えるのだ。美の感覚は幼い子どもたちには意識的にはあらわれないので、もしその感覚が子どもたちの生活のなかで真の力になるようにしたいならば、日々さまざまなものをあつ

かうことによって発達させられなければならない。それゆえ、「芸術［art］」は、手工、物語ること、戯曲化、または自然研究の一部として教えられるのである。粘土を使った模型作りや絵画、紙製のマット編み、紙や木のおもちゃ作りなどをおこなっている幼い子どもたちは、彼らが作りたいと望むものをできるだけ多く思いつくよう求められる。技術を身につけるにつれて、彼らはさらに難しいものを作るようになる。9歳や10歳の子どもたちは、ラフィアの葉からとる繊維で、かごや小舟や人形の家具を作るのである。

　物語ることと戯曲化は非常に密接に結びついていて、（10歳くらいになるまでは）通常の書物による学習の代わりになっている。教材として子どもたちの年齢に適している文学的価値のある物語を、〔教師が〕彼らに話してやったり読んでやったりし、それから、今度は子どもたちが学校の外で聞いた物語を話すように促される。9歳ないし10歳以降は、子どもたちはすでに読むことを学んでいるので、黙読であれ音読であれ、書物のなかの物語を読み、その後、学級全体でその物語について話しあう。『イリアス（*Iliad*）』、『オデュッセイア（*Odyssey*）』といったギリシャ神話の物語はこの年齢の子どもたちに人気があり、教師が指導しなくても、一つの物語——たとえば「トロイ城陥落」の物語や彼らの戯曲的想像にとくにうったえかける何らかの物語——を演じるということがよくある。この学校は、子どもたちがたんに異国の言葉や話し方のために教科書を学ぼうとするのではなく、文学を愛し、鑑賞するために学ぼうとするのであれば、これが若者たちが文学に接近するための真の方法であると考えている。子どもたちは8歳か9歳になるまで書物を使用することを許されないが、このとき彼らははっきりと書物が必要であることを認識するようになっているため、書物を用いた学習がしたいと言ってくるようになる。こうして、6歳の子どもたちに必要な〔ものと通常考えられている〕、長くて退屈な基本練習は取りのぞかれるのである。子どもたちはそれぞれにある特定の本を読みたがるので、子どもの注意を引いたり、いつ終わるとも知れない反復を主張する必要はほとんど、いやまったくないのだ。ジョンソン夫人はまた、書いたり数えたりする学びをできるかぎり遅く延期することが、子どもの自然な身体的かつ精神的発達のためにむしろよいと考えている。こうして子どもたちは、その学習に対する真の必要性を意識して、また彼らの日々の生活においてその学習がい

かに役に立つようになるかを意識して、学習に取りくむようになる。手工を通して獲得された事物についての知識と熟練の背景が、学ぶことの実際の過程を比較的やさしいものにするようになる。ジョンソン夫人は、彼女の学校で10歳になるまで読み書きを学ばない子どもでも、14歳になると他の子どもと同じように読めるようになり、また、通常のカリキュラムにしたがっている学校の14歳の子どもと同じように、書いたり綴ったりできるようになると確信している。

　数の基本概念は口頭で教えられる。もっとも幼い子どもたちは、お互いの人数を数えたり、まわりにあるさまざまなものを数えることからはじめる。それからおそらく、彼らは黒板に線を引いて、二つに分け、次に三つに分け、さらに四つに分けたりするだろう。次に子どもたちは黒板に書かれたさまざまな対象や線を使って、足したり引いたり、4分の3をとったり、さらに割り算をしはじめる。この種の作業の口頭での基本練習はいつもおこなわれ、子どもたちは数字が書けたり、足したり掛けたりする記号の意味を知る前に、算数の基本的な過程について徹底的に慣れ親しむようになる。そして、9歳頃になり、数字を書くことを学ぶようになると、線や対象の代わりに通常の記号を使って反復的に練習がおこなわれる。この学校では、こういった方法によって従来の苦しい努力、とくに分数とそのあつかいを学ぶ際の苦しい努力を取りのぞくことができることを見いだしたのである。長い割り算やその他の複雑な計算の過程は、子どもたちが上手に、そして簡単に数字を書けるようになってから教えられる。また、反復練習によって子どもたちがこの過程に十分慣れて熟達するまでは、形式的分析はまったく重きをおかれない。個々の教師たちによって考えだされたあらゆる種類のゲームや競技は、この基本練習が子どもたちにとって興味深いものとなるように利用される。

　感覚の修練［sense culture］は、一定の筋肉を動かしたり他の感覚的な動きを成しとげたいという欲求に正確に反応するための、子どもの身体と筋肉の特殊な訓練を意味する。より専門的に言うと、それは感覚－運動神経［motor-sensory］の調整を意味する。手工と身体運動を通じてなされる総合的な訓練のほかに、特別なゲームがさまざまな感覚を運動させるために準備されている。もっとも幼い子どもたちの学級では、この感覚体操を比較的多くおこなう。学

第2章 自然的発達としての教育における実験

級の子どもたちが全員静かに座って動かないなか、ある子どもが自分の席から教室の他のところにぬき足で歩いて行き、その子以外の目を閉じている子どもたちは、彼がどこにいるのかを言い当てる。あるいは、一人の子どもが何かを言い、他の子どもがその声を聞いてだれなのかを言い当てたりする。触覚を訓練するために、目かくしをされた子どもは何かふつうのさまざまな対象を与えられ、それらに触れることによってそれが何であるかを推測する。全校生のお気に入りのゲームの一つが、筋肉の正確な動きを訓練するために考えだされている。子どもたちが異年齢集団に分かれて、庭にある大きな木に石を投げるゲームである。このゲームは競技会としてのあらゆるおもしろみをもっているが、同時に、目と手を一緒に働かせることを教え、さらに全身を鍛えることにもなっている。フェアホープの子どもたちの通常とはちがった身体のコントロールは、大工の作業場でもっともわかりやすい。〔というのも〕作業場では、もっとも幼い子どもたちでさえ、作業をしてかなづちやのこぎりやかんななどの実物大の道具を使っていても、少しもけがをしないのである。その作業場に足踏み式の糸のこぎり機があるのだが、小さすぎてその踏み板を動かせない7歳の子どもが、けがをすることもなく、木片をつかみ回して糸のこぎりで形を整えていくのを見るのは、教育的な光景である。

　フェアホープの子どもたちは、普通の公立学校の子どもたちと比較しても順調と言える。何かの理由で彼らが転校しても、彼らは特別な努力をしないで同じ年齢の子どもたちと一緒につねに勉強することができた。彼らは身体的により強くなり、手仕事にかけてははるかに能力が高い。また一方で、作業の純粋に文化的な側面においても同じように彼らを有能にさせしめる書物と勉強とを、彼らは真に愛している。有機的なカリキュラムは、幼い子どもたちのために詳細に作られ、彼らに対してもっとも長く適用されてきた。しかしジョンソン夫人は、自分の研究の原理は中等学校の子どもたちにも同じようにうまく適用できると確信し、現在、中等学校の子どもたちについての実験がはじめられているところである。彼女の指導のもとにこの学校は明確な成功を示した。実験の段階にあるいかなる学校にもかならずあらわれる弱点や矛盾は、時間とより多くの機会によって、間違いなく訂正されるであろう。この学校は、(指導者というよりはむしろリーダーとしての) 教師が子どもたちそれぞれの弱点に個人的に

気づき、そして作業を彼らの個々の要求に適応させていくのに適した小さな集団における、健全で自然な成長のための条件を提示している。この学校は、子どもたちが授業時間外に家庭で楽しく過ごしているのと同じ自然な生活を、学校でも過ごすことができることを証明してきた。すなわち、不自然な強制や報酬、試験、評価、進級といったことをもちだすことなく、子どもたちは学校で身体的、精神的、道徳的に成長することができ、同時に彼らは、従来の書物を学び研究するための道具——すなわち読み、書き、算数——を自分で用いることができる十分な力も獲得できることを証明してきたのである。

第3章　自然的成長における四つの要素

　コロンビアにあるミズーリ大学の小学校は、J・L・メリアム〔J. L. Meriam〕教授の指導のもとにあるが、フェアホープのジョンソン夫人の学校と多くの共通点をもっている。教育は子どもの自然的発達に沿うものであるという根本的な考えにおいては同じであるが、その実際の組織と運営はおおいに異なっているので、それについて詳述することは何らかの参考になるであろう。多くの教育改革者と同じように、メリアム教授は、従来の学校は子どもに大人のさまざまな事実を教えるのにあまりにもかかわりすぎてきたと考えている。体系化し標準化することを試みるなかで、従来の学校のカリキュラムは個々の子どものさまざまな必要性を無視してきた。メリアム教授は、学校での作業と遊びは、子どもたちの作業と遊びであるべきだと考えている。学校での生活は学校の外での子どもたちの生活と同じ、もしくはよりよいものであるべきである。というのも、子どもたちは正しく遊び、正しく作業をする方法、さらに他の子どもたちとともにこれらをおこなう方法を知るために、手助けを得るからである。

　子どもたちは話すことをどのように学んだかを記憶しているだろうか。いや、ただ彼らの両親が代わりに記憶するのである。しかし私たちの多くは、子どもも大人も、いかに私たちが学校で読み書きを学ぶのに苦労したかを覚えている。私たちは何か話す必要があるとき、また何か話すことがあるときに、ただそれを話すことによって話すことを学んだのである。私たちは何か飲み物がほしいときに、「ママ、飲み物をちょうだい」と言うことを学んだ。毎朝9時に、このような言葉の練習をおこなったのではない。本大学附属小学校の子どもたちは、彼らがまさにそうする必要があるときに、読むこと、書くこと、描くこと、そしてその他のことを学ぶ。子ども

たちはこの学校で、彼らが家庭でいつもするようなことをするのだが、彼らはそれをよりよくすることを学ぶのである。彼らは作業をし、遊ぶ。彼らは家庭でほとんどの時間を積極的に多くのことをして過ごすが、この学校においてもまたそうして過ごすのである。

もし学校がないとしたら、これらの子どもたちは必然的に何をするだろうか。この問いに対する答えをもとに、メリアム教授はカリキュラムを作ったが、彼のカリキュラムは通常のプログラムで見うけられる科目からは唯一手工しか取りいれていない。メリアム教授は次のように言う。子どもたちはいつも外で遊び、走ったり、跳んだり、投げたりして身体を鍛えている。彼らはいつも集団で一緒に話しあい、自分たちが見聞きしたものを議論し、遊びで使うさまざまなもの、小舟や豆袋、人形、ハンモック、衣類を作っている。子どもたちが田舎で生活していれば、いつも動物や植物を観察し、庭園を作り、魚釣りをしようとするだろう。学校で学ぶのと同じように、このような活動を通じて子どもたちが発達していくことは、だれもが認める事実である。しかも、そういった学校外での子どもたちの学びは、よりいっそう子どもの実用的［working］知識の一部となる。というのもそれはまったく楽しいものであり、子どもたちがその直接的な用途を認識しているからである。さらに、これらの仕事は、生活のための仕事［business］とすべて密接に結びつけられている。だから私たちは、このようなことを学ばせるために、自分の子どもたちを学校に通わせるのである。そうだとしたら、このような材料で学校のカリキュラムを作ること以上に自然でありうるものが何かあるだろうか。これこそメリアム教授がおこなっていることなのである。1日は四つに区切られ、次の4要素、すなわち、遊び、物語、観察、手工にあてられる。幼い子どもたちにとっては、ほとんどすべての作業は彼らが生活している共同体から引きだされる。彼らは、自分たちがすでに馴染んでいるさまざまなことについて、より多くのことを見つけだすために時間を費やすのである。年齢を増してくるにつれて、彼らの興味は自然に、より離れたさまざまなことや、物事の背景にある過程や理由に及ぶようになる。そこで子どもたちは、歴史、地理、科学を学びはじめるのである。

最初の3学年の時間は次のように分けられている。9時から10時半まで観

察、10時半から11時まで体操、11時から12時まで遊び、1時半から3時まで物語、そして3時から4時まで手工である。

　観察の時間は一つのトピックの研究にあてられる。このトピックはひと朝だけで終わるものでも、数週間かかるものでもよい。作業のおおまかな年間計画はあるが、もし子どもたちが彼らにとって重要と思われ、なおかつ適しているものをもちこんできた場合は、その年間計画はわきにおかれ、教師は子どもたち自身の問題を研究するのを手助けする。これは、1日のどの教科においてもまったく同じである。この年間計画は融通がきくものであり、学校は子どもと集団の個々の必要性に応じることをめざしている。最初の3学年の観察の時間は、花や木、果実、鳥や動物、天候や四季の変化、休日、町の食料品店、近所の住宅、また子どもたちが店の売り物でよく目にしている衣服の研究にあてられる。子どもたちは、自分たちの作業を広げるために必要を感じたときのみ、読み、書き、算数を学ぶのである。自然研究はできるだけ戸外で教えられる。子どもたちは教師と一緒に散歩し、途中で出会ういろいろな木々や草、動物について話しあう。彼らは学校の水槽にオタマジャクシや魚を放し、〔好きな〕木を選び、これらを1年間観察して記録をつける。天候についての研究も、1年を通してつづけられる。彼らは四季の変化について観察し、さまざまなものが秋になるとどのように見えるのか、冬がはじまるとどんなことが起こるのか、植物と動物はどのような冬支度をおこなうのか、といったことなどについて観察する。このようにして、彼らは1年のすべての経過を観察し、知らず知らずのうちに、自分たちを取りまく気候と周囲の動植物の生活との関係を学ぶのである。

　次の時間には、子どもたち自身の食物、住まい、衣服の研究が集中しておこなわれる。そして、彼らの興味とその研究にかけた時間が導くままに、その土地の生活のうち、実際の必要性とかかわりをもたない一面へと研究は延長されていく。彼らは宝石店やサーカスを研究することによって近隣に住む人たちの娯楽や楽しみについて学び、また、地域の消防署や郵便局を研究することによって彼らの親が形成している共同体の関心について学ぶのである。

　研究の方法はすべての作業にわたって同じである。まず最初に、教師の助けをかりて、子どもたちは自分たちが研究をはじめようとしている主題について、

知っていることすべてを話す。もしそれが食物ならば、それぞれの子どもたちはそれについて考えつくことを話す機会を与えられる。たとえば彼の家族が食べているものは何か、その食物をどこから得たのか、どのように保管されているのか、食料品店で何に気づいたのか、といったことである。次に、教師と一緒に学級の子どもたちみなでその食料品店を訪問し、そこでおそらくその朝の時間全部を費やして、それぞれの子どもは自分の力でどれくらいのことを発見できるか試みる。この試みをはじめさせる前に、教師はさまざまなものがクォート〔体積の単位で約１L〕などの単位で売られている事実に注意を向けさせるようにする。というのも、重さと分量の主題はこの側面からの接近がなされるときに、子どもを夢中にさせるような興味へとつながるように思われるからである。第１学年の何人かの子どもたちは、食料品店の品物の分量を実際よりも多めに見せるさまざまな工夫に気づき、彼らがきわめて鋭い探偵であることを示してくれた。子どもたちはまた、さまざまな価格を書きとめ、比較すること、そして両親の協力があれば食費を家庭から学校にもってくることを奨励されている。教室に戻ると、子どもたちはふたたび自分たちが発見したことについて議論をし、書くことのできる子どもは、記憶できるすべての品物の価格表を作成したり、訪問についての報告書を書いたりする。それらは子どもたちが口頭で説明したことを教師が書きとったものをもとに作成される。

　読むことができない子どもたちは、食料品店の絵を描いたり、店主がくれたカタログで、おそらく授業をおこなうのだろう。その後で、店主が顧客に品物を配達する方法を学んだり、品物がやってくる一般的な経路を学んだりするであろう。彼らは家庭から食料品店の請求書をもってきて、比較したり合計したりして、経済的で栄養のある食物についての問題を話しあったりもする。おそらく彼らは、近隣のさまざまな住宅の問題にうつるまえに、牛乳屋やパン屋の商売についても同じことをするであろう。衣服や町の娯楽についても、これと同じように学ばれるのだ。後にこの学級では、消防署と郵便局を訪問し、それぞれ何のためにあるのか、またどのように運営されているのかを理解することになるだろう。このようなことと地域の娯楽の研究は、たいてい第３学年でおこなわれる。これらの研究が読み、書き、算数をつねに使用する機会となり、正しい口語英語の使用のための基本練習の機会となることはあきらかである。

第3章　自然的成長における四つの要素

メリアム教授は、子どもが生活している共同体についての研究は、その作業自体が子どもたちにとって教育的価値をもっているためになされるのであり、「読み、書き、算数」を教えるためのたんなる口実としてなされるのではないと強調している。「読み、書き、算数」というのは、子どもたちがおこなっている作業に直接役立つときにのみ、なされなければならないのである。

　最初の3学年にあてられているゲームの時間は、〔以上の共同体についての研究と〕同様の教育的価値をもっている。子どもたちは身体を動かし、身体を調整して、ある直接の成果をねらった巧みな動きをすることを学んでいる。この作業にはかなりの多様性と自由が認められているため、ここでは教師はただの観察者にすぎない。子どもたちが遊ぶほとんどのゲームは競争的なものであるが、というのも、子どもたちをゲームで一生懸命にさせるものが、熟練とチャンスの要素であることを子どもたちは知っているからである。ビーン・バッグ〔豆の入った小さな袋を的となる板とその板に開いた穴に向けて投げ、得点を競う〕やナインピンズ〔ボーリングのようなもので、9本のピンをボールで倒し得点を競う〕は、子どもたちが大変気に入ったゲームである。事実、得点を記録できるゲームはどんなゲームでも子どもたちは気に入っている。教師は幼い子どもたちのために得点記録係として働き、ゲームが終わったときには、子どもたちはその記録を見て、自分たちがどのくらい進歩したかを理解するために、得点を用紙に写しとって書類入れに入れておく。子どもたちはうまく競技すればするほど、ゲームをもっと楽しめるようになるのだ。だから子どもたちは、もっとも上手な競技者を観察し、彼がどのように動き、どのような姿勢をとるかを研究し、絵を描くのである。教師もまた、子どもたちが競技をしているときに言うさまざまなことを黒板に書きとり、ゲームが終わったあとには、自分たちで作り、自分たちのゲームを自分たちで説明したその黒板をもとに、読み方の授業をおこなうのである。さらにこれを用紙に写しとり書類入れに保存するなかで、子どもたちは書き方の授業もおこなうのだ。子どもたちは遊んでいるあいだ、好きなだけ話したり、笑ったりすることができるが、これが英語の授業となるのである。子どもたちが自由に話すよう促すために、ゲームのなかに多くの多様性がとりいれられる。そして、競技するうえで興味を引きおこすさまざまなもの、すなわち、明るく彩られたボール、人形、はなやかに化粧した「起き上がりこ

遊びはしばしば筋肉の熟練や、読み、書き、算数を必要とする。

ぼし［roly-polys］」などを使用することで、ますます刺激が与えられる。子どもたちの用いる新しい言葉や言葉づかいは、毎日のゲームの記録のなかに書きとめられ、このようにして彼らの語彙は自然に広がっていくのである。

　物語にあてられる時間は、他の1日の作業のすべての授業と同じように、ただの読み書きの授業ではない。子どもたちはよい物語をおおいに楽しむのであり、したがって物語について詳しくなる多くの機会を与えられるべきである。この時間のなかでは、教師と子どもたちはお互いに物語について話す。初級読本から学んだ物語ではなく、子どもたちがすでに知っているものや聞いたことのあるもの、あるいはおもしろいから読んだものについて話すのである。子どもたちはみな、聞くのが好きであり、物語をうまく話さなければならないこと、そうでなければ聞いてもらえなくなることをすぐに理解する。彼らは、ある物語では実演しながら話し、また他の物語では絵を描きながら話す。そのうちに、彼らは新しいいろいろな分野の物語を学びたがるようになり、さらにごく自然に学校の図書館に行って物語の本を取りだして読むようになる。第1学年の子どもたちは、1年に12冊から30冊の本を読み、第2学年の子どもたちは25冊から50冊の本を読むことがわかった。このようにして、彼らは読むことを学び、さまざまなよい本を読むことを学ぶ。というのも、図書館にはよい本以

外のものはないからである。さらに彼らは、いつも自分たちの学級で話す物語、または実演できる物語を探しだしたいという気持ちをもっているため、それらをよく読むことを学ぶのである。よい文学を鑑賞する気持ちはこのように非常に早い時期にはじまる、というよりはむしろ〔最初からあるものであって〕けっして失われるものではない。ほんの幼い子どもたちでも、つねにマザー・グースやハンス・アンデルセン［Hans Andersen］の物語、キップリング［Rudyard Kipling］の『まったくそのとおりの物語（*Just So Stories*）』[訳注3]のようなすぐれた物語を楽しんでいる。学校で得た本嫌いの気持ちは、子どもたちを文学からくだらない作品に向けてしまう。しかし、もし子どもたちがちょうど家庭でするように、学校でも、物語のうちにあるおもしろさゆえに物語を聞き、読み、演ずることが許され、奨励されるならば、子どもたちは良書をよく味わい楽しみ［enjoyment］つづけるだろう。メリアム教授によれば、歌も一種の物語であり、幼い子どもたちはその歌の楽しさゆえに、歌の物語ゆえに歌うのだという。そのためこの学校における唱歌は、物語の作業の一部であり、子どもたちは自分たちの楽しみを増すためによりよく歌うことを学ぶのだという。

　子どもたちはつねに、「何かを作る」ことをうるさく要求するものである。メリアム教授はこの事実を、手工をカリキュラムの正式な要素と見なし、それを1時間やらせるための十分な根拠としている。しかしこの1時間は子どもたちにとってはあまりに短く思われるので、彼らは家庭でもその作業をおこなっている。もっとも幼い子どもたちは、男子も女子も同じく、大工の作業場に行き、道具をあつかって、人形のための家具や小舟、家庭にもって帰るお土産などを作ることを学ぶ。機織りや裁縫は、男子も女子もともに興味をもつもので、幼い子どもたちに美と実益をもたらす機会を与えるために、彼らはおおいにそれをやる。もっとも幼い子どもたちは、通常人形のハンモックを作りはじめ、次に、目の粗い十字縫いやかぎ針編みを学ぶ。とくに子どもたちがもっとも幼い時期は、たいてい学級全体で同じものを同じ時間に作るのだが、そういった幼い子どもたちでも自分が何を作りたいか提案することがある。さらに年長の

　　［訳注3］　Rudyard Kipling. *Just So Stories*. Garden City, N. Y.: Doubleday and Page Co., 1912. 訳書に『象の鼻が長いわけ——キプリングのなぜなぜ話』（藤松玲子訳、岩波書店、2014年）など。

子どもたちには多くの自由が許されており、子どもたちの年齢が上がるにつれて、また道具をあつかう技術を身につけていくにつれて、その作業は多様性と複雑さを自然に増していくことになる。第5学年と第6学年の少年たちのなかには、学校でいつも使用するすばらしい家具を作った子どももいる。手工はまた、さまざまな型の図形を作る際に、描くことや色をつけるといった作業をする機会を与えるのである。

　第4学年になると、子どもたちに生じる興味がさまざまに広がってゆくため、作業は目立って変化するようになる。そこで、1日を三つの時間に分け、それぞれ産業、物語、手工にあてられる。組織されたゲームはもはや子どもたちの興味を引かなくなり、彼らは戸外か、自由で大きな体育館で競技することを望むようになる。彼らはそこでより激しくより賑やかに競技をすることができ、また彼らは、自分たちの得点を覚えていられるほどに成長している。「産業〔industries〕」の時間は、幼少の子どもたちの「観察〔observation〕」の時間に代わるものだが、同じ種類の作業がつづけられる。子どもは、彼自身を取りまいている直接的な対象の意味、すなわち、彼や彼の友達とそうした対象との関係をこれまで学んできたので、さらに進んで、彼が見ることができないもの、すなわち、自分たちの共同体全体、さらに共同体を超えて最終的には全世界を取りまく過程と原因、そして関係を理解するために、この知識を広げるのである。

　幼少の子どもたちが自分たちの直接的な環境について研究するのと同じ方法で、第4学年の子どもたちは、近隣でいとなまれている産業、すなわち、靴工場、製粉工場、小麦畑やトウモロコシ畑での作業について研究するようになる。彼らはその工場や農場に遠出し、そうして遠出した際に見てきたものにもとづいて教室での作業がおこなわれる。彼らにとって書法や作文は、この遠出のさまざまな物語を彼らが書くことであり、彼らにとっての読解は、農業や靴屋について語った本〔を読むこと〕であり、彼らにとっての算数は、農夫や親方がしていることから彼らが発見した実際的な問題〔をあつかうこと〕である。それらすべてのことが、子どもが今学んでいる産業についての理解に役立つようになされるのである。地理〔の研究〕もこのような遠出の経験からおこなわれる。それは次のような問いに答える。人びとはなぜ小麦を栽培するのか、また、近隣で小麦がもっともよく育つ場所はどこで、それはなぜか、といった問いであ

第3章　自然的成長における四つの要素　　　119

る。この学校はたまたま、産業のなかでもおもに農業がいとなまれる小さな町に位置しているが、このような研究計画を、ごく近隣で見いだされるその他のさまざまな産業に置きかえることによって、いかなる共同体にも簡単に適用することができることはあきらかである。

　第5学年と第6学年の子どもたちにおいても産業の研究はつづけられるが、その範囲は世界の主要な産業を含むまでに拡大される。ここではもちろん、子どもたちはかつての遠出の代わりに、ますます本から学ぶことが多くなる。このことは、これまで学んだことと関連させた読み、書き、算数の基本練習、そしてさらに多くの地理の研究が含まれている。子どもたちは、研究したり暗唱したりする本を1冊も与えられないため、図書館を利用することが非常に重要になってくる。地理の作業は次の問いからはじまる。この町で生産される、私たちが使い切れないものはどうなるのか、という問いである。そして次の段階の問いは、同じものがどこか他の場所で生産されているのか、それらは同じ方法で生産されているのか、という問いで、さらに、私たちがどこか他の場所から得ているものはどのように生産されているのか、という問いへとつづいていく。このような作業に十分対応した1冊の教科書はどこにもないし、もしあったとしても、子どもたちは調査をおこなって学ぶべきという学校の考えと矛盾することになるだろう。彼らは、いま自分たちが研究している特定の産業について述べている本を図書館の膨大な本のなかから自分たちで探さなければならない。子どもたちはみな、同じ本を読まないし、またできるかぎり、それぞれの子どもが議論に貢献するようにする。下級生と同じように、上級生もみな、書類入れを作り、そこにさまざまな産業についての記事や、機械と製造過程についての説明を保存するのである。

　学校の最高学年である第7学年では、産業の研究が歴史の研究としてつづけられる。すなわち、衣食住と結びついた産業の歴史が取りあげられる。子どもたちは住居の歴史を、ほら穴ややぶの林を用いた最初のものから、放浪民族のテントやギリシャ人、ローマ人の家を通じて、今日の鉄筋の摩天楼に至るまで研究する。彼らは農業の歴史を研究し、未開人の木の棒から蒸気で動く刈取機や脱穀機に至るまでの発展を理解するよう学ぶ。これらの〔第4学年から第7学年までの〕四つの上級学年の産業の研究には、行政の制度の研究も含まれてい

る。第4学年は地方の郵便局を研究し、第5学年と第6学年はアメリカ合衆国の郵便制度を研究し、その後世界各地への手紙の郵送方法を研究する。第7学年は、これらの制度のいくつかの歴史を研究する。この1年間の彼らの時間の一部は、世界のさまざまな人びとがいかに戦ってきたのか、また軍隊をいかに組織したのかということについて、まず読書によって、それから読んだものを話しあうことによって、理解することにあてられた。子どもたちはそれぞれ、自分が研究したそれぞれの国の軍隊について小論文を書き、注目したことを図解して、この作業の記録を書きとめたのである。

この四つの上級学年の物語の時間では、下級学年ではじめられた作業が継続される。音楽と芸術はますますこの作業に集中されるようになる。子どもたちは読んだり、読んだものについて話しあうことをつづける。子どもたちはそれぞれ、自分の読んださまざまな本について、その物語についての短い説明と、自分がその物語を好きな理由を書きそえて記録に残す。さらにこの記録は、だれか他の子どもが本を選ぶ際に役立てるため調べることができるように、図書館の書架に保存される。メリアム教授は、中等学校においてさえ、作文それ自体を教えることはできないし、通常の分析的手法で文学を教えることもできないと考えている。この学校の作業はすべて、不断の英語の基本練習であり、学校でのあらゆる時間で子どもたちがよい英語を使ったり書いたりできるよう手助けすることで、1時間の形式的な基礎練習に作業を詰め込むより、ずっと多くのことが達成されるのである。

フランス語とドイツ語を教えることも、物語の作業の一部と見なされている。それは、子どもたちが外国語を話したり読んだりすることから得られる楽しみのための勉強であり、また文学のために外国語を読めるようになるための勉強である。こうした理由で、外国語が純粋に教養的なもの——娯楽と楽しみのためのもの——として、カリキュラムにその位置をしめているのがわかる。「物語」というタイトルのもとに入るさまざまな研究は、宿題が与えられる唯一のものである。子どもたちは自分たちの作業をするために学校にくるのだから、家庭でも学校と同じ作業をするよう求めるのは正しくない。子どもたちが学校から最大限の恩恵を得るのであれば、彼らは学校を楽しみなものとして心待ちにするはずだが、決まりきった課題をすることが学校の作業と結びつけられて

しまうと、学校の作業に対する子どもたちの興味はかならずや減少するに違いないのである。しかし、もし学校の作業のいくつかが気晴らしや娯楽に適していると見なされるならば、子どもたちがそれを学校以外の時間で、すなわち家庭でやりつづけるようになるのはごく自然なことなのである。

　この学校はこのようなプログラムで8年間、作業をおこなってきており、子どもは約120名いる。校舎には数教室があるだけで、これらの教室は大きな折り戸でつながっている。少なくとも二つの学年、通常は三つの学年が同じ教室で作業をし、子どもたちはクラスメートをじゃましないかぎり、自由に動きまわったりお互いに話しあうことが許されている。一人の教師が約35名の子どもたちのいる教室を受けもち、子どもたちは数グループに分けられ、それぞれのグループがそれぞれのことをおこなっている。近くにある地域のいくつかの公立学校の教師たちも、それぞれが1学年を通してこのプログラムに沿っておこなったところ、学年の終わりには子どもたちがみな進級できるようになっており、しかも次の学年でも、彼らがこれまで通常の正規の基本練習にしたがっていたのと同じように、自分たちの作業をこなしたのである。この小学校の卒業生の記録は保管されている。卒業生のほとんどは大学附属の中等学校へ進学するが、そこでは彼らを注意深く見つづけるあらゆる機会がある。大学準備のための通常の勉強をおこなうにあたっても、彼らは特別の困難をまったく感じていない。また、大学へ入学するときの彼らの成績や年齢を見ると、彼らが小学校で受けた教育が、厳しい形式的な勉強をする能力において、公立学校の子どもたちを上まわるほどの有利な点をいくつも与えられていることがわかるのである。

　メリアム教授は大学附属中等学校の校長でもあるが、英語のほかは、通常の大学準備のためのカリキュラムをまだ変更していない。しかし彼は他のカリキュラムも変更するつもりであり、英語と同じくらい革新的な再編成をすることで有益な結果が得られると考えている。中等学校では英語を分離した教科としてはまったく教えておらず、小学校でとられていたのと同じ方法でつづけられている。この大学附属学校の一定数の卒業生と、それと同数の町の中等学校の卒業生とでは、中等学校の課程のあいだ、通常の英語の訓練を受けなかった生徒の方が、正規のルーティンにしたがった生徒よりも、大学での英語の課程で

印刷しながら英語を学ぶ。(シカゴ市の
フランシス・パーカー・スクール)

1年間の作業の基礎。(インディアナポリス)

よりよく学んでいることが示されている。

　もちろん、ある教育実験を、その実験が改良しようとしているシステムに「遅れずに」ついていく生徒の能力で評価するのは、ほとんど価値のないことである。この実験の目的は、同じ時間で教師が子どもにより多く教えることができる方法や、さらには大学の課程のための準備をより楽しく子どもにさせるための方法を考案することではない。この実験の目的はむしろ、子どもの能力がどのようなものかを彼に示し、また、彼を取りまく世界のなかで、彼がその能力を物質的にまた社会的にいかに行使できるかということを示すことによって、よりよい、より幸せな、より有能な人間へと子どもを育てる教育を与えることにある。もし学校が子どもたちのためにこの目的を実現する最良の方法をさらに学びつつ、同時により慣習的な学校で子どもたちが得られるすべてのものを彼らに与えることができれば、そこで失うものは何もないのだということを私たちは確信するだろう。学校教育が与えたどんな手工の技術も身体の強さも、また日常生活における課題のどんな楽しみも、そして芸術と文学が提供する最良のものも、直接に観察されたり測定されたりすることのできる、さらなる明確な利益である。このすべてはより大きな目的に貢献するが、しかし、すべての子どもたちの生命が、個人全体を育むことによって、社会全体を育むことを目的とするあらゆる教育実験の成功ないし失敗の、唯一の真の試金石を提供するのである。

第4章　カリキュラムの再編成

　ルソーは、『エミール』を執筆していたとき、自分の子どもを捨て子の保護施設に遺棄し、両親からネグレクトされた状態にしていた。ルソーの読者や学生が、エミールという模範的なうぬぼれ屋を生みだすために用いた非現実的な方法の説明よりも、彼の理論や教育への全般的な貢献に対しておもに関心を寄せたのも、不思議はないことだ。もしルソーがみずから一度でも現実の子どもを教育しようとしたならば、彼は自分のアイデアを多かれ少なかれ固定したプログラムへと結晶させる必要を感じただろう。理論のなかで描きだした理想へと到達したいと強く願ううち、彼の関心は無意識に、個別の子どもにおいて彼の理想を達成できるための方法に移っていった。子どもは年齢に応じた事柄に時間を費やすべきである。教師が直ちにこれらは何かと問う。子どもは自然に、精神的に、スピリチュアルに、身体的に発達する機会を与えられるべきである。教師はどのようにこの機会を提供すべきであり、どこにその機会はあるのだろうか。理想をある教材や方法に具現化することなく進めることが可能なのは、一人の教師が自分自身の理論を実行に移すことができるきわめて単純な環境においてのみである。それゆえ、近代の教育改革のいくつかの企てを概観するときに、私たちはごく自然に、その強調点がカリキュラムに置かれてきたことに気づくのである。

　ペスタロッチとフレーベルは、ルソーから得られた着想を教室の活動［work］の詳細へと作りかえていくことにもっとも熱心だった二人の教育者である。彼らは自然的発達［natural development］という曖昧な観念を取りあげ、教師が日々使うことのできる公式へと翻訳した。フレーベルは気まぐれから理論家になり、ペスタロッチは必要に迫られて理論家になった〔という違いはある〕が、この二人の理論家はともに理論を実践へと移す力強い努力をおこなった。彼ら

は教育についての新しい観念を普及させただけでなく、近代の他のどの教育者よりも学校の実践への影響を与えた。ペスタロッチは実質的に小学校教育の活動の方法を生みだし、他方でフレーベルは、だれもが知っているように、幼稚園という新しい種類の学校を正規の初等学校の授業にはまだ幼なすぎる子どものために生みだしたのだった。

　この理論的・実践的影響の結びつきにおいて、彼らが教育の考えをそれが発展するがままに前進させていく点と、すべての人に利用可能な学校のプログラムを提供したいと熱望することによって機械的で外的な方法へと後退していく点との、二つを区別することが重要となる。ペスタロッチは私的には、ルソーがその逆であるのと同じくらい、人生において英雄的だった。ルソーにおいて感傷的な自己中心主義が占めていたところに、ペスタロッチにおいては他者への献身が据えられていた。ペスタロッチはおそらくまさにこの理由によって、ルソーがけっして獲得できなかった真実について、確固たる理解を得ることができたのだ。彼は人間になっていく自然的発達とは社会的発達のことであることを理解した。個人にとって肝要なつながりとは、自然とのあいだのつながりよりもむしろ他者とのあいだのつながりであるからだ。ペスタロッチ自身の言葉によれば、「自然は社会的関係に向けて人を教育し、社会的関係によって教育する。人の教育において、事物は人が入っていく社会的関係の親密さの度合いに応じて重要になる」[訳注4]。このような理由で、家庭生活は教育の中心であり、ある意味ではすべての教育制度にモデルを提供している。家庭生活において物質的な対象、テーブル、椅子、果樹園の木、石垣の石は、社会的な意味をもっている。それらは人びとがともに用いるものであり、人びとの共通の行為に影響を与えるものである。

　事物が社会的効用をもっている生活環境における教育は、道徳的な成長にとってと同じぐらい知的成長にとっても必要なものである。社会的状況のなかに入ることによって、子どもがより密接に、より直接的に学べば学ぶほど、彼が得る知識はより真正で効果的なものとなる。離れた物事をあつかう力は、私た

　　[訳注4]　Johann Heinrich Pestalozzi. *Pestalozzis sammtliche Werke*. 12 vols. Edited by L. W. Sayffarth. Liegnitz: C. Seyffarth, 1899-1902.

ちの身近にある物事をあつかうなかで得られる力であるからだ。

　　現実をあつかう直接的な感覚は、家庭生活のような狭い社会的範囲のなかでしか形作られない。真の人間の知恵は、目の前の環境についての親密な知識とそれをあつかうために訓練された能力を基盤としている。そうして生まれる知性の質は、単純で明瞭であり、妥協しない現実をあつかうことによって形作られ、将来の状況にも適合するものとなる。それはそれ自体として、堅固で、繊細で、確かなものである。
　　この逆の教育とは散漫で混乱したものとなる。表面的で、あらゆる形式の知識を軽くなでて進んでいくだけで、しかしいずれの知識も実際に用いることをしない。ふらふらして不確かなよせあつめである。

　教訓は明白だ。知識と呼ばれるにふさわしい知識、何ものかになることが確かな知性の訓練は、社会生活の活動に親密に活動的に参加することを通してのみ得られるのだ。
　これはペスタロッチの偉大なる積極的貢献である。それは彼自身の個人的経験から得られた洞察を表現しており、それは抽象的な思考をする者として彼が弱い点でもあるのだが。それはルソーを超えただけでなく、ルソーにおいて真実であったことを確かな基盤に据えることもしたのである。しかしそれは直ちに秩序立てられた主張や、手から手へと渡すことができるような方法にするのに役立つような考えではなかったけれども。その意義は、ペスタロッチ自身の初期の事業に描きだされている。彼は20人の浮浪児を自宅に連れかえり、夏は農作業への従事、冬は綿紡ぎと織物という方法を通して、書物による教授を可能なかぎり活動的な仕事と結びつけながら教育することを試みたのだった。それは彼の後の人生においても、スイスのある村——それは大人たちがレジスタンスとしてナポレオン軍を実質的に一掃した村だった——を任されたときに、ふたたび描かれることになる。その村を訪れた人が言った言葉を、ペスタロッチは最高の賛辞と受けとめた。「これは学校ではない。一つの家庭だ」。
　ペスタロッチの別の側面は、彼の正式な教職のキャリアのなかに見いだせる。ここでも彼は、当時の小学校教育におけるたんなる言語的な教育に対して闘い

を挑み、自然的発達へと取ってかわらせることに奮闘した。しかし彼は、活動的で社会的な仕事［pursuits］（家庭内の仕事のような）のなかで用いられる対象との接触に頼る代わりに、対象そのものとのむきだしの接触へと後退してしまった。その結果として生みだされたのは、ペスタロッチの考えの根本的な転換だった。教師によって対象が提示されることが、個人の活動による発達に取ってかわるように思われた。彼はうすうすこの非一貫性には気づいており、発達には、固有の人間のさまざまな経験から抽象されるようなある固定した法則が存在すると述べることで乗りこえようとした。教育は個々の子どもの特定の時期に進行しつつある発達に応じることはできない。そうしようとすれば混乱や混沌、無秩序や気まぐれを引きおこすだけだからだ。教育は個々のケースから引きだされた一般的法則に応じておこなうべきなのだ。

　この時点から、事物の社会的な使用への参加に置かれていた強調点は、対象への依存へと変わる。個別の経験から抽象されうる一般的な法則を探すうち、彼は三つの不変のものを見いだした。幾何学的な形、数、言語である。もちろん言語というのは、分離された言語的な表現のことではなく、事物の性質について述べられたもののことである。教師としての活動のこの局面において、ペスタロッチはとくに実物教授の教育――それによって子どもが空間的・数的な事物の関係を学び、それらのすべての性質を表現するための語彙を獲得することができる――を組織することに熱心に取りくんだ。事物を感覚的に提示する方法によって、実物教授が小学校教育の不可欠な要素になるという考えは、こうしてペスタロッチから来たものである。それは外的な事物や感覚への提示と関連づけられているので、この教育の組織化されたかたちは、ある人から別の人にほとんど機械的に使いまわすことができるような、方法の限定された形式化へと向かった。

　そのように方法を発展させるうちに、ペスタロッチは「自然の秩序［order of nature］」が本質的に単純から複雑へと向かうことにあるという考えに思い至った。その考えは、トピックの観察における「ABC」と彼が呼ぶところのものを、すなわち感覚の前に置かれるもっとも単純な要素を、すべての主題のなかに見つけだそうとする彼の努力へとつながった。これらが習得されると、子どもたちはこれらの要素の多様な結合関係を学ぶことへと進むことになる。そ

第 4 章　カリキュラムの再編成　　127

うして読みの学習において、子どもたちは AB、EB、IB、OB といった結合からはじめることとなり、それから逆の結合である BA、BE、BI、BO などからふたたびはじめ、すべての要素を習得するまでおこなう。子どもたちは複雑な音節へと進むことができ、ついには単語や文にまで到達することができる。数、音楽、描画はすべて感覚の前に置かれうる単純な要素からはじめられ、学年が上がるにつれより複雑なかたちへと高めていくように教えられる。

　この手続きの流行は非常に大きなもので、まさに「方法 [method]」というその言葉が、多くの人にとって外部の印象のこの種の分析と結合を意味するようになったのだった。今日に至るまで、それは多くの人が「教育学 [pedagogy]」として理解するものの大部分を占めている。ペスタロッチ自身はそれを、教授の心理学化、より正確には教授の機械化と呼んだ。彼は自身の考えを次のような言葉でうまく表現している。

　　自然界においては、つぼみの中が不完全であることは成熟が不完全になることを意味する。胚の中の不完全なものは、成長のなかでだめになる。構成要素の発達において、このことは知性の成長もリンゴの成長と同様に真実である。だからこそ私たちは教育における混乱や表面化を避けるために、対象の最初の印象を可能なかぎり正確で完全なものとするように気を配らなければならない。私たちはゆりかごのなかの幼児からはじめて、盲目にはしゃぎ回る自然の手の中から人類の訓練を引きうけて、数世紀におよぶ経験が私たちに自然そのものの過程から抽象することを教えてくれた力のもとへと、連れていかなければならないのだ。

　これらの文章にはだれも反対できない価値が与えられてよいだろう。すべての教育改革者たちが、後の成長を支配する根本的な態度が確立する最初の数年間の重要性を、確信をもって主張してきた。もし私たちが、すべての考えが可能なかぎり確かで、堅実で、限定的で、正しいものとなるように、子どもたちと彼らの周りの世界との初期の関係を統制することができるならば、私たちの現在の経験とはきわめて異なる効果をあとで発揮するような、無意識的で知性的な規範を子どもに与えられるであろうことは、疑いがない。しかし、その物

質的な形の確かさや限定性、分離された対象の性質というのは、人工的なものである。正確性や完全性は、子どもの毎日の人間的な経験からの分離という犠牲を払って得られる。子どもは四角形や三角形などのさまざまな性質を学ぶことはできるし、それらの名前を知ることもできる。しかし四角形や三角形が、子どもの目的的活動のなかに入ってこないかぎり、彼はたんにスコラ哲学的な情報を蓄積したにすぎない。子どもはたんなる文字列としてよりも、対象との関係においてものの名前を学ぶべきであることは、疑いようのないことである。しかし、一方〔の考え〕も他方〔の考え〕と同じくらい真の発達からは程遠い。いずれも、事物を子どもに訴えるような目的に向けて用いることによって生まれる「堅固で、繊細で、確かな知識」とは大きくかけ離れている。子どもが家事で、庭仕事で、動物の世話で、そして遊びやゲームのなかで用いる事物は、彼にとって、意味の現実的な単純さと完全さをもっている。〔それに対して〕まさに学ばれるために彼の前に置かれた直線や角度や数量の単純さは、機械的で抽象的なものだ。

　長きにわたって、ペスタロッチの実践的な影響は、事物と結びつきのない単語の暗記への依存を学校から追いだすこと、すなわち実物教授を学校に取りこみ、すべてのトピックを要素（ABC）に分割し、段階的に進むことへと限定されていた。これらの方法が動機を提供することや現実的な力を与えることに失敗したことで、多くの教師は、子どもにとって役立つものは、そのすべてを子どもが理解していないとしても、子どもにとっては孤立した要素よりずっとわかりやすく完全なのだ、ということに気づいたのだった。より新しいタイプの学校では、初期のペスタロッチのより生き生きした考えへのあきらかな回帰を遂げている（もちろん、ペスタロッチの言説からは完全に独立したものではあるが）。つまり、日常生活のなかにあるような、彼の周りの友達が参加している仕事や追求していることに、〔彼も〕役割を果たすことで学ぶという考えへと。

　さまざまな学校が、異なるやり方でこの問題に向きあってきた。モンテッソーリ・スクールではいまだに、提示された教材によって精神の成長を統制することに多大な努力が払われている。ほかには、フェアホープの実験のように、教材は偶然的で非公式なものであり、カリキュラムは子どもたちの直接的なニーズについていくというかたちをとるところもある。

もちろんほとんどの学校はこの二つの潮流のあいだにいる。子どもは自然に発達すべきであるが、社会は非常に複雑化しており子どもへの要求も重要で不断のものとなっているので、子どもの前には非常に多くのものが提示されざるをえない。近代の生活において自然は凝縮したものであると同時に非常に広大なもので、子どもの複雑な物質的環境だけでなく、社会的関係も同様に含みこんでいる。もし子どもがこれらを習得するとしたら、非常に広大な領域をカバーしなくてはならない。それはどのような方法でおこなうのが最善なのだろうか。彼の世界を構成している、この凝縮した自然の総体が提示されるのに十分なだけ生き生きしたかたちで、方法と教材は用いられるべきである。子どもとカリキュラムは二つの操作的な力であり、両方が相互に発達し反応しあう。学校を訪れたときに、平均的な学校教師の興味を引き、彼らの助けになっているのは、方法、カリキュラム、子どもに時間を使わせるやり方である。すなわち、子どもと彼の環境とのあいだの調整［adjustment］がなされる方法である。

　「なすことによって学ぶ［learning by doing］」とは、この調整をもたらそうと多くの教師たちが試みるやり方を、普遍的な描写として提示したスローガンだと言うことができるかもしれない。子どもが学ばねばならないもっとも厳しいレッスンとは実践的なものであって、もしそこで学ぶのに失敗したら、どれほど多くの本による知識があろうと埋め合わせはできない。これはまさに彼の仲間と仕事［job］の調整の問題であるのだ。実践的な方法は、自然にこの問題を解決するためのもっとも簡単で最善の方法をおのずから示唆してくれる。一見すると、種々の学科——算数、地理学、言語学、植物学など——は、本来的に経験である。それらは過去の人類の、世代から世代への努力と成功の結果の蓄積である。通常の学校の学科は、それをたんなる蓄積物や、経験の分離した欠片をごちゃごちゃに堆積させたものとして提示するのではなく、何らかの組織されたやり方で提示する。ゆえに、子どもの日常の経験、日々の彼の生活、教室の教科は、それぞれ同一のものの一部分なのだ。人間の生活のなかのはじめと終わりの一歩なのだ。それらの一方を他方と対比することは、同じ成長しつつある人生のなかでの未熟と成熟とを対比させることであり、同じ一つの力が動いている傾向と最終的な結果とを敵対させることであり、子どもの本性と運命とを闘わせることでもある。

種々の学科は、子どもの単純な日々の経験のなかで可能になるものの最高の進歩を示すものである。学校の課題は、これらの生の経験をとらえて、科学、地理、算数へと、またはその時間が他の何の教科であってもそれへと組織していくことである。子どもの既有の知識は、教師が子どもに教えようとする教科の一部分なのだが、子どものその教科についての意識的な知識を築きあげる礎石としてこの経験を利用する方法は、正常で進歩的な教授の方法であるように映る。そしてもし、子どもが最初に経験したやり方に可能なかぎり近い方法によって子どもの経験を深めることができるならば、教授の有効性を大きく増進させることはあきらかだ。学校に通うまでは、子どもは自分の生活と直接関係ないことは何一つ学ばないというのは常識である。この知識を彼がどのように獲得するかという問いは、自然な学校教育の方法への手がかりを与えてくれる。そしてその答えは、火や食べ物の性質について本を読んだり説明を聞いたりすることによってではなく、彼自身が火傷をしたり食べ物を取ったりすること、すなわち何かをなすことによって、というものだ。それゆえ近代の教師は言う。学校において〔も〕、子どもたちは何かをなすべきなのだと。

　このような子どもに備わった生き生きした衝動を無視した教育は、悪い意味で「アカデミック」で「抽象的」なものとなりがちである。もし教科書が唯一の教材として用いられるならば、教師にとって仕事はより困難なものとなる。なぜなら教師は、何を教えるにも子どもが行動に向かおうとする衝動を抑制し、断ちきらないといけないからだ。教授は、子どもに関するかぎり、意味や目的を失った外的なプレゼンテーションとなる。子どもの生活のなかで以前から重要な地位を占めていたものとつながっていないような事実は、不毛で死んだものとなりがちである。それらは、子どもたちが学校にいるあいだに勉強し学ぶことを要求されるヒエログリフなのである。それはその子が学校の外で、現実生活の活動を通して同じ事実を学んだあとになってはじめて、その子にとって何らかの意味をもち始める。孤立した事実、たとえば地理の教科書にみられるようなもののなかで、このようなことが起こる事実の数は、どうしても非常に少ないのだ。

　どんな教科の専門家にとっても、教材はすべて分類され整理されたものだが、子どもの教科書に載る前には単純化され分量も大きく削られる必要がある。そ

第4章　カリキュラムの再編成　　　　　　　　　　　　　　　131

の示唆に富む人格は覆い隠され、体系化の機能は消されている。子どもの論理づけの力、抽象化や一般化の能力は、適切に発達させられない。これは教科書が消えるべきだということを意味するのではなく、その機能が変化しているのだということだ。それは時間を節約し誤りを省くことのできるような、子どもたちにとっての道しるべになる。教師や書物はもはや唯一の指導者ではなく、手や目や耳や、じつに体全体が情報の源となっていて、教師と教科書はそれぞれスタート係、テスト係となっている。どんな書物や地図も個人の経験の代わりにはならない。それは実際の旅と置きかえることはできないのだから。落下する物体についての数学的な公式は、石を投げたり木からリンゴを揺すって落としたりすることと置きかえることができない。

　もちろんなすことによって学ぶというのは、教科書での学習を、手仕事や手作業に置きかえようとするものではない。〔しかしながら教科書での学習と〕同時に、子どもたちに機会あるかぎり手作業をさせることは、子どもの注意や関心を維持することへの大きな助けとなる。

　インディアナポリス学区の第45公立学校は、子どもがなすことによって学ぶことを求められる数々の実験に挑戦している。おこなわれているワークは州のカリキュラムで要求されるものだが、教師はその作業が教科書のなかの事実のたんなる練習や試験準備にならないよう、新しい方法を絶えず見つけている。第5学年では、クラスのさまざまな活動は、子どもたちが作る小屋を中心としていた。手工の時間のなかで、そのクラスの少年たちは小屋を作った。しかしその前には、すべての子どもがその家を縮尺で製図することからはじめ、算数の授業時間に、自分たちの遊びの小屋と実物大の家との双方について必要になる材木の量と費用を計算した。たとえば床や壁の面積や、それぞれの部屋の空間などを発見することなど、彼らは家の測定から引きだされるたくさんの問題に向きあっていった。子どもたちは間もなく彼らの家に住む家族を考えだして、彼らを農場に住まわせようと決めた。そこから算数の課業［work］は農場全体を基礎としておこなわれることとなった。まず植えつけの計画が立てられ、図面が一定の縮尺で描かれ、子どもたちが自分たちで集めた情報をもとに、彼らの遊びの農場にもとづいた独自の問題を作りあげる。たとえばトウモロコシ畑の広さ、何ブッシェル〔穀物の単位〕の種が必要なのか、期待できる収穫物は

歌やゲームが算数に役立つ。(インディアナポリスの第45公立学校)

どのぐらいになり、どれだけの利益となるのか。子どもたちは大きな関心と巧みな工夫をもって、自分たちの学んでいる特定の算数の過程を含んでいて自分たちの農場にぴったり合うような問題を考えだした。彼らはフェンスやセメントの歩道、煉瓦(れんが)の壁を建て、その家族のために市場調査をおこない、バターや牛乳や卵を売り、火災保険に加入した。その家に壁紙を貼るときには、壁紙を買うこと、切ること、合わせることと結びつけられた数々の面積の問題が、面積の測定において必要な練習すべてを満たしていた。

　英語の課業も、小屋の建築とその住人の生活を中心としていた。綴りの授業は建築物などと関連して彼らが用いていたもろもろの言葉から生じてきた。完成した小屋に向けての計画や、家や家具やそこに住む家族の生活の描写は、作文や書き方の授業のための教材を無尽蔵に提供してくれた。書き手によってクラスで音読されたこれらの作文の批評は修辞の課業となるし、文法の課業でさえも、農場についての文があつかわれるためにより興味深いものとなった。

　芸術の授業も、子どもたちがその家を建築したり家具を置いたりするなかで実際におこなう活動から引きだされた。子どもたちは自分たちの家を美しくすることに非常に熱中したので、内部、外部の両方の色を計画することで、彩色や配置についての数々の問題が生まれた。後に彼らが、壁紙を作ったり、カー

第4章　カリキュラムの再編成　　　133

テンや室内装飾を選んで飾ったりするときには、デザインの大きな機会を見いだした。それぞれの子どもが独自のデザインを作り、クラス全体で使いたい物を決めた。子どもたちは風呂場の壁や床に使う粘土のタイルもデザインし、花壇も計画して配置した。女の子たちはその家に同居する人形のための服をデザインして製作した。描画の授業では、家族のさまざまなメンバーが農場内でさまざまな仕事をする姿として互いのポーズを描いたため、クラス全体が楽しんだ。この学年の表現の課業は主として、子どもたちが自分たちで作りあげた農場の生活の演劇化から成りたっていた。ほとんどすべての学校の課業が子どもたちにとって本来的に意味や価値をもつ活動に集中しているという意味で、子どもたちは「なすことによって学んで」いたが、それだけではなく、ほとんどのワークを主導するのが子どもたち自身によっていたのだった。彼らは自分たちで数々の問題を作り、その家の仕事のなかで次の段階を示唆し、互いの作文を批評しあい、彼ら自身の脚本を演じた。

　その学校のほとんどすべての学年で、子どもたちは機会あるごとに暗唱をおこなっていた。一人の子どもがクラスを任されて、他の子どもに暗唱をおこなわせた。誤りを正したり授業の焦点を保っておいたりするために介入が必要な場合以外は、教師はたんなる観察者となった。クラスが一人の子どもに任されていないときにも、すべての責任や主導権を教師が掌握するためではなく、子どもがすべての課業をおこなうために、あらゆる方法が用いられる。子どもたちは互いに質問しあったり、声に出して反対したり賛成したり、浮上した互いの問題について自分たちでよく考えることを促される。これは新しい問題への導入として教科書のなかの設定された授業をクラスですることによっておこなわれるのではなく、クラスに問題を示唆することや、可能なときにはいつでも子どもによる実際の実験の助けをうけた質問や議論によっておこなわれる。問題の解決を引きだそうとして、あるいは少なくとも、問題が何についてのものなのかを印刷物で見る前に子どもたちに理解させようとして、こうしたことはおこなわれるのである。

　こうした方法はすべての教室の課業に応用できるが、地理の授業の姿はとくに示唆的である。ある学年はパナマ運河について学んでいたが、その運河、とりわけ水門の目的や働きを理解するのに大きな困難があった。言いかえれば、

彼らは教師が語ったことに知的な興味を示さなかったのだった。彼女は方法を完全に変え、はじめからやり直した。日本とアメリカ合衆国が戦争をしていると仮定して、彼らはワシントン政府で軍隊を動かさなければいけないとクラスに求めたのだった。子どもたちはすぐに興味をもち、米国の船が沿岸やハワイ諸島を防衛するために太平洋に必要なときに到着するには、パナマを渡る運河が必要であることを見いだした。彼らにもう一度水門の説明がなされるまで、山脈は不可能な障壁に思われた。しかしその説明によって彼らは原理をつかんだのだった。実に彼らの多くが大きな興味をもち、家で水門のモデルを作って学校にもってくるほどだった。彼らは国を侵入から守るという関心のもと、地図を自由にそして正確に用いた。しかし、ある子どもがなぜアメリカ合衆国は実際にはその地峡を通る運河を作らなかったのかと問うまでは、彼らはこの興奮するゲームが、以前教科書から覚えようとしていた困惑する事実と何か関係があるということに気づいていなかった。

　その学校の教師たちは、その学年がおこなう課業によく適合する現実生活からのあらゆる例を用いている。そうして第3学年は、教室のなかに小包郵便システムを作りあげる。すべての英語と算数の課業をしばらくのあいだそれにもとづいておこない、地図や物差し、秤（はかり）を使うこともそこで同様に学んだ。靴の小売店は第1学年にたくさんの活動と楽しみを与え、ゲームや歌をともなったダンスは彼らの算数の課業の大きな助けとなった。職員室のほとんどの家具は年長の少年たちが工作の活動のなかで作ったものであるし、いくつかの部屋は芸術の授業で子どもたちがデザインしたステンシルで装飾されている。年少の子どもたちは足し算や引き算のときに使うような、つまようじ箱と紙で作った貨幣をもっている。年長の子どもたちは何か新しい過程を学ぶときには紙を裂いたり四角形を描いたりするかもしれない。クラスには教わるべき過程を具体的に描きだすような、なすべき何かが与えられる。そして子どもたちは自分たちがなしたことをみずから理解して、最後の段階として、純粋な数で試してみるのだ。

　シカゴの多くの公立学校はまた、課業を生き生きさせるために、つまり、子どもたち自身が操作しそこから自分たちの授業を得ることのできるような教材をカリキュラムに導入するために、あらゆる可能な方法を試みている。この課

第4章　カリキュラムの再編成

業は正規のカリキュラムに適合している。これは個人の教師の特殊性によるものではなく、ちょうど教科書がいまや多くの学校で一様に用いられているように、全体のシステムを通じて導入されるべきものだ。この課業はおもに年少の学年の歴史や公民で用いられてきたが、地理や他の教科においても同様のことが起こりうることは想像に難くない。年少の学年の歴史は、砂盤〔浅い箱に砂を入れたもの〕でおもに教えられている。子どもたちはおそらく家を建てる原始的な方法について学ぶだろう。そして砂盤上に、木の枝でできた家屋や洞窟住居や、ツリーハウス、エスキモーの雪舎を作る。子どもたちは自分たちでこれらすべての課業をする。教師は現実の失敗を避ける必要があるときにのみ、助言や援助のために介入するが、子どもたちは自分たちが学んでいる家を製作する問題を与えられ、それを自分たちで解決することを期待される。砂盤は第3学年でシカゴの初期の歴史を学ぶ際にも同様に用いられる。彼らは砂を近隣の大まかな浮き彫り地図へと形作り、それから小枝で最初の開拓入植者の砦や丸太小屋を作り、柵の外にはインディアンの野営地を作っておく。彼らは湖や川に本物の水を流し、カヌーを浮かべる。別の学年では、この国の最初の入植者たちの輸送の歴史、木の伐採や製材産業について、これと同じことをおこなう。年長の学年は彼らの年の政治について学んでいて、砂盤を市政のさまざまな部局を説明するのに用いる。ある部屋は人命救助局で、さまざまな型のボートと役に立つライフラインを備えている。別の部屋は電話、郵便、小包郵便のシステム、そして彼らがとくに誇っている街路の清掃システムをもっている。これは、子どもたちが学校の建物の近くの小道で現実に見つけた状況を模倣したためだ。彼らは近所にあるような汚い街路のほかに、教師に教わった他の都市のシステムにもとづいて最高水準の衛生的なごみ収集設備を備えたモデル街路を作りあげたのだった。

　別の建物では、第4学年以上の子どもが市民クラブに編成されている。彼らは学区を細かい区画に分け、各クラブがそれぞれの区画を担当し、自分の領域についての調査書や地図を作り、街灯や通路、ごみ箱、警察官の人数を数えたり、より興味をもったことはさらに深めていく。問題のある通路を清掃するにしても、街路によりよい照明を設けるにしても、それぞれのクラブが自分たちの区画で何をしたいかを決定し、達成するために計画を立てた。彼らは大人の

市民クラブが用いるあらゆる方法、すなわち市当局に手紙を書いたり、市庁舎に電話したり、さらに実際に道を訪れて清掃したりといった方法を用いた。子どもたちのこの課業への関心と熱中は目覚ましいもので、現在彼らは校庭を手に入れるためのキャンペーン活動を、広報と近隣住民とのミーティングを通しておこなっている最中である。これらの学年の英語の課業はこのクラブの課業にもとづいていて、子どもたちは自分たちのおこなってきた課業の経過を追い、地図を作ったり手紙を書いたりしている。

　厳密に職業的目的のために教えられるのではない手作業、技術的な作業のほとんどは、「なすことによって学ぶ」ことが支える原理を例証するものだ。この事例は、進歩的な教育をめざす今日のほぼすべての学校で見つけることができる。アメリカ全土の多くの学校制度が、子どもたちが操作する印刷機の導入を試みて成功をおさめてきた。印刷機は子どもたちに産業のさまざまな過程を教えるために導入されたのではなく、パンフレットやポスター、その他学校がつねに必要とする書類を、子どもたちがみずから印刷するために導入された。活字を整えたり、印刷機を回したり、印刷物を取りだしたりするときに子どもたちが見せる関心に加えて、その課業それ自体が、英語の教授において特別な価値をもっていることを証明している。活字を整えることは綴りや句読法、段落わけ、文法の練習のすぐれた方法である。その原稿が印刷されるという事実が、子どもたちの書いた練習から誤りをなくそうという、教師が提供することができない動機をかきたてるからだ。校正作業は同種の別の練習となる。そのような学校では、綴りの一覧表、計画表、学校の書類など、年間に必要な印刷物のすべてをその印刷機で発行している。

　さまざまな学校が、英語の課業を具体的なものとするためのあらゆる種類の実験をおこなっている。教科書による教授法——規則や定義を学んでから、適用のために練習をおこなう方法——は、成功しないことが確かめられてきた。「I have gone.（私は行った）」と正しい形を心に刻みつけるために50回も紙に書いた少年が、それからページの一番下に「I have went home.（私は家に帰った）」〔過去形 went ではなく過去分詞 gone を使うべき文章〕という文ではじまるメモを教師に残していったという話は、教師ならだれでもなじみ深いものだ。英語の課業において目的はかならず必要である。というのも、孤立した文法や綴りの

第4章　カリキュラムの再編成

上達のため〔という抽象的な目的〕では、子どもは自分がもっとも関心をもつことについて効率性が上がることを理解できないからだ。その上達が子どもたちの異なる課業の副産物としてもたらされるときには、事情はかなり異なる。書くための理由を、綴りや句読法、段落わけ、動詞を正しく用いるための理由を与えよう。そうすれば改善は経験の自然の要請となる。インディアナ州のゲーリー・スクール［Gary, Ind., schools］のワート［William Albert Wirt］氏は、このことの正しさを見いだし、州カリキュラムで要求される正規の英語を「英語の応用の時間」で補ってきた。これらの時間においては木工や調理の教科の課業をおこないながら用いられる英語を議論し、さまざまな活動の一部分として書きおこされた作品を言語的観点から正しく直す。これらのクラスで文法上の誤りを正されたある子どもが、「じゃあ、私たちにそう英語で言えばよかったじゃない」と言っているのを偶然耳にしたが、彼女の近くの子どもは「みんなはそうしたけど、みんなが何を言っているのか、私たちのほうがわからなかったんだよ」と応じていた。

シカゴのフランシス・パーカー・スクール［Francis Parker School］や、イリノイ州リバーサイドのコテージ・スクール［Cottage School at Riverside］のようないくつかの学校では、年少の学年にとって英語は分離した教科としては教えられておらず、子どもたちは歴史の授業で作文を書き、遠足やその他の教科書を用いない課業の記録をとる。子どもが自分の考えを表現するための援助に力点が置かれるが、このような課業は書き方について要求されている基本的技術の練習に十二分な機会を保証している。シカゴの公立学校のカリキュラムにおいては、文法はもはや分離した教科としてあるのではない。教師は教室でだれかが語るときにはいつでも、またすべての書き方の練習のときにも、そのなかで文法の授業をおこなっている。

しかし、11歳の子どもに対してさえも、文法を、目的をもった興味深いものにすることは可能である。もし子どもたちが、最後ではなく最初の段階として、分析を通じて自分たちで文法や規則を作りだすことを援助されるのであるならば。これはブリン・モウワー・カレッジのフィービー・ソーン実験学校［Phoebe Thorn Experimental School of Bryn Mawr College］において大きな成功を収めている。文法はカリキュラムのなかには含まれていなかったが、子どもた

ちがたくさんの質問をするので、教師はまず彼らの尋ねた疑問からはじめて、自分たちで文法規則を発見するよう促すことにした。週に2、3回、英語の時間から数分間がこれらのレッスンのために割かれた。3ヶ月目の終わりには、そのクラスは単純な文ならどんな文も分析できるようになり、他動詞と自動詞を区別することもでき、be動詞をあつかう規則に完全に精通していた。文法の授業は子どもたちが好きな授業の一つである。教師と子どもがともに、彼らの練習の助けになる数々のゲームを生みだしてきた。たとえばある子どもが、文法用語で説明された文が書かれた紙を背中に貼りつけられる。クラスの子どもたちはその説明に合った文を作り、はじめの子どもは紙に何と書いてあったのかを当てるのだ。課業のなかで教科書は用いられず、教師は文からはじめ、それを街にたとえて呼ぶのだが、子どもが議論によってそれを単数形、複数形などの街区に分けていくことを援助する。ここからはじめて、彼らは他の文法的規則を進展させる。今日の進歩的な学校における一般的な傾向は、文法の分離した学習を除去することへ、また文法と英語の残りの（文学を除く）課業とを、クラスが学んでいるほかの教科の一部分としていくことへと、向かうものであるように思われる。

　インディアナ州のインターラーケン・スクール［Interlaken School, Ind.］の「少年たちに生きることを教える［To teach boys to live］」という標語は、「なすことによって学ぶ」を異なる表現で言ったものである。このことは、カリキュラムをより生き生きと具体的に表現しようという特別な仕掛けによって、あるいは貯水池とポンプのような時代遅れの子どもと教師の関係をともなっている教科書を廃止することによって達成されるというよりはむしろ、なされるべき興味深い物事に満ちた環境を少年たちに提供することによって達成される。

　〔インターラーケン・スクールの〕校舎は、4、5個の大きな丸太組みの構造を含め、子どもたちによって建てられた。少年たちによって図面が描かれ、基礎が掘られて築かれ、大工仕事と建物のペンキ塗りも彼らの労働によってなされた。彼らによって電気と暖房装置が動かされ、すべての配線やバルブが設置され、修繕もされている。搾乳場と豚小屋、鶏小屋をもつ600エーカーの農場があり、穀物が植えつけられ、収穫される。これらの活動がほとんどすべて子どもたちによってなされる。年長の少年たちは刈取り機や結束機を運転し、年少

子どもたちが校舎を建築する（インディアナ州インターラーケン・スクール）

の少年たちはそれがどのようにおこなわれるかを見ている。建物の内部も同じ方法で生徒たちによって手入れがされている。それぞれの少年は自分の部屋を手入れし、廊下や教室の〔手入れをする〕活動は代わるがわる交代でおこなわれる。泳いだりカヌーを漕いだりするための湖があり、従来通りの運動競技にもたくさんの時間が割かれる。少年たちのほとんどがカレッジ〔大学〕に進学するが、このような戸外の活動や肉体労働があるせいで、街の高等学校に通う少年たちと比べて進学準備により多くの時間を費やさなくてはいけないということにはならない。

　その学校は近隣の村から地方紙を買い、それを4ページ分の地域と学校の週刊ニュースに編集して印刷することもしている。少年たちはニュースを集め、執筆のほとんどと、編集や印刷のすべてをおこなう。彼らはビジネスの経営者でもあって、広告をとり、購読者の一覧表と向き合う。英語科の教師は、必要な援助は何でも少年たちに与える。少年たちはこれらすべてのことをおこなうが、それは自分たちが学校を出てから生活の糧を稼ぐ助けになるような特定の過程を知りたいからではない。道具を使い、ある一つの種類の活動から別の種類の活動へと進み、異なる種類の問題に出会い、戸外での運動をし、自分の日々の必要を満たすために学ぶことは、スキルや自発性、独立心、身体的な強

さ——一言で言えば人格と知識——を育てる教育的な作用をもっているからなのである。

　自然研究の課業は、アメリカ合衆国各地の多くの学校で再組織されつつある。その試みは課業を生き生きとさせるもので、たんに感情に訴える描写や熱狂的な文学ではなしに、現実の科学的知識をともないながら、子どもたちに実際に植物や動物を感じさせられるようにするためである。それは情報収集型の自然研究とも一線を画している。情報収集型は文学型と同様に真の科学ではない。そこでは子どもたちは教師が多かれ少なかれ種々雑多な方法で集めた教材からはじめて、膨大な数の孤立した事実を教わっている。彼らは一つの事実についてのすべてを次から次へと学んでいくが、それぞれはほかの事実や課業の全体的な計画とは無関係なのである。子どもが戸外の世界について膨大な事実を学び終わったとしても、自然そのものがより現実的になったり、より理解できたりするような事実は、ほとんどあるいはまったく得ていないのである。

　もし自然研究が科学へと立ちもどるのだとしたら、その主題についての現実の材料が生徒の手にあるのでなければならないし、実験と観察によって証明のできる研究室がなくてはならない。田舎では自然は学校のドアや窓の外にすぐあるため、このことは容易である。フェアホープやコロンビアの学校についてすでに描かれたような完全な方法で、課業を組織することができる。

　イリノイ州リバーサイドのコテージ・スクールとコネティカット州グリニッチの「森の中の小さな学校 [Little School in the Woods]」は、いずれも自然研究の課業に非常に重きを置いている。前者では、子どもたちは早生と晩生の野菜を植える菜園をもっており、春や秋の調理の授業でその野菜を使えるようになっている。ここでも子どもたちは植えつけ、草取り、収穫というすべての作業をする。より重要なのは動物についておこなう課業である。たとえば彼らは珍しい鳥を飼っていて、それはその学校の生活においてはあらゆる子どもと同じように個性をもっている〔ようにあつかわれる〕。子どもたちはその鳥の世話をし、成長や癖を観察しながら、野生の鳥についてより関心を深めていく。裏庭は子どもたちが一番好きな場所で、彼らが小さなうちから育てた山羊がいて、彼らはその山羊の世話をする作業のすべてをいまでもおこなっている。彼らは学校のペットや森で見つけることができる動物たちを観察し報告することを、

第4章 カリキュラムの再編成

あらゆる方法で促されている。

　グリニッチの「森の中の小さな学校」では、戸外の課業がすべての学校組織の基礎に置かれる。自然研究は、このなかの大部分を占めている。子どもたちのグループはあらゆる季節・気候の森を長時間歩いて、さまざまな姿の木々や、それぞれの季節に芽吹く花を学ぶ。鳥とその生態を理解することを学ぶ。昆虫についても同様に学び、星についても学ぶ。子どもたちは実に多くの時間を戸外で費やすので、彼らは自然界のあらゆる様相についての知識の蓄積を、直接に手に入れている。この学校の校長は、この課業の基礎を〈ウッドクラフト＝森林学［Woodcraft］〉とよぶ。森の住人がしていることに含まれる経験、すなわち乗馬や狩り、キャンプ、見張り、登山、インディアンクラフト、ボート漕ぎなどは、よく発達した人格と自然美についての真の感覚を備えた、強く健康で自立した若者を育てると、校長は信じている。それゆえに、自然研究はこのようなほかの訓練の一部となる。子どもたちがボートを漕いでいるあいだも、歩いているあいだも、庭仕事のあいだも、教師はつねにともにいる。子どもたちが何を何のためにしているのかを説明し、彼らの注意をその事物に向けるためである。その学校にいる子どもたちは、どんなに幼い子どもでも、田舎の子どものなかでも非常に珍しいほど自然に対する知識と理解を有していることは間違いない。

　公園や整然とした街路にしか植物がみられず、配達馬と野良猫しか動物がいないような大都市においての自然研究は、まったく異なる問題を提起する。教師は、子どもたちが自然をまったく見たことのないときには、それを愛するように教える最善の方法に頭を悩ませ、子どもたちが観察するように求められたものが、彼らの生活のどこにもかかわりがないばかりか人工的に作られた環境であるときには、観察力を発達させるよう試みることの価値をも疑わしく思うのだろう。野生の自然、森や野原や小川という世界は都会育ちの子どもにとってほとんど無意味なものであるが、木や牛を見たことのない子どもにも自然を非常に現実的なものとするのに役立つ題材はたくさんある。近代の教師は、鳥かごのカナリア、水槽の金魚、校庭の塵まみれの木といった、クラスに親しみのあるものを出発点として取りあげる。これらのものからはじめて、子どもたちが「田舎」について、そしてすべての人の生活にそれらが果たしている役割

について何らかの考えがもてるようになるまで、自然を次第に導入していく。菜園はほとんどの都市の子どもにとってわかりやすい出発点となる。もし彼らが学校の裏に自分たちの小さな庭園をもっていないとしても、庭園をもっている隣人がいる。あるいは子どもたちは、自分たちが食べている野菜がどこから来て、どのように育てられたのかを発見することに興味をもつのである。

　インディアナポリスとシカゴのいずれの公立学校も、この種の課業が子どもたちにもたらす価値に気づいている。インディアナポリスでは、ガーデニングは第7学年、第8学年と、高等学校における正規の学科である。市は十分な広さの土地を街の中に購入して利用可能にし、家に庭園をもつことのできない子どもはだれでも請求すれば、ガーデニングの理論と実践の授業つきで、庭園の小区画をもつことができる。その小区画は、子どもたちが意義ある経験をし、教室で学んだことを実践に移すだけの十分な広さがある。少年も少女も庭園をもち、他の課業と同様にそこでの作業について評価を与えられる。学校制度全体を通して、ガーデニングへの興味を喚起するようなあらゆる企てがなされている。第1学年から、家に庭園をもっている子どもの数の統計が記録されている。野菜の庭園なのか、花の庭園なのか、何が育っているのかと。新しいものを育ててみたい子どもには種が配られ、彼の学年に自分の庭園での使用の仕方を説明することを求められる。

　この課業は多くの田舎の学区においては当たり前のものになってきている。南部や西部の学校の子どもたちには「トウモロコシクラブ [corn club]」はなじみ深いものであるし、子どもたちが土壌の将来性にもとづいて農家を配置したすばらしい例もある。たくさんの小さな街において庭園を求める子どもに種が配られ、秋には花と野菜の品評会が開催される。そこでは課業の道筋を維持するため、そして共同体の関心を引きおこすために賞が与えられる。これらの努力のほとんどは、作物を改善して近隣の富を増やそうとする地域の農業的関心を、学校へと接ぎ木したものだというのは事実である。しかし地方教育委員会はその仕事を引きうけつつあるのであって、この功利主義的な色彩によって、まさにそれは現実の自然研究の課業であると言える。それは自然研究を現実の科学にする方法かもしれない。それはけっして、旧式の学習の対象であった自然の美や有用性を教えることの妨げにはならない。それは実に、学校がこの目

都市部の自然研究のための現実の庭園。(インディアナポリスの第45公立学校)

的に用いることのできる最強の武器なのである。人はすべて、子どもはとりわけ、それについての自分の知識の蓄えがもっとも大きい物事をもっとも楽しみ、関心を払う。物事の真の価値は、それについて何かしら知っている人にこそあきらかに見えるものだ。生長していくものや人間の食料供給の科学に対する親しみが、勤勉や観察の習慣に大きな影響を与えることは間違いない。庭園のあらゆる段階や状態を、つねに原因を探しながら注意深く見ていた園芸師だけが成功するからである。さらにこれは、若者に農業従事者やその仕事への真の尊敬を育て、その尊敬は過密都市への人口の流入に歯止めをかけるものとなりうるという純粋な経済的価値ももっている。

　シカゴの公立学校での課業はインディアナポリスの課業ほどには組織されてはいないが、市内のいくつかの地区においては庭園を通した自然研究に大きく力点が置かれている。多くの学校が、すべての子どもが現実のガーデニングをおこなう機会を得られる学校庭園をもち、これらの学校庭園は自然研究の課業の基礎として用いられ、さらに子どもたちは科学的なガーデニングの指導も受ける。その課業は市民的目的を与えられている。つまり、子どもに、そして近隣に、庭園の価値が証明される。子どもにとっては野菜で金を稼いだり、野菜を家族の生活の足しにしたりする方法としての価値であり、共同体にとっては、

庭園が近隣を清潔にし美化する方法であることを示すことによって証明される。庭園のための裏庭や空き地をほしがる住民は、そこにごみを投げいれたりはしないだろうし、他人がそうするのも放っておかないだろう。ある学校の周囲の道で、この課業は違いをもたらした。子どもたちの興味と努力にはじまって、共同体全体が、利用可能なあらゆる小さな土地を使って庭園をはじめることにおおいに興味を示すようになった。そこは貧しい地区であったが、〔整備されていなかった〕裏庭を一変させたことに加え、庭園は人びとにとって現実に経済的助けとなった。一つの学校の助けによって、地区の大人たちのグループが市外に広大な土地を借り、広大な庭園をはじめたのである。その実験は大きな成功を収めた。ガーデニングを経験したことのない市の住民は、学校が提供できる指導の機会を優先的に得られ、ゼロから計画を立て、課業をおこなって、庭園を成功させることができる。学校の利益は非常に大きなものであった。というのは、外国人の親たちの大きなグループが緊密な連絡を取ってくるようになり、彼らが学校を近隣における実質的な力であり、協力しあえるものだ［cooperate］と実感したからだった。この層の住民は、臆病さや無知、あるいはたんにそれは自分たちの理解を超えた制度だとの感情から、通常は子どもたちの通う学校とは遠く隔たっているものである。

　シカゴにおける「市民の自然学［civic nature study］」の推進力は、いま描きだした地区のものとは別に、シカゴ教員養成校［Chicago Teachers' College］からくるものであり、そこでは生物学の教師がとくにこの問題を解決することに専念してきた。なじみのあるガーデニングのワークに加え、市場向けのガーデニングの組織にも特別な注意を向けながら、美への理解を発達させ、科学的な実例とし、地理学の助けとする目的で、教室のなかで植物が育てられる。しかし、その土地の状況への特別な考慮と、子どもたち自身の環境を美化することへの刺激を与えるというねらいにもとづいて、植物は選ばれている。というのも、植物学の科学的原理は、抽象的な科学的根拠にもとづいて選択された標本によって教えられるのと同様に、家庭での使用に適するような植物を育てることによっても教えられるのだということが見いだされるのだ。公園や運動場やその周辺の庭について特別な学習をすることによって、子どもたちは彼らの都市を美化するために何ができるかを学び、情報を獲得しようというさらなる実

践的な動機を確実に手に入れる。彼らは白ネズミ、魚、鳥、ウサギといったペットを教室で飼っている。これらはもちろん動物の構造や生理学の原理を例証するために役立てられるのであるが、それらはまた動物に対する優しさや、動物の生命への一般的な共感をも教えてくれる。子どもたちは植物よりも動物の方に自然に強い興味を示し、動物たちはそれぞれのニーズを考慮しなくてはいけないような真の個別性を子どもたちに示すので、このような優しさや共感を教えるのは簡単である。ペットの健康や成長力に対する環境の影響はよく知られたことであり、個人の衛生の問題への関心が自然に育っている。

　自然研究は科学の要素を浸透させるのに用いられている一方で、その主要な使われ方は生活における植物や動物の役割への共感的理解を育むことと、情緒的・審美的な関心を発達させることにあることもわかるだろう。より大きな都市では、田舎の生活や地方の村とは状況がまったく異なる。セメントやブロックが地面の自然な覆いだと信じ、彼らにとっては木や草が普通でなく人工的なものである、そんな子どもたちが何千人といる。彼らはミルクとバターと卵は店からやってくるという事実以上の考えはもたない。牛や鶏は彼らの知らないものである——そんな具合なので、ニューヨークの過密地区で古い入植者たちが最近集まったときにもっとも物珍しかったものの一つが、地方から連れてきた生きた牛だったのだ。そのような環境のもとでは、生きた関心として自然研究の科学的問題を形作ることが難しい。そのなかに事実や原理が当たり前に入っているような子どもたちの経験という状況が存在しないのである。気候でさえ調節され、冬により暖かく過ごす必要性を除いては、季節変化の過程はもはや子どもたちの生活に特別な影響をもたらさなくなっている。都市の自然研究は、絵画や音楽のような芸術科目の一つのようである。その価値は直接的に実践的なものであるよりは、審美的なものである。自然は子どもたちの活動においてとても小さな要素となっているので、市民的目的への展開を除いては、そこに十分な「学科の［disciplinary］」価値を与えることが難しい。このような状況への漠然とした感じが、都市部の学校でおこなわれている場当たり的で熱心でない自然研究の教授の多くをおそらく説明するだろう。都市の子どもたちにとっては、田舎の子どもたちの事例では達成されていたような、自然の事実を観察するに足る題材を見つけることが深刻な問題なのである。

この目的のための価値ある実験が、ニューヨーク市のもっとも過密な地域の一つに位置する、プラット［Caroline Pratt］嬢のプレイ・スクール［Play School］でおこなわれている。ここでは、自然研究は小さな子どもたちにはまったく教えられていない。彼らが公園に行ったり、ペットを飼ったり、花を植えたりするのは、それがよい遊びの題材であり、それは美しく興味深いものであるからである。子どもたちが質問をしたり、それらについてもっと知りたいと思うならば、なおよいことである。子どもたちに葉や草、牛や蝶について語って聞かせたり、それらを観察する希少な機会を探したりする代わりに、子どもたちが通りや家庭で目にする多数のものが用いられる。通りに建てられる新しい建物は、公園と同様に観察や問いを引きおこすものであり、子どもたちにとってはよりなじみ深い光景でもある。彼らは、大人たちがどのようにブロックやモルタルを上の階に運ぶのかを発見する。砂のカートが降ろされるのを見る。運転者が船から砂を取りに川に行ってきたことを知っている子どももいるだろう。通りを抜けていく配達人に注意を向け、彼らが母親にパンを買った場所を見つける。彼らは運動場の子どもたちを見て、遊ぶことで得る楽しみのほかに、遊びが体によいことも学ぶ。彼らは川まで歩いて行き、フェリーが往復して人びとを運び、石炭船が積み荷を降ろしているのを見る。これらの事実はすべて、田舎の生活に関することよりも、より身近に彼らにかかわっている。こうして、彼らが自分たちの生活に対するそれら事実の意味とかかわりとを理解することはより重要であり、それと同時に、観察の鋭さもよく訓練される。そのような課業も、子どもたちが後ほど学ぶことになる科学や地理学のための基礎として、同様に価値のあるものだ。それは彼らの好奇心と観察力を呼び覚ますだけでなく、後の学習が説明するはずである社会的世界の構成要素を、彼らに示してくれる。

　ミズーリ州のコロンビアにある小学校は、これと同じ原理によってカリキュラムを配列している。子どもたちが用いて研究する自然からの題材は、すべて彼らが学校や家庭の近くで見つけられるものであり、彼らの季節と天候の学習は、コロンビアの毎日の天候と季節の変化から構成されている。より重要なのは子どもたちが彼らの町、食べ物、衣服、家についての研究でおこなう課業なので、その研究の基礎は教師によって与えられる指導ではなく、遠足に行って、

しっかり目を見開いて観察することで彼ら自身が発見できたことである。その題材は彼ら自身の生活とのかかわりを生み、それゆえに、子どもたちにどのように生活するかを教えるのにとても有用である。都会育ちの子どもにそのようなことを教える理由は、田舎の子どもにガーデニングの要素とその土地の土壌の可能性を教える理由と同じである。みずからを取りまく環境を理解することによって、子どもであろうと大人であろうと彼を取りまく美や秩序の表れを学び、真の達成に対する尊敬を学びながら、環境をみずから制御するための土台を築くことができるのだ。

第5章　遊び

　いつの時代のいかなる人びとであろうとも、子どもの、とくに幼い子どもの教育の大部分を遊びとゲームに頼ってきた。遊びは自発的で必然的なものなので、実践のなかにそれが果たす役割を理論に結びつけたり、子どもの自然な遊びの活動が学校の壁のなかに適用できる示唆を生みだしているかどうか、そのことを見いだそうとした教育学の著作者はほとんどいなかった。古代においてはプラトンが、近代においてはフレーベルが偉大なる二つの例外である。ルソーとペスタロッチの両方から、フレーベルは自然的発達としての教育の原理を学んだ。しかしフレーベルはこの両者とは異なって、知的システムを愛し、神秘主義的な形而上学を好んだ。それゆえに、私たちは彼の理論と実践に、ペスタロッチについてすでに見たのと同様の非一貫性を見ることができる。

　自然的発達について述べることは、それを確かにする方法を見つけることよりも簡単である。子どもにとっては「自然 [natural]」でも、大人が自然に不快に感じるようなものはたくさんある。成長の助けにまったくならないように見えるあらわれは多い。すべての領域に適用でき、最終的にはどのような教師も用いることのできるような方法を切望する思いが、他の多くの人と同様に、フレーベルをも次のことへと導いた。すなわち、さまざまな子どもたちの多様な環境や経験にかかわらずしたがうことのできるいわゆる発達の「法則 [laws]」を作りあげることである。伝統的な幼稚園は、しばしばフレーベル本人以上にフレーベル主義であるのだが、これらの法則にしたがっている。しかしいまや私たちは、彼の言葉にいくぶんかの革新的な変更を加えつつも彼の教授の精神へと立ちもどろうとする企てを見つけることができる。

　フレーベル自身の子どもたちへの共感と個人的経験が、子どもの生活の本能の発露を強調することへと彼を導く一方で、彼の哲学は、自然的発達とは子ど

もの内部にすでに折りこまれた [enfolding] 絶対的で普遍的な原理を展開する [unfolded] ことだという信念に彼を導いた。外部の物質の一般的性質と、精神の折りこまれた本質とは、両者とも同じ絶対的な実在のあらわれであるために正確に対応するとも、彼は信じていた。二つの実践的結論が生みだされ、それは子どもたち自身のための、彼の子どもに対する興味にもしばしば勝った。結論の一つは、発達の法則は一般的に規定することが可能であるので、自然的発達が何に依存するかを調べるために具体的に子どもたちを研究するのは、結局のところそれほど重要ではないということである。もし彼らが普遍的な法則の求めるものから多様に異なるならば、それは「法則」にとってではなく、彼らにとって悪いものだということだ。教師たちはすでに発達の完璧な公式を手に入れたように見えた。もう一つの結論は、すでに描いた公式にもとづき、外部の素材の提示や操作が、適切な発達を保証する詳細な方法になったことだ。これらの対象の一般的な関係、とりわけ数学的なそれは、発達の背後にある普遍的原理のあらわれであるために、子どものなかにある同様の原理の隠された存在を明るみに出す最善の方法を形作った。子どもたちの自発的な遊びでさえ、それ自体が直接的に何であるかによってではなく、何らかの普遍的な存在の法則を象徴しているために、教育的であると考えられていた。たとえば子どもたちが輪になって集まるべきなのは、円形に集まることが社会的、実用的な目的のため便利だからなのではなく、円というものが子どもの魂に潜在する無限の存在を想起させうる、無限の象徴であるからなのだ。

　上述のようなフレーベルの精神に立ちもどろうとする運動は、彼の貢献のなかで最善のものを保持することを試みてきた。素材の構成的な使用を含む遊びや演劇化、歌、物語ることを彼が強調したこと、子どもたちのあいだの社会的関係の重要性に対して彼がもっていた深い理解——これらはそうした運動が保持している不変的貢献である。しかし彼らは、フレーベルの時代以来の心理学的知識の進歩という助けと、社会的職業において起こった変化という助けによって、これらの要素を、真実だとしても高度に抽象的な形而上学へ変換することを通して、間接的でなく直接的に活用することを試みている。別の観点から言えば、彼らは、フレーベルの多数の弟子がおこなった彼の考えの改変に反対し、フレーベル自身への回帰をおこなっている。これらの追随者たちは、遊び

と役に立つ活動や作業を鮮明に対比し、そのことによって彼らの幼稚園での実践を、そうでない場合の実践よりも象徴的で感傷的なものとしてきた。フレーベル自身は、社会的仕事を子どもたちが分けもつことの望ましさを、まさにペスタロッチと同じぐらい強調している——フレーベルはペスタロッチの学校を訪れていたのだ。たとえば彼はこう言っている。

> 若く育ちざかりの人間は、早いうちから、外的な課業のために、創造的で生産的な活動のために教育されるべきである。作業を通じた、作業による授業は、生活を通した生活からの授業であり、それ自体として、また学習者への効果において、もっとも印象的でもっとも理解しやすく、もっとも継続的で発展的なものである。すべての子どもが、少年も若者も、彼の生活における立場や状況がどんなものであろうとも、少なくとも1日に1、2時間は、一定の外部の作業の一部を構成している真剣で活動的［active］な仕事にあてるべきである。それは従来の勉強時間と同じように活動的に作業する時間を洗練させるための、学校におけるもっとも有益な編成となりえようし、確かにそのようになるだろう。［訳注5］

最後の文のなかで、私たちが本書であつかってきたようないくつかの学校において達成されてきたことについて、フレーベル自身が真実を予言していたのだった。

いまやアメリカ全土の学校が、正規のカリキュラムの一部として、組織されたゲームを用いたり、おもちゃ作りをしたり、その他の遊びの主題にもとづく構造を使うことによって、子どもの遊びの本能を利用しようとしている。これは、高学年において現在進行している、教室外の子どもの環境を利用することによるカリキュラムの活性化とも調和している。もし学校に自由時間の仕事を取りいれることを通して、もっとも効果的な授業を子どもたちに与えることができるなら、もっとも幼い子どもたちにとって作業の大きな部分を占める遊び

［訳注5］ Friedrich Froebel. *Froebels kleiner Schriften zur Pädagogik*. Leipzig: K. F. Koehler. 1914.

を利用することはきわめて自然なことだ。確かに非常に幼い子どもたちは、生活の大部分を、遊びや、年長の子どもたちから学んだり自分たちが発明したりしたゲームに費やしている。後者は通常、年長者の仕事の模倣のかたちをとる。小さな子どもたちはみな、家や、医者や、兵隊の遊びを、それらのゲームを示唆するおもちゃが与えられていなくても考えだす。遊びの楽しみの半分は実に、必要なものを発見し、作ることからくる。この遊びの教育的価値はあきらかである。それは子どもたちに、彼らが生きている世界について教える。遊べば遊ぶほど彼らの小道具一式も洗練されていき、ゲーム全体がその設定において、衣服や、言葉づかいや、子どもを育てることなど、かなり正確に彼らの両親の日常生活を描く。彼らはゲームを通して大人の世界での仕事［work］や遊びについて学ぶ。この世界を作りあげている要素に気づき、さらに、おこないつづける必要のある行為［action］や過程について多くのことを見いだす。

　これは、いかに生きるかを子どもに教えることの真の価値である一方で、あきらかに、変化に対する大きな影響を同様に供するものでもある。模倣的遊びは、習慣の訓練によって、そして子どもの注意と考えに対してそれらが与える転換によって、子どもの生活を両親の生活の複製とする傾向がある。ままごとのなかでは、子どもたちは最善のこととして、年長者の下品さや、失敗、偏見を模倣しがちである。遊びにおいては、たんに無関心に生きているときよりも、彼らを取りまく人生のいろどりすべてに注意深く気づき、記憶と習慣にそれらを刻みつけていく。それゆえ模倣的ゲームは、子どもに自分の環境や、おこないつづける必要のあるいくつかの過程に気づくことを教える点において大きな教育的価値をもつが、その一方で、もし環境がよいものでない場合には、子どもは悪い習慣や誤った考え方、判断の仕方を学ぶ。そのやり方は、遊びのなかで実践にうつされ刻みつけられたことによって、壊すことが非常に困難なものとなる。

　近代の幼稚園はこのことにますます気づきはじめている。彼らは遊び、すなわち子どもたちが学校外で遊んでいるのを見かける類のゲームを、たんに子どもたちに課業に興味をもたせる手段としてだけでなく、そのゲームが含む活動の教育的価値のために、そして子どもたちに毎日の生活についての正しい種類の理想と考えを与えるために用いている。学校で、ままごとやそれに似たゲー

体育のエクササイズをする代わりに街を作る（ニューヨーク市のティーチャーズ・カレッジの運動場）

裁縫の授業で作った衣装を着て体育館でおこなうダンス（シカゴのホウランド・スクール［Howland School］）

ムで遊ぶ子どもたちは、また遊ぶためのおもちゃや遊びのなかで必要なものを作る材料をもっている子どもたちは、学校で遊んだ方法で家でも遊ぶだろう。彼らは家庭で見る騒々しくて粗野なものをまねることを忘れるだろう、〔また〕彼らの注意は、よりよい目的や方法を教えるために学校によってデザインされた問題へと向けられるだろう。

　コロンビア大学ティーチャーズ・カレッジ［Teachers College of Columbia University］の幼稚園は、フレーベルの弟子たちの作りだした指導の仕組みを思いうかべている訪問者には、まったく幼稚園として認識しがたいものだろう。その幼稚園は大学の養成学校の一部分であり、最初から学校制度の真の一部、教育の最初の段階として考えられており、不要な「余分なもの」としてはまったく考えられていない。高等教育のための永続的な基礎を築く観点から、関係機関は、現在の教育システムのなかで、そして彼ら自身の実験のなかで真に価値のあるものを何でも利用するようなカリキュラムを発展させてきた。真に価値があるのは何なのかを見つけるために実験がおこなわれ、それは以下のような問いに答えることをねらいとしていた。

　　あきらかに無目的で無価値なその場かぎりの子どもの活動のなかから、広く認められうる価値という目的への出発点として用いられるものを発見することは可能だろうか。これらの荒削りな表現のなかで、もし適切に方向

づけられれば芸術や工芸の出発点へと発展するものがあるのだろうか。子どもの独立性と自由の保護には、どれだけ自己発生的な活動を必要とするのか。教師が子どもたちの成長の状態に合うように、十分に子どもらしい問題や目標を設定し、それが自己発生的な問題や目標に付随するのと同じすばらしい熱中をもって子どもたちが採用するようなものとなることは可能なのだろうか。

結果として、子どもの本能的活動が社会的興味や経験と結びつけられたときに、最大の成功がもたらされることがわかった。後者の中心は、幼い子どもに関しては、彼らの家庭のなかにある。彼らの個人的な関係は彼らにとって最大の重要性をもっている。子どもたちが人形に熱烈な興味を示すのは、人間関係にともなう意義を象徴するものである。こうして、人形は好適な出発点を提供した。これを動機として、子どもたちは無数のことをしたいと思い、作りたいと思う。こうして手仕事や構成的作業は実際的な目的を獲得し、その子どもに問題を解決させることを要求するという利点も付け加わる。人形には服が必要になる。クラス全体が服を作りたいと思うのだが、その子どもたちは縫い方を知らず、あるいは布の切り方さえ知らない。そのため彼らは紙とはさみからはじめて、型紙を作り、自分たちの人形に合わせて仕立て直して実験する。教師から受けるのは示唆や批判のみである。彼らはうまく型紙を作りあげると、布を選んで切り、そして縫うことを学ぶ。たとえその衣服が完全に思い通りのものにならないようでも、クラスは、紙を切り、針で刺し、縫うことを旧来通り練習し得られるのと同じだけ、はさみや紙や針を上手にコントロールすることや、手先の器用さを獲得した。しかしそれに加えて、クラスはそれを作ることをとても楽しみ、最終的な目標に向けた作業から引きだされる訓練をしたのだ。

人形には家が必要である。部屋の隅には大きなブロックの巨大な収納箱があり、家はとても大きいので建てるのはクラス全体でおこない、1日では完成しない。壁や屋根にするための板のような平らで長いブロックや、基礎や窓枠にするための四角いブロックがある。家ができあがったら2、3人の子どもが入って人形で遊ぶのに十分な広さがある。実際に立ち、このような使用にかなう家を作るために、多大な考察と実験が費やされたということはだれが見てもす

ぐにわかる。そして家には家具が必要である。子どもたちはテーブルや椅子やベッドを木のブロックや薄い板から作りだしながら、道具のあつかいを学ぶ。テーブルに脚をつけることはとくにクラスにとっておもしろい問題で、彼らは何度も何度もそれをするための方法を自分たちで発見してきた。人形の家族のための皿は、粘土の成型と装飾の動機を喚起する。人形に服を着せたり脱がせたりすることは子どもたちがけっして飽きることのない仕事で、ボタンを掛け外ししたり、ネクタイを蝶結びしたりすることのすぐれた練習となっている。

1年の季節変化や彼らがもちこんだ戸外のゲームの推移は、子どもたちの実際的な必要に応じた生産に向けて、異なる動機を高めた。彼らは春にはおはじきやコマを、秋には凧をほしがる。一方、ワゴン〔おもちゃの四輪荷車〕の需要は一つの季節に限られない。子どもたちは可能なかぎりいつでも、自分たちの問題を解決することを許されている。もしおはじきがほしいなら、彼らはそれがみんなにうまくいきわたるよい方法を見つけるまで実験するし、一方で全体の過程があきらかに彼らの手に負えないほど困難であることを彼らがしようとしているならば、援助がおこなわれる。しかしこの援助は、順番に各段階でどうすべきかを指示するようなかたちを取ることはけっしてない。それは、課業の目的は子どもの自発性と自立を訓練することであり、自分の問題に取りくませることで理路整然と考えることを彼に教えることであるからだ。年長の子どもたちが作る小さなカートは、もし自分たちで計画し材料を形作ろうとするならば彼らの手には負えないが、のこぎりで切られた板と車輪のための丸い部品を与えられれば、彼らはそれらを組みあわせる方法を試して見つけ、使い物になる小さなワゴンを作ることができる。おはじきを入れるバッグや、人形の家具の色塗りや昼食後の皿洗いのときに服を守るエプロンも、裁縫のためのさらなる機会を提供してくれる。

子どもの興味は、個人としての人形の必要から、家族の必要、そして共同体全体の必要へと自然に発展する。子どもたちは、紙の人形や箱で自分の人形の家を作って家具を整える、それらが集まって村全体となる。クラス全体が、砂テーブルの上に、家、道路、フェンス、川や木、庭園のための動物を使って、町を作るかもしれない。実に、子どもたちの遊びは、学校の年間の時間で設けられているよりも多くの、ものづくりへの機会を提供する。この構成的作業は、

第5章　遊び

　子どもたちがよいゲームに対していつもみせる興味と熱中で彼らを満たすだけでなく、彼らに作業の有用性を教える。人形や彼ら自身のゲームの必要を満たすことで、彼らはミニチュアにおいて社会の必要を満たし、社会がこれらの要求を満たすために実際に使う道具をコントロールできるようになる。少年も少女も、裁縫や人形遊びや、おはじき作りや大工仕事であっても、これらのあらゆる仕事に同じように興味を示す。あるゲームや仕事は男子向きのもので別のものは女子向きであるといった考えは、既存の大人の生活の状況を反映したものとして生じた完全に人為的なものである。少年にとって人形が魅力的なものでなく、彼の妹にとっては適切なおもちゃだが彼にとってはそうではないという考えは、だれかが彼の頭にそのような考えを植えつけるまでは生まれない。
　この幼稚園のプログラムは、もっぱら構成的遊びにのみあてられているわけではない。それらは、折り紙、針で刺すこと、縫うことや、旧来の幼稚園の実物教授の課業の代わりにおこなわれているが、グループでのゲーム、お話や歌と同様に、おもちゃを試したり戸外の小さな庭園の世話をしたりするのに費やす毎日のたくさんの時間はそのままになっている。
　ティーチャーズ・カレッジの運動場では、幼稚園を運営する同じ教師たちによって、遊びの動機の興味深い利用が試みられている。年少の学年が放課後に使うための戸外の運動場がある。そこで子どもたちは、体育のエクササイズやグループでのゲーム遊びをする代わりに、町を作っている。彼らは大きな荷造り用の箱を家や店のために用いて、2、3人の子どもがそれぞれ手入れをしている。そして電話、郵便や警察のサービス、貨幣を鋳造する銀行、現金が循環しつづけるための工夫された政策をもった、非常に洗練された町の組織を作りだしてきた。家を建てたり修繕したり、ワゴンや家のための家具を作ったり、二つある店のための在庫品を作ったりと、多くの時間が大工仕事に費やされる。その課業は運動場で通常おこなわれる種類のものとほとんど同様の身体の運動を提供している。それは子どもたちをより効果的な方法で忙しく楽しくさせるが、それというのも、彼らは戸外での健康的な遊び〔をおこなう〕だけでなく、共同体において価値や責任のある役割を受けもつことを学んでいるのだ。
　同じ方向性をたどっている幼稚園が、ピッツバーグの市立大学の一部として存在する。それは「子どもの学校 [School of Childhood]」と呼ばれ、子どもの健

康的な身体の発達を強調している。課業は子どもの自然的興味を中心とし、あきらかにティーチャーズ・カレッジの幼稚園ほどには構成的作業はおこなっていない一方で、個人的な遊びをより多くおこなっている。著者はその学校を訪問していないが、それは教育的実験に関心あるものならばだれでも示唆を受けるようなたくさんの要素を含んでいるように思われる。

　ニューヨークでプラット嬢によって経営されている「プレイ・スクール」は、幼い子どもの遊びの活動の周りにあらゆる作業を組織する。プラット嬢の言葉を借りれば、彼女の計画は以下のようなものだ。

> 子どもに自身の共同体における生活の筋道に気づかせ、自身が得たものを個別の方法で表現する機会を与える。実験はそれ自体が直接的な題材を得ることにかかわっている。子どもはそこからはじめられるようなたくさんの情報をもち、日々増やしていると考えられ、より関係づけられた方法で情報を手に入れられるように彼の注意を方向づけることが可能だと思われる。そして実験は、描画や演劇化、話し言葉など普遍的な方法を通して自己表現することにもかかわるが、それと同様に、関係あるおもちゃやブロックを用いた個別の遊びの構想にそうした情報を適用することともかかわっている。

　この子どもたちは幼稚園に通うような年齢で、真の活動のための機会が限定されている家庭からやってくる。それぞれの子どもが、彼の活動が本当に独立したものとなるよう十分に間仕切りされた絨毯敷きのスペースをもっている。部屋のなかには、子どもたちが遊びのなかで必要なものを作ったり改造したりすることができる小さな作業場がある。道具は実物大で、寄せ集めの木切れが使われる。部屋の周りの食器棚や棚のなかには、おもちゃ、大小のブロック、粘土、布の切れはし、針と糸、そしてモンテッソーリ教具のセットといった、あらゆる種類の材料がある。それぞれの子どもが自分のはさみ、紙、絵の具、鉛筆をもっていて、彼の選んだ素材もすべて自由に使ってよい。彼は自分の作りたい独立した対象を選んでもいいし、鉄道の路線と駅、人形の家、小さな町や農場など何らかのより大規模な建造物を計画してもよく、そして手にした素

自分たちの周囲に見えるものをミニチュアとして構成する。
（ニューヨーク市のプレイ・スクール）

材から彼自身の考えを実行する。一つの活動はしばしば数日にわたって続き、小道や標識、人形のための粘土の皿、家具や新しい服といった、多数の派生的な構成物を含む。教師の役割は子どもに手順や道具の使い方を教えることであり、それもあらかじめ決められた尺度によってではなく、建設していくなかで必要になったときに教えることである。教師は、個人の弱点や能力を見極めて、適切なときに抑制したり刺激したりできるあらゆる機会をもっている。子どもたちは素材の操作を通して運動の制御に長けていくが、それに加えて、絶えず自分たちの創造力や自発性を伸ばしていく。

　数の活動の要素はこうした建造物と関連して教えられる。そして子どもがほかの活動との関連で文字やサインを作りたいという願望を表明する場合には、彼は手助けしてもらえるし、やり方を教えてもらえる。用いられるおもちゃは非常によいものである。約半インチの厚さの平たい木の人形で、男性、女性、子どもがあり、どんな場所にも置けるよう接合部が折れるようになっている。人形に合うような、あらゆる種類の農場の動物や、2、3種類の小さなワゴンがある。家や橋が倒れないように木のくぎで結合された多数の大きなブロックがある。自由だけではなく効果的に素材を用いることができるよう、すべてのものがもっともシンプルな計画にもとづいて頑丈に作られている。一つひとつの成功は、新しいより複雑な努力の刺激となる。そこではいい加減に作られたものによって邪魔されることはない。子どもたちはおもちゃを自分たちで管理し、もちだすのも片づけるのも自分たちでおこなっている。彼らは教室の手

入れもし、午前中の軽食も自分たちで給仕する。この活動で作られるものはほとんどいつも子どもたちが共同体でみるものの縮小版コピーであるが、この事実によって、活動において〔教師からの〕作為的なヒントは不要となる。子どもたちの建造したものは、上述したような観察（第4章末）から生まれて、すでに見たものを語ることや、より詳細で正確な新しい観察をおこなうことに対する動機を与える。

　子どもたちの遊びに対する自然な欲求は、もちろんもっとも低い学年において最大限に生かされうるが、学校が高学年で利用することができる遊びの本能の要素が一つある——すなわち、演劇化への本能、行為における空想への本能である。すべての子どもは自分以外のだれかや何かのふりをすることが好きであり、それが示唆する動きを体験することによって状況を真のものにすることが好きである。抽象的な考えは理解するのが難しく、子どもはけっして本当に自分が理解したのかどうか確信をもつことができない。彼にその考えを実行してみることを許すといい。そうすれば、それは彼にとって真のものとなるか、そうでなければ彼の理解が欠如していたことがなされたことのなかであきらかになる。行為は理解のテストである。これは、なすことによって学ぶことが、聞くことによって学ぶことよりもすぐれた方法であるということを単純に言いかえたものである——上述した演劇化の課業との相違は、子どもが学んでいることのなかにある。子どもはもはや、成功という結果に向けて行為にうつすために事物が必要とされる場面で素材をあつかうのではなく、それを真のものとするために行為を必要とする考え［idea］をあつかっているのだ。学校は教授をより具体的なものにするために、あらゆる違った方法で演劇化を利用する。年長の子どもたちには、演劇化はおもにその言葉の厳密な意味において用いられる。つまり、子どもたちを芝居のなかで行為させることによって、英語や歴史をよりリアルにするための方法として、あるいは単純にその課業の感情的、想像的な価値のために用いられている。小さな子どもたちには、演劇化は歴史や英語や、読み方や算数の教授のなかで助けになるものとして用いられ、しばしば他の活動形態と結びつけられる。

　多くの学校が、とりわけ低学年において、さまざまな教科の最初の段階を教える助けとして演劇化を用いている。たとえば第1学年のクラスは、読み方の

第5章　遊び

正規の授業であつかう題材を、子どもそれぞれが物語に登場する動物や人の役になって演じる。これは全体としての状況という考えを備えており、読み方の授業はばらばらの単語やフレーズを努力して理解し発音するだけのものではなくなる。そればかりでなく、もし孤立した物事として出会っていたら子どもたちを萎えさせてしまうような難しい表現の使用法にも、状況への興味が子どもたちを動かし、注意を向けさせてくれる。演劇的な要素は、読みの表現的な側面において大きな助けとなる。教師はいつも、子どもたちを「自然に」「普段話すように読む」ように促さなければならない。しかし子どもが教科書のなかに見たものにコミュニケーションへの動機を感じないときには、子どもは教師も教科書をもっていて自分よりももっと上手に読めることも知っているので、その自然ささえも強制された人工的なものになる。単調でだらだらした口調から離れた子どもが、いかにしばしば表面的で息苦しそうな種類の活発さや、見せかけの元気さのみを誇示することを学んでしまうかということは、すべての観察者が知っている。演劇化は、聞こえるのに十分な大きさの声を出してはきはきと明瞭に発音しようとする自発的な努力と、テキストの考えへの注意との双方を、見せかけや自意識から守り、確保する。同様に子どもたちは、たんに学校のルーティンの一部として何かを復唱しているよりも、起こっている行為を自分たちで視覚化することに導かれたときに、より効果的に物語ることができる。子どもたちは行為や姿勢をとることをともなうシーンを描きだしているときに、事前に行為することが大きな助けになることを見いだす。体のポーズにおいては、ポーズをとることをすでにやったことのある子どもは、たんに見ていただけの子どもよりももっとよく描けることに気づく。彼は状況についての「感じ [feel]」を得たのであり、それはその後の再構成において手や目にただちに影響を及ぼす。低学年では、子どもたちが算数の具体的な問題でつまずくときに、状況の「行為化 [acting out]」に頼ることがあらゆる必要な援助を供給しているのが頻繁に見うけられる。真の困難は数にあるのではなく、その数が用いられている状況の意味をとらえるのを失敗することにあるのだ。

　上級の学年では、すでに示したように、文学や歴史がしばしば演劇の活動によって促進されている。白雪姫の演劇に取りくんでいるインディアナポリスの第6学年は、たんに言葉やト書きでなく、歌と音楽も創作する。通常は独立に

追求されがちである学習の一つの目的へのこうした集中が、それぞれの活動を刺激する。作文がそれ自体目的になっているときよりも、文学的表出は単調でなくなり、考えを表現にうつすのもより慎重に柔軟になる。そして音楽はもちろんそう目覚ましいものとはならないが、たんに作曲をした場合に得られるものを大きく上回る新鮮さと魅力をもったものを、同じ子どもたちからほとんどいつも引きだすことができる。

　第 2 学年では、靴屋が数日のワークの基礎を提供していた。子どもたちは店を開き、靴屋の店員を務める子ども、靴職人の子ども、そして靴を買いに行く家族になる子どもを選んだ。それから彼らは、靴を買いに店に行く母親と子どもの物語を演じた。算数と英語の授業はこの店にもとづいておこなわれ、クラスはそれについての物語を描いた。同じクラスが、10 になる数字の組みあわせについての小さな詩を単純な節で歌い、演じた。同じ子どもたちが、通常の第 2 学年で見られる課業を大きく超えるような暗算の問題をこなし、74 と 57 といった数をほぼ瞬時に足し算した。演劇化の課業をほとんどおこなっていなかったならば、彼らはおそらくこれほど早く進まなかっただろう。演劇化の課業は、彼らの抽象的な問題をリアルなものとした。ボールドウィン夫人の靴の問題を解くなかで、彼らは数を何らかの意味と目的をもったものとして考えるようになった。このため、純粋な数として問題が与えられたときには、彼らは〔その数についての情報が〕与えられていないことや、〔その数の〕不確かさのせいで、その問題にアプローチできなかった。ある第 5 学年は、小包郵便局を導入した。通貨や切手を作り、小包を学校にもちこんで、それから郵便局を演じた。二人の少年が郵便局員となり、小包を量り、郵便料金を調べて、客におつりを渡した。度量衡の表は言葉で書くことをやめて記憶できるようにし、地図についての相談が必要になり、掛け算の表も必要になった。行動を成功させるために必要な制度と秩序が、はっきりと印象づけられている。

　フランシス・パーカー・スクールは、子どもの演劇化への興味を、歴史を教えることの助けとして用いる多くの学校のうちの一つである。第 4 学年はギリシャ史を学んでおり、ギリシャの家づくりや、ギリシャ神話のいくつかについて詩を書くことを含んだ課業をおこなっている。子どもたちはギリシャの衣装を作り、毎日教室でそれを着ている。この学年を教えているホール [Hall] 女

史の言葉を引用しよう。

　　彼らは彫刻家を演じて、粘土で自分の好きな神々の小像を作ったり、物語を描きだすために像を型に入れて作ったりします。彼らは砂皿の中にミケーネの都市を作って、荒廃させ、砂で覆って、今度はその宝物をふたたび光に照らす発掘者になります。ディオニソス神に祈る人びとを書き、オルフェウスが歌ったであろうと彼らが考えた物語を書きます。彼らはギリシャ人のゲームをし、ギリシャ人の衣装を着て、彼らが楽しい物語や出来事を絶えず演じています。今日もトロイの英雄のように、彼らは休み時間に木製の剣と樽の覆いをつけて戦いをしていました。授業中には、祈りとダンスと即興の歌で、ディオニソス神の祭をお祝いします。さらには半数の子どもがアテネ人、半数の子どもはスパルタ人になって、どちらの都市がより望ましいかについて論争をおこないます。あるいは彼らはアテネの自由民になって、傲慢なペルシャのメッセージに対して威勢よく応答します。

　これらの日々の演劇化に加えて、彼らは全校生徒に向け、とくに彼らの心をとらえた歴史上の出来事を小劇に描き、演じる。幼い子どもたちにこのような方法で教えられる歴史は、意味と感情をともなう内容とを獲得する。彼らはギリシャ人の精神と、偉大な人びとを育てた物事を理解する。その課業はそうして彼らの生活の一部となっているので、個人的な経験が記憶されているのと同じように思い出される。テキストが暗唱されるために記憶に委ねられるのとは異なっている。
　フランシス・パーカー・スクールは、朝の課業のなかで演劇化の利点を生かしている。ひとりで本から学ぶのは、孤立した非社会的なおこないである。子どもは自分の眼前にある単語を学ぶが、他者とともに行為したり、他者が共有された経験のなかでみずからを表現するための同等の機会をもてるようにするために、みずからの行為や考えをコントロールしたり調整したりすることを学んでいるのではない。クラスが本から学んだことを行為に表現するときには、すべてのメンバーが役割をもち、表現の力や劇的で感情的な想像力を発展させるとともに、それらを大切にすることを社会的に学ぶ。全校生徒の前で演じる

ときには、彼らは自分たちの力で独自に活動することの価値を獲得し、学校全体で団結し協力する精神をはぐくむことの助けになる。大きな子も小さな子もすべての子どもが、第1学年のものであろうと高等学校の上級生のものであろうと、他の学年で進めていることに興味をもち、素朴で誠実な努力を評価することを学ぶ。学校全体に興味をもたせようとする努力のなかで、演じる者は率直で直接的なあり方を学び、また他者にとっての価値を理解することによって、彼らの活動に対する新しい敬意を獲得する。さまざまな教科における活動のまとめが、他の子どもたちの興味を引きおこすような何か語るべきことがあると考えている学年によって、朝の課業のなかで示される。演劇的な要素はときに小さなもので、遠足や、算数の興味深い過程、地理のいくつかのトピックの描写のようなものであったりする。しかし子どもたちはいつでも明晰に考え、上手に語らなければならず、そうでなければ聴衆は理解してくれないかもしれないのだ。彼らは地図や図表、あらゆる種類の説明のための資料を、可能なかぎり導入している。他のエクササイズで、第4学年が描いたギリシャ劇や、キケロ [Cicero] のカティリナ [Cataline] に対する弁論〔紀元前63年にルキウス・セルギウス・カティリナが計画したクーデターに対し、キケロがおこなった弾劾演説。カティリナ弾劾演説として知られ、4部から構成される〕の一つを劇化したものなどは、彼らのために純粋に演劇的なものとなっている。

　もちろん、卒業するクラスによって、あるいは何か特別な目的のために劇を制作することは、子どもたちに興味をもたせたり学校を宣伝したりするためのよく知られた方法ではある。しかし最近では、学校は、子どもや市民に関心をもたせる目的と同じように、教育的価値のために演劇や行事をおこなうようになってきている。聴衆に語りかけることや、体を効果的に使い、共通の目的のために他の子どもと活動することからくる価値ある訓練が、その劇の性質がどのようなものであろうとも、存在している。そして学校は通常、彼らの制作に何らかの文学的価値をもたせることも試みる。しかし最近になるまで、子どもたちの日々の活動における演劇的目的への資源は見すごされてきた。市民の娯楽という目的のために、演劇は放課後の時間に付け加えられていたのだ。しかし、学校は若者たちの「何かを演じたい」という自然な欲求を、カリキュラムを展開するために活用しはじめている。非常に精巧な性質の演劇化が公演のた

子どもの演劇的な本能を歴史を教えるために用いる。
(イリノイ州リバーサイドのコテージ・スクール)

めに用いられる多くの学校では、題材はいまや英語や歴史から引きだされ、一方で劇を書くことがほかに英語の授業を提供する。稽古は表現や弁論の授業に代わっておこなわれ、それが自己コントロールも含んでいる。舞台装置や衣装は作業や芸術の授業のなかで作られ、計画や経営は子どもたちの手によっておこなわれ、教師は大失敗や落胆することがないように十分なだけの援助をする。リバーサイドの学校では、あるクラスがトルストイ [Leo Tolstoy] の『愛あるところに神あり (Where Love Is There Is God)』を文学の授業の活動で読んできた。彼らはその物語を劇として書きなおし、英語の授業のなかで稽古をして、クラス全員がコーチや批評者としての役割を果たした。興味が深まるにつれ、彼らは衣装を作り、舞台装置を準備し、ついには学校やその友人の観客に向けてその劇を演じた。別のときには英語の授業で、『オデュッセイア』にもとづいて彼らが書いた寸劇を戸外で演じた。スペイヤー・スクール [Speyer School] のアメリカ史の授業では、開拓史におけるいくつかの出来事について彼らが書いた劇を演じる。稽古中にはほとんどすべての子どもが性別やほかの資質にかかわらず役につき、それからクラス全員で最終的な配役を選ぶ。第5学年は歴史と文学の課業と関連してアーヴィング [Washington Irving] の『スケッチブ

ック（*Sketch Book*）』について学び、自分たちでコーチしたり衣装を作ったりしながら、〔この短編集の中の1編である〕リップ・ヴァン・ウィンクル［Rip van Winkle］の物語を演劇化した。

　シカゴの外国人地区に位置する公立学校の一つであるホウランド・スクールは、昨年大きな演劇祭をおこなった。校長がコロンブス［Columbus］の物語を描いた劇を書いて脚色し、すべての子どもが役について演技した。その物語はコロンブスの生涯を簡単にまとめたものだ。開拓史におけるもっとも印象的な出来事のいくつかについての劇的な場面が追加され、この国がデモクラシーの国であるという事実を浮き彫りにするように脚色された。子どもたちはほとんどの場面の衣装を自分たちで作り、その年に体育館で教わったすべてのダンスが劇に取りこまれていた。このようにして公演全体が私たちの歴史の概略と国の精神とのすぐれた描写になっていて、同時にその年の課業の興味深いまとめをも提供するものとなっている。この公演のもつ外国人の共同体に求心的な影響を与えるという価値は注目すべきもので、子どもたちに彼らの新しい国の歴史について何かを教えることに加えて、観客である彼らの両親に対して、学校が彼らの子どもたちや地域に対してできることを理解させる機会を与えたのだ。このような行事の愛国的な価値は、日々の国旗敬礼や愛国的な詩にも勝るものである。なぜなら子どもたちは自分たちの前に自然に愛国的な感情を引きおこす物事を見たときに、彼らが熱狂するべきであるものを理解するからである。

　祝祭日や季節を祝う行事は、学校の課業を社会的に表現することに専念するので、個々の子どもが詩を朗読したり、大人がスピーチをしたりする昔ながらの催しよりも興味深く価値のあるものである。共同体は、自分の子どもが割り当てをもって制作物を作ったことを親たちが知っているためにますます関心をもつ。子どもたちも、自分たちの興味をいざない、責任をもったことについてグループで活動しているためにますます関心をもつ。いまや多くの学校での卒業に向けての行事は、1年間の正規の課業を演劇的に総括して示すという種類のものだ。それぞれの学年が役割をもって、彼らが英語の課業で書いた劇を演じたり、体育館で学んだ民俗舞踊や創作ダンスを踊るなどすることもある。多くの学校が感謝祭の行事をおこない、そこではさまざまな学年がプリマス〔アメリカ合衆国マサチューセッツ州の都市。イギリスから清教徒が最初に入植したマサチ

ューセッツの地として知られる〕における最初の感謝祭のシーンを演じたり、異なる国々の収穫祭を演劇的に描いたりする。同様の手法で、クリスマス行事はさまざまな学年や、全学年の子どもたちによって、英語や音楽の授業で準備された歌と詩と朗読で形作られる。この計画における演劇や行事、歴史劇の可能性は果てしないものである。それは子どもたちに読みや綴り、歴史や文学や地理学のいくつかの面についてさえ、ありふれた教科書の類の乾いた冷たい事実とまったく同じだけの訓練を子どもたちに提供するような題材を見つけだすのが、つねに可能だからである。

第 6 章　自由さと個性

　これまでに記述してきたすべての作業において、子どもには教室での必要な規律訓練［discipline］と両立すると通常考えられているよりも多くの量の自由さが許されなければならない。この事実によって読者はきっと打ちのめされたことだろう。大多数の教師と両親にとって、学校という単語は「規律訓練」や静けさと同義語であり、じっと机に座り、教師のいうことを聞き、話しかけられたときにだけ話す子どもの列と同じ意味なのである。であるから、これらの基礎的な性質を欠く学校は必然的に悪い学校に違いない。そこは、子どもは何も学ばず、彼らが何を好むかということとは関係なく、たとえ自分にとって有害であったり他の級友や教師が嫌がることであったりしても、自分が好きなように行動する学校なのだ。

　すべての子どもが獲得しなければならない、事実のある一定の蓄積は存在する。さもなければ彼らは読み書きができない者として成長してしまう。これらの事実はおもに大人の生活に関連している。そのため子どもがこれらに興味がないのは驚くべきことではない。一方で、それにもかかわらず子どもがこれらを知るように取りはからうのが学校の義務である。これはどのようになされるべきだろうか。あきらかに、互いに容易に話ができないほど十分に距離をあけた列に子どもを座らせ、そしてこれらの事実を教えられるもっとも効率的な人物を雇うことによってである。彼らは子どもに事実を語り、子どもは少なくとも「進級」するまでには無理なくこれらを覚えていられるように期待され、何度も復唱させられるのだ。

　また、子どもはしたがうことも教わらなければならない。嫌いで興味のない課題をおこなうことが人格形成になるのと同様に、言われたように物事をおこなうときの効率［を上げること］は、意味のある成果なのだ。子どもは、彼を

受けもつ教師と学習一般を「尊敬する」ことを教えられなければならない。[子どもと教師とが]互いに直面したなかで、子どもが静かに、そして受容的に座らないならば、この教えはいかにして伝えられようか。もし子どもが受容的でなければ、少なくとも静かにしているべきである。それにより、とにかく教師は彼を教えることができるのだ。抑制するものがなくなるとすぐに子どもは手に負えなくなり破壊的で怠惰で騒々しいことが多いという事実が証明しているのは、権威による「規律訓練」を主張する人びとによれば、抑制が子どもをあつかう唯一の方法であるということである。なぜなら、こうした抑制がなければ子どもはわずか数分間抑制が解かれたときと同じ行動を1日中とるであろうから。

　もし、規律主義者の立場からのこの声明が厳しくて素っ気ないように聞こえるならば、「風変わりな学校」への訪問者が、訪問が終わったあとにいうことをしばらく考えてみるとよい。そして彼らが、学校や学校教育に対する彼らの観念がまさにそのような厳しくて素っ気ないしろものであるという結論を、偏見のない観察者に対して強制していないかどうか、よく考えるとよい。学校における自由さと権威的な規律（訓練）との対立は、結局はこれまで抱かれてきた教育に対する構想の疑問に落ちつく。私たちは、厳格な規律主義者とともに、教育とは小さな野蛮人を小さな人間にする過程であり、彼らが成人の標準にできるかぎり近づくために、すべての子どもに教えられるべき事実と同様に多くの徳があるということを信じることができるだろうか。あるいは私たちは、ルソーとともに、教育とは生まれたばかりの子どもと彼がなるべき大人との隙間を埋める過程であり、「子どもの時期には独自の見方、考え方、感じ方がある」のだから、大人が必要とするであろう方向にそれらを訓練する方法は、子どもに彼の周りの世界に向けてそれらを試させることだと信じることができるだろうか。

　「権威的な規律訓練」という言い回しは意図的に用いられている。なぜなら規律訓練と自由とは矛盾しない概念だからである。ルソーによる次の引用は、彼のいう自由でさえ（自由はしばしばたんなる無法と勝手さを意味するととらえられているが）厳しい教師であったことをはっきりと示している。

彼[子ども]には一切の命令をしてはいけない。すべていけない。あなたがたが彼に対して何らかの権威をもっているということを考えさせてもいけない。彼にはただ、自分は弱くあなたがたは強いということをわからせればよい。彼の状態とあなたがたの状態によって、彼はあなたがたの思うがままになっているということをわからせればよい。このことを知覚させ、学ばせ、感じ取らせよ。彼に、自分の誇り高い首の上にある、自然が私たちに課す重いくびきを、必然の重いくびきを、はやく発見させよ。そしてあらゆる有限の存在はそれにしたがわなければならないことを、早く発見させよ。その必然を、人間のきまぐれのなかにではなく、事物のなかに発見させよ。抑制は状況の力によってなされるのであって、権威によってではない。

　確かに、人格を陶冶するとともに理性による道理のわきまえを発達させ、無秩序と怠惰を防ぐのにこれ以上厳しい規律はないだろう。実際、学校における自由さに反対する意見の真の理由は、誤解からくるものと思われる。評論家は身体的な自由と道徳的、知的な自由とを混同している。なぜなら、子どもは動き回り、あるいは床に座り、自分の椅子を一列に並べずに散り散りに置いていることから、また彼らが手や口を動かすことから、訪問者は子どもの精神も同様に緩んでいると考えるからである。つまり訪問者たちは、子どもたちの身体が抑制されていないのと同様に、精神的、道徳的にも抑制されていないのでたんにふざけているに違いないと考えるのだ。学校での学習は長いあいだ、従順さや受け身の精神と結びつけられてきた。なぜなら有用な器官は、それが働くときにはもじもじ動いたり話したりはしないので、観察者は、どの子どももそのようにすべきではないとか、それは学習の妨げになると考えるようになった。
　無能な若い動物が幸福で道徳的で有能な人間に成長するのを助けることが教育の機能だという教育改革者たちの想定が正しいとするならば、教育の一貫した計画は、この成長を促進させるのに十分な自由を認めなければならない。子どもの身体には、それ自体を伸ばしたり動かしたり、筋肉を動かしたり、疲れたときは休ませたりするゆとりがなければならない。おくるみは身体的な機能を束縛し妨げるために赤ちゃんにとってよくないものであるということに、す

べての人は同意する。背筋をまっすぐに伸ばして机に座り、頭を前に向け、両手は揃えて置くという「おくるみ」は、学校の子どもを拘束し、さらに神経を苛むものとなる。このようなやり方で1日数時間も座らなければならない子どもが、抑制するものがなくなるとすぐに度をすぎた騒ぎとふざけを起こすのは、驚くべきことではない。彼らは自分の身体的なエネルギーを消費するための正常なはけ口をもっていないために、それらをためこむのだ。そして完全に訓練されてはいない身体の行動を抑圧されるときに受けてきた神経のいらだちがあるために、〔ためこまれたエネルギーは〕機会がやってきたときにはよりいっそう衝動的に、勢いよく表出されるのだ。1日中、真の運動をする機会を通して、子どもが必要なときに、動かしたり伸ばしたりできる自由を与えよ。そうすれば、子どもが一人になったときに、怒ったり目的もなく乱暴になったりするほど神経が張り詰めることはなくなるだろう。物事をなすことによって訓練されると、子どもは抑制をともなった監督下に置かれなくても作業をつづけられるようになり、他の人びとのことを考えられるようになる。

　真に科学的な教育は、子どもたちを一つの学級としてひとまとめにあつかうかぎり発展することはない。一人ひとりの子どもは強い個性をもっている。そしてどのような科学もその材料のなかにあるすべての事実を熟考しなければならない。すべての子どもには、彼が本当は何者であるかを示す機会がなければならない。それによって教師は、彼を完全な人間とするために必要なことを発見することができる。教師が自分の子ども一人ひとりをよく知るようになったときにはじめて、子ども独自のあり方を理解したいと思えるようになり、科学的または芸術的な規範に近づくための教育の計画を発展させたいと思えるようになるのである。教育者が子どもの個別の事実を知らないかぎり、彼らはみずからの仮説に価値があるかどうかを知ることはできない。しかし、もし教育者が、それぞれの部分は他のすべての部分と同じように行動するようにできていると思いこんでいるならば、どうして彼らは自分の材料を知ることができるのだろうか。もし子どもが列で行進させられ、提示される情報が画一的なやり方で返答することが期待されているものであるならば、子どものだれに対しても何も見いだされることはないだろう。しかし、すべての子どもに自分自身を表現し自分独自の特質が何であるかを示す機会があれば、教師はみずからの教授

計画を基礎づける材料をもつことになるだろう。

　子どもは社会的な世界に生きている。そこでは単純きわまりない行為や一つの語でさえも子どもの周囲の人の言葉や行為と結びついている。だからそこには、この自由が他者の関心をいたずらに犠牲にする危険はない。自由とは、一個人が社会の一員として彼自身の福祉に逆らって衝動に身を任せることができるように、自然と人間が共同体のなかのすべての個人の生活に課している抑制を除去することではないのだ。しかし、子どもにとっての自由とは、子どもがそのなかで自分自身を発見する物と人の世界のすべての衝動と傾向を調べあげる機会である。そして、子どもがそれらのなかから有害なものを取りのぞき、彼自身と他者にとって有意義なものを発達させられるように、衝動と傾向の特徴を発見するための十分な機会なのである。すべての子どもを、あたかも彼らの衝動が大人の社会（その弱点や失敗は、さらに絶えず嘆かれている）の平均の衝動であるかのようにあつかう教育は、その社会がよりよくなるかどうか、どのようにその社会をよりよくするかを発見することなく、同じような平均的な社会の再生産をつづけるだろう。子どもが真に何ものであるかを発見する教育は、もっともよいことが維持され悪いことは取りのぞかれるように、この知識〔その社会がよりよくなるかどうか、どのようにその社会をよりよくするかという知識〕によってみずから形作ることができるだろう。一方、悪いことを単純に外部から抑えつけようとすることは、よりよいことの表出も等しく妨げるために、多くのことが失われてしまうのだ。

　もし、教育が複数の事実によって自由がみずから形作ることができるようになる前に自由を必要とするならば、教育はその自由を子どもの利益のためにどのように利用できるだろうか。〔その方法は〕子どもに、身体的に見込まれるものと、彼の隣人があらわしているものの両方で、自分に何ができて何ができないかを発見するための自由さを与えることだ。そうすれば、彼は不可能なことに多くの時間を費やすことはなくなり、自分ができることに力を注ぐようになるだろう。子どもの身体的な力と精神的な強い好奇心は、建設的な方向に向けられるだろう。教師は、子どもの自発性や活気、独創性が、強制的な制度によって取りのぞかれるべき弊害ではなく、教えることを助けるものだということを発見するだろう。いまは妨害物となっているまさにそのものが、教師が〔子

社会生活の典型的な状況を通して生活を学ぶ。
(ニューヨーク市のティーチャーズ・カレッジ)

どもに〕養おうとしている建設的な性質になるだろう。真になすことによって子どもを学ばせようとするならば、人間にとって役に立つ性質を保持することや、自主性と勤勉さの習慣を発達させることのほかに、この自由を子どもに認めることが不可欠なのである。なすことのほとんどは、もし子どもがそのことを指示されていたり、順を追って指定されていたりするならば、たんに表面的な筋肉の訓練となるだけであろう。しかし、子どもの自然な好奇心と活動への愛情が有益な問題に取りくむために機能するようになったときに、つまり子どもが自分の環境を自分の要求に適応させる方法をみずから見つけるようになったときに、子どもはいつもと同じように授業を受けているだけではなく、普通の教室のなかではたんに授業を妨げるものになっているこれらの力を制御して生産的に使う方法も学んでいるということを教師は発見するだろう。子どもがみずからの精神や感覚、筋肉を働かせることによって真の作業をおこなうことがなければ、教師は通常の規律訓練の方法を廃止することはできないだろう。なぜなら、教師がすべての作業をおこない、子どもは質問を聞いて答えるという教室では、子どもが好きなところに座り、動き回り、あるいは話すことを認めるのは、ばかげていることだからである。教師の役割が援助者や観察者へと変わり、すべての子どもの発達が目標とされているところでは、こうした自由は作業にとって不可欠なものになる。それは、子どもがたんに復唱しているところでは静けさが必要になるのと同じことである。

現在、自由さと自由〔freedom and liberty〕が子どもの作業にとって不可欠だ

として、もっとも脚光を浴びている学校はイタリアのマリア・モンテッソーリ夫人の学校と、アメリカにある彼女の教え子の学校だろう。この国の多くの教育者と同じくモンテッソーリ夫人は、教師が子ども一人ひとりの要求と能力を知ろうとするならば、そして子どもが学校で彼の精神と人格、体格のもっともよい発達を促す包括的な訓練を受けようとするならば、自由は教室に不可欠だということを信じている。一般的に、彼女がみずからの〔教育〕方法の基礎となっている自由を主張する理由は、一つの例外を除いてこれまでに述べてきた概略と一致している。彼女は、科学的な教育を創造しようとするならば自由は子どもに不可欠だと考えている。なぜなら、それなしには、原理原則を基礎づけるための資料が集まらないからである。そしてまた、彼らを自主的であるように訓練するときには、子どもの身体的な豊かさと人格の最良の発達のために自由が不可欠だと考えている。このイタリアの教育者とこの国の大多数の改革者とのあいだの相違点は材料を使うときの自由の価値の見解によるものだが、この点については後に取りあげる。

　子どもが学校にいるときに彼らを身体的に抑圧することや彼らに精神的な受動性と従順さの習慣を教えることは、学校の機能の誤解であり子どもを真に害することだとモンテッソーリ夫人は信じている。科学的な教育は、データを集めるために子どもの自由さを必要とするだけではない。自由は、まさに科学的教育の基礎なのである。モンテッソーリ夫人は自著『モンテッソーリ・メソッド』[訳注6]のなかで「自由とは活動である」と述べている。活動は生活の基礎である。したがって子どもを、動き、行動できるように訓練することは生活のための訓練であり、それこそが教室の本当の役割なのである。自由の目的は、すべての集団の最大の利益であり、それは子どもに許された自由の最終目標になる。このことに貢献しないすべてのことは抑圧されなければならない。一方で、有意義な余地をもつすべての活動を促進するために最大の注意が払われる。

[訳注6]　Maria Montessori. *The Montessori Method: Scientific Pedagogy as Applied to Child Education in "The Children's Houses" with Additions and Revisions by the Author.* Translated by Anne E. George. New York: Frederick A. Stokes Co., 1912. *Il Metodo della Pedagogia Scientifica applicato all'educazione infantile nelle Case dei Bambini.* Roma: Max Bretschneider, 1909.

第6章　自由さと個性

子どもに、このような有用な活動の最大限可能な余地を与えるために、彼らは教室のなかで非常に大きな自由さが認められていた。彼らは動き回り、互いに話をし、机と椅子を好きなところに移動させる。そしてさらに重要なことは、一人ひとりの子どもが、自分がおこないたい仕事を選び、短時間でも長時間でも自分が望むだけのあいだ一つの仕事にうちこめるのだ。彼女はいう。「すべての子どもが乱暴で野蛮な行為はいっさいおこなわずに、有意義に、知的に、そして自発的に動き回る部屋は、私には、とてもよく規律訓練された教室にみえる」。ようするに、規律訓練とは自主的に物事をおこなうための能力であり、強制に屈することではないのだ。

あらゆる有意義な仕事に対する自由な余地を認めると同時に、子どもの自発的な衝動を抑えない、この活動的な規律訓練を生みだすために規律訓練の通常の方法は廃止され、規律訓練の否定的な側面ではなく建設的な面を強調する技術が発展した。モンテッソーリは次のように述べている。

> 罰については、私たちの指導に何ら注意を払わず他人に迷惑をかけた子どもと数多く接してきた。そのような子どもはただちに医者に診てもらった。そこで正常な子どもだと証明されれば、私たちは部屋の隅に小さな机を置いて、仲間が作業をしているのをみられるようにして快適で小さな肘掛椅子に座らせ、彼がもっとも興味をもっているおもちゃやゲームを与えて、その子どもを孤立させた。この孤立によってほとんどいつも子どもは落ち着いた。彼のところからは仲間が集まっているのをすべてみることができる。仲間の作業の様子は、教師のあらゆる言葉よりも効果的な実物教育なのである。彼は次第に、眼前で忙しく作業をしている仲間の一人であることのよさがわかるようになり、そこに戻って他の子どもがおこなっているのと同じように作業をすることを望むようになる。

教師が最初におこなう矯正は叱るというかたちをとることはない。教師は子どもに、あなたがやっていることは礼儀を欠いていて他の子どもの邪魔になると、静かに告げるのだ。そして〔また彼に〕、気持ちのよい仲間として行動すべきこと、自分の注意を作業の一部に向けることを告げる。子どもはみずからの

選択で、やりたいと思うときに作業をおこなっているために、そして彼らは神経的に疲れることがないよう十分に動き話しているために、どんな「罰」も必要がない。モンテッソーリの学校の訪問者は、直前に引用した文中で彼女が言及しているような本当に手に負えないときに孤立させる場合を除いて、否定的な規律訓練の必要性がないことがわかる。教師による矯正はほとんどすべて小さなマナー違反や不注意に対するものである。

　自由にもとづいた活動はモンテッソーリの学校の指導原理である。2種類の材料が子どもの活動のときに使われる。モンテッソーリは、子どもは日常生活の行動のなかでの実践を必要としていると信じている。それはたとえば、子どもに自分自身を大切にし、自分のことは自分ですることを教えなければならない、ということである。そのため作業の一部は、この目的に向けられている。彼女はまた、子どもは生まれながらに完全に発達させることができる能力をもっていると信じている。そのため、作業の別の一部はこれらの能力を十分表現できるように計画されている。子どもの内的な潜在能力を養うための練習は、二つのなかでより重要だと彼女は考えている。子どもが自主的になり幸福になるために、彼自身を環境に適応させる方法を学ぶ必要がある。しかし子どもの能力の不完全な発達は生活それ自体の不完全な発達であり、そのため教育の真の目的には子どもの生活の通常の発達を積極的に援助することが含まれる。モンテッソーリ夫人が考えているこれら発達の二つの流れは互いに明確に異なっているために、日常生活の練習は子どもの感覚や能力を訓練するために用意された練習の機能を果たすことはできない。

　日常生活の練習は、子どもが自主的になること、自分に必要なものを満たすこと、日常生活のなかの活動を巧みに、上品に実行することを教えられるよう計画されている。子どもは備品を掃除、整頓して、道具を使ったらすぐに片づけて、教室を整理する。作業のとき彼らは自分がしたいように動く。つまり、自分がほしいものを取りだし、作業をするのに便利な場所を見つけだし、好きなだけ長く作業をおこなったあとには使った用具の手入れをする。その建物のなかに子どもが住んでいない学校では、子どもに昼食が提供される。テーブルを用意し、食べ物を出し、後片づけをして皿洗いをするといった食事にかかわることは、調理以外はすべて子どもが作業をおこなう。年齢に関係なくすべて

の子どもがこの作業を分担する。3、4歳の子どもはすぐに皿とグラスのあつかい方や食べ物を配ることを学ぶ。庭を設けることができる学校では、その庭を子どもたちが世話し、にわとりや鳩といった役に立つ愛玩動物が飼われている。最年少の子どもでも自分のコートを着て、エプロンやスリッパのボタンのかけはずしをする。自分でできないときは互いに助けあう。この課業にあたって、最年少の子どもを助けるために、できるかぎり早くに子どもが自分自身の世話をすることを学ぶ必要性が強く主張された。そのためモンテッソーリは、子どもが自分で自分のことをしはじめるより前に、彼らに練習させるためにいくつかの教具を作りだした。それは木製の枠に左右2枚の布が張られたもので、中央で重なるようになっている。布はボタン、かぎホック、リボンなどで左右を合わせられるようになっていて、場合に応じてボタンをとめたりかぎホックをかけたり、蝶結びをしたりして、あけはずしの練習ができる〔着衣枠：モンテッソーリが開発した、いわゆる「モンテッソーリ教具」については日本訳の定訳はないが、以下、現在一般的に用いられている名称を〔　〕内に示した〕。

　これらの教具はモンテッソーリの学校でおこなわれている2種類の練習の橋渡しをするものと見なされている。これらは多くの教育改革者に共通する原理から、モンテッソーリ夫人が見いだした教育法にとくに関連する原理への移行をあらわしている。彼女の最初の著作からのもう一つの引用は、この方法を理解する手がかりとなる。

　　実験的な教育学的方法において感覚教育は最重要の意味をもつだろう。
　　……
　　私が用いた方法は、教具を用いて教育学的な実験をおこない、子どもの自発的な反応を待つというものである。
　　……
　　小さな子どもに対しては、私たちは試行錯誤しながら進めていかなければならない。子どもが興味のあるものを教授の道具に選ばなければならない。
　　……
　　しかし私は実際的な感覚教育に最低限必要な事柄を示している事物の選択に到達したと信じている。

モンテッソーリ夫人は、セガン〔Edouard Seguin〕が勤務していた病院で精神遅滞の子どもの教師としてキャリアを出発させた。彼女が通常の子どもに対する仕事をはじめたとき、自然に彼女は障害のある子どもに対して使ってきた材料で実験をおこなったのだ。障害のある子どもに対して利用できることが示されていたものの多くが、平均的な子どもに対しても利用できるということは、これもまた自然なことである。通常の学校の〔教育〕方法は、より時間をかけ、より粘り強くおこなうことで知的に遅れのある子どもに対してもうまく用いることができる。モンテッソーリ夫人は同様に、かつて障害をもつ子どもに対してのみ使っていた多くの道具も、より早くより自由に利用することで通常の子どもに対しても顕著に成功した結果をもたらすということを発見した。そのため彼女の「教具」には一般的には障害のある子どもの感覚の意識を発展させるために使われてきた多くのものが含まれている。しかし、教材を決まったやり方で教師の指導のもとで使うのではなく、通常の子どもは自由に利用することが許されている。なぜなら、それらの物はほとんど欠如している能力を目覚めさせるためのものではなく、子どもの日常の行動すべてのなかで絶えず利用している能力を洗練させるためのものだからである。それによって彼はそれらの行動をより上手に、より正確におこなうことができるようになる。
　子どもの諸能力を発達させるための練習はとくに、区別する力と比較する力を訓練するために取り計らわれている。子どもの感覚器官は、ボタンかけ用の枠のようにある目的のために一つの行為をさせるよう計画された教具を用いて洗練される。子どもは決まったやり方でこれらのものを使わなくてもよいし、一つのことに費やす時間の長さも決められてはいない。もっとも単純な練習しかできない最年少の子どもを除いて、子どもは自分がやりたいことを、やりたいだけおこなう自由をもっている。モンテッソーリは、子どもは自然に自分に準備ができている練習をおこなうようになると信じている。教具のなかでも触覚を発達させるためのものはもっとも単純である。それは、目の粗さが異なったサンドペーパーが貼ってある小さな板〔触覚板〕や、異なる種類の布きれ〔布あわせ〕である。子どもは目隠しをしてこれらに手で触れて違いを見分ける。形や大きさの違いを区別することを子どもに学ばせるために作られた教具にお

いては、視覚を強力に助けるものとして触覚が使われる。異なる直径と深さの穴がいくつも開いた木の板と、それぞれの穴に合う円柱がある〔円柱さし〕。子どもはすべての円柱を取りだしてその縁を触り、ついで穴のふちを触り、適切な穴のところに円柱を戻す。また大きさが段階的に異なる一組の木のブロック〔ピンクタワー、桃色の塔〕で塔を作らせたり、あるいは階段を作る別のブロックのセット〔茶色の階段〕によっても大きさを判断する能力は洗練される。形を区別する力は薄い板に空けられた穴に合う形の木片をはめこむこと〔木製はめこみ〕で発達する。子どもは木片を取りだし、それに触れてまた戻す。後に教師は、子どもが木片に触れているあいだにそれぞれの形の幾何学的な名前を教え、そしてその名前から子どもに形を識別させる。

　木製の型に対応した厚紙の型のセットもあれば、中央に型抜きの穴があいた金属板〔鉄製はめこみ〕もある。これらは異なる材質で同じ形を合わせる遊びや紙の上で形の輪郭をなぞって描いてそのなかを色鉛筆で塗りつぶすときに使われる。

　読み方と書き方を教える方法には子どもが目と耳を通して獲得する教えを補強するために触覚が用いられている。四角い厚紙にアルファベットの一文字の形に切られたサンドペーパーが貼られたもの〔砂文字板〕が子どもに与えられる。彼はまるでその文字を書いているかのように指で触れて、その文字を発音する。動かせる文字〔型抜き文字〕は、触れることで文字に親しんだ後の段階で使われる。そして、それらを使って子どもは単語を作っていく。子どもがこのように学ぶならば書くことが読むことよりも先んじる。彼らが鉛筆やチョークを手に取るとき、目で文字の形に親しんでいるのと同じように筋肉もまた形に親しんでいるので、彼らは少しの困難もなく文字を描くことができる。

　聴覚は二組のベル〔音感ベル〕を用いて洗練される。一組は音階を提示するために〔ベルの順が〕固定されていて、もう一組は〔ベルの位置を〕動かすことができる。子どもは固定された音階と比較しながら自分の音階を作りだすことができる。子どもはいくつかの遊びをおこなう。そこでは彼らはできるだけ静かにし、教師の簡単なささやきの指示で行動する。砂や砂利、穀物をつめたがらがら〔雑音筒〕もあり、どのがらがらが振られたかを当てる遊びもある。色彩感覚を発達させるためにも同じように特別に設計された教具が用いられる。

それは色のついた絹糸を巻きつけたいくつかの平たい板〔色板〕で、さまざまな色や濃淡があり子どもの年齢や技術によってさまざまな方法で用いられる。最年少の子どもは2色か3色を区別することを学び、明るい色合いのもののなかから暗いものを見分けることを学ぶ。さまざまな色に親しんでいる年長の子どもは一つの板をちらりと見たあとで部屋の反対側にいき、教師の要求に応じてそれとまったく同じ板や、明暗を問わず隣りあう色の板をもってくることができるほど十分にあつかい方の技術を獲得する。

　筋肉の発達は子どもが学校にいるあいだに走ったり遊んだりする十分な時間を与えることで、あるいは自由な体操のための教具を使うことでもたらされる。一方、より細かい調整のための筋肉は、子どもが感覚の訓練のために教具をあつかっているあいだに絶えず洗練されていく。話す能力は子どもに単語や音節の発音を練習させることで訓練される。数の基本概念は読み方、書き方と同じように十分に教えられる。サンドペーパーで作られた数字〔砂数字板〕や無地の厚紙で作られた数字のほかに10センチメートルから1メートルまでの長さの木の棒の組み〔数の棒、算数棒〕がある。子どもは10までの数の組みあわせを学ぶときに、数字と関連させてこれを使うのだ。

　教具についてのこれまでの説明はとても簡単で一般的なもので、あまり使われていないものについては言及していない。また使い方についても多くを省略している。しかし子どもがおこなう作業の本質と目的は十分に説明できている。子どもは、とくに気に入った教材を取りあつかうときには著しく技術を獲得する。4、5歳の子どもはほんのわずかの苦労もなく書き方を学ぶ。モンテッソーリ夫人は、平均的な子どもが通常6歳になるまでは獲得しない概念を、より早い年齢で獲得する準備ができており、また、より容易に習得されうると信じている。子どもが準備できているときにひとつながりの行為を実行させるというモンテッソーリのやり方は、そのあとにそれらの行為が達成されるよりも完全な結果をもたらすだけではなく、子どもにとってその後の多くの時間を節約することになる。

　それぞれの教具の各部分は、定められた一連の行為をおこなうことによって一つの特定の感覚を訓練するようにデザインされている。したがって、もし人が望むままに行動することが自由だと混同されるならば、このやり方はきわめ

第6章　自由さと個性

て厳格なものにみえるだろう。自由は子どもが教材を使用するときに見いだされるのだ。教室のなかで子どもに許される自由さの量についてはすでに述べた。そして、教師の役割はこの自由に対応して作りだされる。教師は、子どものいかなる自発的な活動も妨げないように、そして子どもの注意を、彼らが本来興味のないところに強制的に注意を向けさせることがないように訓練されている。子どもが自発的に、特定の教具に注意を向けたときは、教師は彼にその適切な使い方を教えてもよい。あるいは、稀なことではあるが、子どもが一つのことに過度に集中してしまうときには、教師はその子どもの注意がほかの種類の作業に向くようにしてもよい。しかし、もし失敗したならば、教師は二度と〔それらのことを〕主張しない。実際に、子どもの注意をみずからの弱点や失敗に対して向けさせたり、子どもの心に何らかの否定的な連想を生じさせたりすることを、教師はいっさいおこなわないのだ。モンテッソーリ夫人は次のように述べている。

　もし彼［子ども］が間違えたとしても、教師は彼を矯正すべきではなく、授業をやめて別の日にもう一度おこなわせなければならない。実際、なぜ彼を矯正するのか。もしその子どもが、名前と事物を関連づけて考えることに成功しなかったのならば、感覚を刺激する活動とその名前の両方を繰り返させることこそが成功するための唯一の方法である。言いかえれば、授業を繰り返すということである。しかし子どもが失敗したときには、私たちが彼に引きおこそうとしていた身体的な連携の準備ができていなかったということ、そのために別の機会を選ばなければいけないということを知るべきである。もし私たちが子どもを矯正して、「いいえ、あなたは間違っている」といったとする。この言葉は叱責のかたちをとるので他の言葉よりも強く彼を打ちつけ、彼の心に残りつづけ、その名前を学習することの妨害になるだろう。反対に、誤りがあったあとに黙っていることは意識の場を明晰なものにし、次の授業が最初の授業をうまく引きつぐことになるだろう。

教具に備わった性質によって教師の役割における単純性と受動性は増大する。

子どもが、ある教具に関連づけられた専門的な用語をひとたび教われば、教師は教えることをやめる。教師は、その子どもが別の教具に興味が移るようになるまでは、たんなる観察者となる。モンテッソーリがいうところの、彼女の教具の「自己矯正的」な性質によって、このことが可能になるのだ。すなわち、それぞれの事物は、子どもがそれを通して一つのことのみが完全におこなえるように調整されているため、彼が間違えたときにはその教具は作動しないのだ。それゆえに、何か一つのことをしている子どもは、間違えたときにその矯正の仕方を教師から告げられる必要はないのである。彼は一つの明確な問題に立ちむかっているのであり、その問題はその教具を自分自身であつかうことによって解決されるのだ。子どもは自分の間違いをみずからみて、それを矯正することで自分自身を教育しているのだ。そして最終的な結果は完全なものになる。部分的な成功や失敗は起こらないのだ。

　もっとも単純な教具である、円柱がはめこまれた平らな木のブロックを取りあげてみよう。そこには10個の異なる円柱があり、たとえば長さは4分の1インチずつ違っている。子どもは適切な穴にはめこまれたこれらの円柱を取りだし、それらをよく混ぜあわせる。そのあとで彼はふたたび正しい場所に円柱を戻す。もし彼がある円柱をサイズより深すぎる穴に入れたならば円柱はみえなくなってしまうし、穴が浅ければ円柱は飛びだしてしまう。すべての円柱が適切な穴にはめこまれたときには、子どもはふたたび平らな一片の木材を手にするのだ。幾何学的に特徴のある差しこみも、まったく同様に自己矯正的なものである。レースが張られた枠にボタンをうまくかけられたかどうかは、最年少の子どもでもわかる。塔を作るブロックは、大きなブロックから順に積みあげなければ塔の形にはならないし、階段を作るブロックも、同様の原理にしたがって順番に並べなければ階段の形にはならない。色のついた平板を使うときには、子どもはより準備が必要になる。しかし、8色あるうちの一つの色で、8段階の濃淡を見分けることを学べば、子どもは板を暗い色調から明るい色調へとなめらかにつながるように並べられるようになる。もし彼が間違えたとき、誤った順序で並べられた板は不調和な汚れ目として彼に立ちあらわれる。ひとたび子どもが一つの色についての観念を得たならば、彼は他の7色についても、自分の力でうまくやることができる。子どもは教具を使ってたんに遊ぶことは

第6章　自由さと個性

許されていないので、彼は心のなかで、教具と正しい一組の行動の遂行とを結びつけて考えるようになる。そのため、失敗は何らかの未完成なこと、もう一度試みる必要があることとして子どもの前にあらわれるのだ。モンテッソーリが彼女の教具を自己矯正的なものにするなかでめざした教育的な目的は、子どもが作業している教具の部分的な違いに注意を向けさせるということである。すなわち、決められた目標を達成しようとする際には、彼は二つの色、二つの音、二つの大きさなどを比較し、区別しなければならないのだ。これらの比較をおこなうなかに感覚を訓練することの知的価値が存在している。子どもがある一つの教具を使いながら訓練している特定の能力や感覚は、物事同士の関係に集中することによって鋭くされていく。知的な人格の感覚発達は比較や区別をおこなう感覚器の能力の成長から生じるもので、大きさや音、色などを認識することを子どもに教えることによってなされるのではないし、たんに間違えることなく特定の動作をおこない通すことによってなされるのでもない。モンテッソーリは、〔このような〕知的な結果が、彼女の仕事と〔それ以外の一般的な〕幼稚園における教具とを区別するものだと主張している。

　ここまで述べてきたように、モンテッソーリの方法とアメリカの〔教育〕改革者との考え方の違いは、自由の価値についての意見の違いにあるのではなく、自由によって作り出されることの最良の使い方の構想の違いにある。ほとんどのモンテッソーリの学級の子どもたちは、これまで本書がその見解を取りあげてきたほとんどのアメリカの改革者たちの学級の子どもたちよりも、身体的には自由である。しかし、知的にはそれほど自由ではない。彼らはまったく自発的に、行ったり来たり、作業したり遊んだり、話したり動き回ったりする。動きのなかで、物事にかかわる情報を得て、技術を獲得することが、その目的として保証されている。それぞれの子どもは自己矯正的な教具を用いて、独立して作業する。しかし子どもには創造する自由さは認められていない。彼には自分が使う道具を選ぶ自由はある。だが彼自身が目的を選ぶことはけっしてできないし、彼独自の計画に教具をしたがわせることもけっしてできない。なぜなら教具は、特定のやり方であつかわれるだろう物事の数が限定されているからである。ほとんどのアメリカの改革者は、子どもに正しい思考と判断をする習慣をつけるための訓練は、彼に現実の問題を提示する教材によってもっとも達

成されると考えている。そして彼らは、その現実性の基準は学校外の生活経験との関連のなかに見いだされると考えている。子どもが学ばなければならない大きなことには、二つの部分がある。すなわち（あるいは「というのも」）、自分自身をそのうちに見いだす世界に対する調整には、物事に対する関係と、人間に対する関係が含まれている。調整とは、たんに自分の身体をコントロールする能力のことだけを意味するのではなく、知的な調整も意味している。それは、個人に対するのと同様に共同体に対しても、物事同士の関係を理解する能力であり、物事の表面の背後を注視する能力である。あるアメリカの教師は言う。「子どもがこの二つの調整をかならず学べるようにする最良の方法は、彼らに、学校外で対処しなければならない状況を真に再現している作業を与えることである」。

　教室の外では、子どもはたえず自分自身の必要に応じて物質的な物を曲げたり、他の人びととともに生活しているがゆえに彼に与えられた要求を満たしたりしている。もし彼が自分自身と他者のために、このことを成功裡に達成しようとするならば、物事をありのままに見ることを学ぶことが重要になる。それは彼が、社会の一員である自分に対して、そしてその自分のために、物事や人びとのもつ意味を理解するためにみずからの感覚を正確に使えるということである。それゆえに、学校外でおこなう必要があるのと同じくらい、学校内でこれらの問題に遭遇し解決するための自由が必要とされるのだ。それに対してモンテッソーリ夫人は、子どもは社会生活の典型の状況を通してではなく、区別と比較の能力を発達させるべくある特定の感覚を洗練するために調整された状況を通すことによって、生活の技術をもっともよく学ぶことができると信じている。

　この意見の違いは、突き詰めれば人間の知性の本質についての異なる見解の受容にたどりつく。モンテッソーリは、先達の心理学者と同じように、人びとは一般的な目的のために訓練され発達させられることができる既得の能力をもっていると考えている。それらの能力が鍛えられる行為が、それらの能力をもたらすための訓練以外に何らかの意味があるかどうかは関係なく。子どもは適切な教具によって開花させることができ、その後には他の使い方に思うままに向けることができる未発達の能力をもって生まれるのだとされる。この国の多

彼らが学校外で解決しなければならないであろう問題を学校で解く。
(シカゴ市のフランシス・パーカー・スクール)

くの教育者は、技術の上達は特定の目的を完遂するために作られたものや、利用された道具から独立しては達成しえないという、より新しい心理学の理論に賛成している。子どもにとって長さや色といった抽象的性質を区別する練習は、それらの抽象的性質をもった事物が何であるかにかかわらず、子どもに特殊な練習をおこなうための大きな技術的上達をもたらす。しかし、〔そうした練習は〕これらの性質が生活の状況のなかにおける要素としてあらわれたときに、彼により成功的な結果をもたらすとはかならずしも言えない。ましてや、それらは比較し区別するための一般的な力を洗練するために、個別具体的な場面での利用においても同じように振り替えられるということはないだろう。子どもは開かれるべき能力をもって生まれるのではなく、行動の特別な衝動をもって生まれるのである。行動の特別な衝動は、生活が展開する際の社会的状況や身体的状況のなかで生活を維持し、遂行していくなかで使うことを通して発達させられるべきものである。

したがって、たとえアメリカの進歩主義の学校の子どもが一般に、動き回る自由や作業をおこなうための時間を選ぶ自由を十分にもっていないとしても、それは自由の価値についての信念の程度が低いという説明にはならない。強調

されるのは、生活の典型的な状況のなかで感覚と判断をためし、利用するというより大きな自由である。これらの状況は社会的なものであるから、子どもは共通の作業を遂行する際に、他者とともに作業することがいっそう求められる。なぜなら状況が社会的であるために、生活のなかで普通にある出来事で他者からの支援を受けるように、教師の援助が認められ、ときには必要となるからである。他者からの援助は、自由の侵害としておそれられるものではない。目的の形成や、教材の選択と適応のなかで工夫、独創性、発想力を働かせる際に、子ども自身の知性の使用を制限するような援助が、自由の侵害としておそれるべきものである。孤立したある感覚を洗練するべく計算された練習を実行するための教材の限界――生活のなかではその状況はけっしてあらわれることはない――は、アメリカの教師にとって、あらゆる活動をおこなう際に他者と協同する必要から生じる制限よりも、自由さをより大きく制限するように思われる。子どもが、他者が自分の目的を達成しようとしているときに彼らを妨害しないことを学ぶことだけが望ましいのではなく、知的な方法で他者とともに作業するのを学ぶこともまた望ましいのだ。それゆえに教材の範囲はただ一つの感覚の区別や比較の訓練に（それが、協同的な活動ができず、自分の器官の使い方に習熟することがおもになされるべきことである最年少の子どもにとって、どれだけ価値があろうとも[原注1]）限定されるべきではなく、普通の生活状況で使う種類の比較や区別のために必要となる典型的な問題を十分に提供しうるほどにさまざまであるべきである。そして、子どもが実際に使うために実際の事物を作っているとき、あるいは学校外の生活の素材や活動を見いだそうとしているときには、数人の子どもで同じ事物に取りくむこと、そして一定の連続性をもって一つの物事をつづけておこなうことが必要になるのだ。

　しかし、この国の教育者たちが、訓練のためだけにデザインされ、訓練に付随して生じる結果の達成のためにはデザインされていない特殊な練習によって一般的な適用のために訓練されうる生得的な能力の存在について、モンテッソーリと異なっていても、彼らは教師に子どもの真の力と興味を知るようにさせ

　　［原注1］　教具を用いて実験した多くの人びとが、まったく年少――3歳か4歳――の子どもにとって価値が非常に大きいと考えていることは重要である。

る教室内での自由さの程度を保証しようとし、こうして教育の科学的方法のための資料を保証しようとする彼女の努力を歓迎している。彼らは、抑制という人為的な状況が、教師があつかう資料についての真の知識を得ることを妨げ、それにより教授が伝統的な過程の繰り返しに限定されているという彼女の論の力を高く評価している。彼らは、読み書きを学ぶ際の要素として筋肉の運動と関連した触覚についての彼女の主張は、初期における教授の技術に真に貢献するものだと認めている。彼女は、あらゆる真の教育にとって欠くことのできないものとしての自由という真理を普及するうえでもっとも重要な要素となっているのだ。

　知的、道徳的な自由さの意味のより広い理解と、それにともなって生じる規律訓練を否定的で強制的だとする観念の崩壊によって、教師がみずからの観察能力や実験能力を使うことに対する主要な妨害は消失するだろう。個人的観察や省察、そして実験的活動を必要とする科学的な関心は、子どもの豊かさに対する教師の共感的な関心に付け加えられるだろう。なすことと学ぶことを関連させる教育は、他者の学習を分け与えるという受動的な教育に取って代わるだろう。後者が、ほとんどの個人が優越者の権威につねに従順に服従することを期待されている封建社会にどれだけ適応しているとしても、この基本原理のもとに進められている教育は、独創性と自主性を理とし、共通の関心事の遂行にすべての市民が参加することになっているデモクラティックな社会には相容れないものである。現在において、もっとも影響力をもって教育における自由の理想と結びつけられた声がイタリアから強く鳴り響いているということは、デモクラシーの精神の広範な発展にとって重要なことである。

第7章　共同体に対する学校の関係

　作業とは、その人格上、本質的に社会的なものである。なぜなら人びとが従事する仕事は、人間の要求と目的のために存在しているからである。仕事は私たちが住んでいる世界を構成している事物や他者との関係を維持することに関連している。たとえ生存にかかわる行為であっても、すべての人間の本能的な行為と思考を修正してきた社会構造に適合するように調整されているのである。この構造にかかわるすべての物事は、人びとが一緒になって首尾よく作業する能力に依存している。それが可能ならば、結果として調和のとれた幸福で繁栄した社会がもたらされる。本質的に社会的なものである──すなわちそれは人間の生活のことであるが──これらの仕事がなければ文明は発展することはできない。このことから、ある種の社会的な教育の必要性が生じるのである。なぜなら、あらゆる人は他の人びとやすべての共同体に対してみずからを適応させることを学ばなければならないからである。それがそれぞれの状況に委ねられるとき、たとえ必要なものであっても、この教育は偶発的で部分的にすぎないものになってしまう。私たちは子どもを学校に通わせて、生活を成りたたせる仕事を体系的に学ばせようと思っているが、学校では教育内容や教え方において生活の社会的基盤に極度に無関心なのである。学校では作業を具体的で物事の人間的な側面に集中させるのではなく、抽象的な側面を強調するため、作業は学術的、すなわち非社会的なものになってしまう。そして作業は仕事に従事するすべての人びとの集団とはかかわりをもたないものとなり、孤立した自己中心的で個人的なものになってしまうのだ。それはもはや事実と合致していない社会のとらえ方、100年前に姿を消した個人が自分の力のみで生きる社会のとらえ方にもとづくものである。一般的な学校のカリキュラムは、今日の科学的でデモクラティックな社会と、その社会の要求や理想を無視している。そ

して子どもを、個人の楽しみのためのほんのわずかな知的な「文化」によって緩和しながら、個人主義的な生存競争に適するように仕立てているのである。

　この国に学校が出現したのは西部開拓時代であり、そのときは比較的少ない人びとが、かぎりない未知の機会を与えてくれる広大な国土に散在していた。開拓者は自分自身の能力に頼ってこれらの機会をつかみとろうとし、他者に先んじようとし、自然の材料をみずからのために利用しようとしていたのだ。生活は一人でおこなわれ、また自分ひとりのためのものであった。実際、他の人びととのつながりに頼る人はいなかった。なぜなら人間の数は少なく、材料は無限にあり、共同体も組織化されておらず、制度や伝統もなかったからである。国の繁栄は、一人ひとりが自分のために生き、前に進むという主義主張の広がりに依存していたのである。学校がこの理想を反映し、授業のなかで強調するように仕事を形作ることは、まったく自然なことであった。私たちの初期の開拓者は、文化と「学習」の伝統をもつ旧大陸の国々からの移民である。そのため彼らが自然と格闘しているさなかに、旧大陸からもちこんだこれらの理想を継続させるために、自分の学校を頼りにしたのは当然のことであった。彼らにとって文化とは、すべての子どもの能力の調和のとれた発達を意味するのではなかった。むしろ歴史的な事実を蓄積することであり、過去の知識と文学を学ぶことであった。そして学習もまた、彼らのまわりのことを解明することや世界の他の地域で生起しつつある出来事を解明することではなく、過去に達成されたことを復習することであり、すでに使われなくなった言語、それは使われなくなればなるほど「学習」における評価は高まるのだが、その読解を学ぶことであった。それゆえに学校のカリキュラムはまず子どもの目を過去に向けるように注力された。過去は、学ぶ価値のある事柄を発見でき、また美的で知的な発達のための改良点を見いだすことのできる唯一のところであった。「3R's」の知識と、生得的な子どもらしい「賢明さ」が、子どもが必要とされた社会的素養のすべてであり、彼らが世界のなかでうまくやっていくために必要な準備のすべてであった。ひとたび子どもがこれらの素養を身につけると、次に学校は、その子どもに文化を与えるように注意を向けることができたのだ。

　こうした文化が個人にとって知的興味を引くものだったり啓発的なものだったりしたとしても、公立学校の第一の責務は、あきらかに子どもがみずから属

する世界で生きることを教え、そのなかでの自分の役割を理解することを教え、みずからを順応させることでよいスタートを切ることができるよう教えることである。これらのことをうまくできたときにはじめて、子どもは純粋に知的な活動を修めようとする時間や傾向が生じるのである。

公立学校は、自由とデモクラシーの精神を喚起することからはじまった。すべての社会的で産業的な状況を急速に変化させている科学的な材料が、もしごく少数の人びとの完全な支配下に置かれたならば、あらゆる人にとって公平な機会の可能性は存在しないということを、人びとは次つぎに理解したのである。当然のことながら、これらの民衆の学校がはじまったとき、共同体はカリキュラムや組織について、すでに存在していた学校に注意を向けた。しかし古い学校は全員に対して平等な機会を提供するものではなかった。むしろ正反対の目的のために、階層間にいっそうの線引きをおこない、有産・有閑階級に対して、だれもが得られるものではないものや彼らの優秀性の欲求を満たすもの、そして彼らに仕事を与えるものを提供してきたのだ。

人びとは、代々、同じ場所で同じ条件のもと同じ仕事をおこない、生活してきた。彼らの世界はとても狭く、学校教育のための材料という面で多くを提供することはないようだった。提供したのは、生きるために生計を立てることに関することだった。しかし学校とは自分で自分の生計を立てていない人びとのものであり、みずからを完成させ、磨き、社会的な興味を抱こうとする人びとのものであり、そのための材料は具体的で有用なものから意図的に切りはなされた抽象的なものであった。文化と教育の理想は驚くほど貴族階級や有閑階級の関心や要求にもとづいたものであったし、現在もそうでありつづけている。このような文化の理想をもっていたため、開拓者が作った学校の目的が産業的で社会的な機会をすべての人に与えることであったとしても、この理想のために作られた学校のカリキュラムを模倣したのは当然であった。この国の公立学校がはじまった当初から、カリキュラムにおける材料は急速に移りゆく社会的状況や貴族主義に依存した封建的な社会が発展させてきた教育の理想を反映させたものだった。

科学の産業への応用がもたらした社会の大きな変化、フランス革命をもたらし1848年革命をもたらした変化は、文明におけるほぼすべての組織の再構築

第7章　共同体に対する学校の関係

をもたらした。〔それによって〕多くの制度が失われ、それ以上に多くが生みだされた。民衆の教育への要求は、この変化の結果の一つであった。そして、その要求によって公立学校が誕生したのである。しかしその学校の形態は新しい状況に適応せずに、すでに存在していた学校の単純なコピーであったため、新しい社会に適応するための再構築の過程は現在も進行中であり、ようやく意識されはじめたところなのである。すべての繁栄と幸福のために科学を応用することに依存したデモクラティックな社会では、人間の力を産業と富のためにのみ利用する専制的な社会において支配者のために発展した教育の制度を利用しても、多くの成功を望むことはできない。学校に関する不満の増大と、現在開始されている商業的、産業的な訓練におけるさまざまな実験は、この時代遅れの遺産への執着に対する抵抗なのである。これらは、すべての人に平等な機会を真に提供する新しい教育を作る過程の最初の一歩である。なぜならそれは子どもが生きる世界それ自体に根差したものだからである。

　旧態依然とした学校が近代社会〔のありよう〕を反映しようとするならば、変えなければならない点が三つある。一つは教育内容である。2点目は教師が教育内容をあつかう方法であり、最後は子どもが教育内容をあつかう方法である。教育内容は、その名称については変えることはできないだろう。読み、書き、計算そして地理など〔の名称〕はつねに必要とされている。しかしその中身に関しては大幅に変わり、また追加されるだろう。第一に、現在社会は精神の発達と同様に肉体のケアと成長が重要であるということを理解している。ましてや精神の発達は身体の発達に依存するのだから、学校は子どもが精神的のみならず身体的に生きることを学ぶ場所になる。私たちはこんにち、日常の単純な行為をおこなったり、路面電車に間違わずに乗ったり、危険な場所を避けたり、見ることのできない人や場所とのかかわりをもったりするために、そして実際には私たちの仕事と関連した多くのことができるようになるために、読み方や書き方を知る必要がある。しかし、学校はいまなお読み書きを、それ自体が目的であるかのように、そしてたんに子どもが自分の私的な啓発のために獲得すべき贅沢品のように教えている。同様のことは地理にもあてはまる。子どもは国境や人口、河川について、それらの物事をだれもが知っているわけではない事実を蓄積することが目的であるかのように学んでいるのだ。しかし、

鉄道や汽船、新聞や電報が世界中を隣人にする社会においては、そしてあらゆる共同体が単独で存在しえない社会においては、彼らの隣人について真に知ることが要求されるのはあきらかである。言いかえれば、機械化によってもたらされた私たちを取りまく物事と習慣の変化によって、私たちの世界はあまりに大きく拡大し、複雑化しているのであり、私たちの地平線は大きく広がり、私たちの共感は大きく刺激されているのである。そのため、このような変化と同様の発展を示さない学校のカリキュラムはきわめて部分的にしか効果を示さない。教室での教育内容は、社会の新しい要素と新しい要求を取りいれるように拡大しなければならない。このことは第二、第三の必要な変化が生じることで、子どもに負担をかけることなく実現できる。

　機械化による〔物事の〕複雑化と倍数的な増加、そして科学的な発見を通して知られるようになった単純な事実の数の増大は、一つの科目を修めることすらほとんど不可能にしてしまう。自国の地理を教えることに関するすべての事実、気象的、地理的、社会的そして科学的な事柄、人種的事実、産業的そして政治的事実などを考慮に入れるとき、私たちは事実の一覧を教えることについて絶望を感じることになる。地理には人間の知識や発見のほぼすべての範囲が含まれるのである。これほどではないまでも、同様のことがカリキュラムのすべての科目にあてはまる。ある一つの分野にかぎってみても私たちがあつかえる事実は膨大である。このことは、重要な事実のたんなる分類を一時的なものにしてしまう。そのため教師は、教科書から事実を読み取らせ、そして復唱させる授業から、やり方を変えなければならない。事実は、一人ひとりに対して無数にその姿を現す。そして有用なのはその名前ではなく、それらを理解する能力であり、事実の他への応用や事実同士の関係を見抜くことなのである。そのため教師はみずからの役割を、遺跡の案内人や口述を書きとらせる者から、観察者や援助者へと変えなければならない。教師が、彼らの受けもつ個々の子どもを、考える力や推論する力を十全に発達させることを認める視点でみるようになることで、そして読み書きや算数の時間を子どもの判断力や行動するための能力の訓練のために使うようになることで、子どもの役割もまた必要に迫られて変化することになる。それは受動的ではなく活動的になることであり、子どもは質問者になり実験者になるのである。

たんに事実を聞いただけで結論までたどりついたり、事実間の関係を理解できたりする精神のもちぬしはめったにいない。多くの人びとは、これらのものがどのように振る舞い、その意味が何であるのかを話せるようになる前に、物事をみて取りあつかわなければならない。そのため教師は、子どもに適切な材料を与え、彼らにそれを正しい方法で、すなわち教室の外側に実際に存在する状況や関係を再現しているかたちで、あつかう人になる。これは、すべての人が自分のことは自分で解決し、他者を傷つけないかぎりにおいて人間の自由と行動の自由を得ていると仮定される社会のなかでは、一人ひとりが自分のことを自分でうまく解決できるように行動するために自分自身を導けるはずだということがとても重要であるということの、たんなる別の言い方である。社会には、みずからのために就学前の幼児の判断力の正確さと機敏さを鈍らせるやり方で社会のなかの子どもを養成していく余裕はない。もしこのようなことがおこなわれれば、社会の全体の足手まといになるであろう役立たずの数が増える。従順さと受動性を促進させる教条的なやり方は、近代社会において効果的ではないだけでなく社会の最大の可能性の発展を妨げるのである。

　ルソー以降の教育改革者はみな、教育を社会を変革する最良の方法として頼りにしてきた。彼らが立ちむかってきたのは、よい教育をおこなう理由とは自分自身と自分の子どもを共同体の他の人よりも先んじるようにし、彼らの富と幸福のためにより社会を奉仕させるべく使うために、個々人にもう一つの武器を与えることにあるという封建的で開拓的な考え方である。彼らは、できうる最良の教育を発展させる真の理由は、すべての力の調和的な発達を与える方法を発展させることで、このことを防ぐためだと信じていた。これは、教育を社会化することによって、そして学校から外的な影響を完全に排除してみずからを孤立させて独自の道を歩ませるのではなく、学校を実際の生活の一部分にすることで、成すことができる。フレーベル、ペスタロッチ、そして彼らの後継者たちは、このことを、すべての人のなかの社会的精神［social spirit］の発達へと至る［result in］社会と結びつけることによって果たそうとしてきた。しかし彼らは、彼らの学校を共同体の萌芽とするための手段をもってはいなかった。民衆に向けた教育への要求はとても少なく、共同体はみずからの不可欠な要素として学校を位置づけることを望んではいなかった。そして、子どもはけっし

て大人の縮小ではないという理念はあまりにも新しく、子どもの集団を取りあつかうための上手な方法の開発も不十分だった。学校を活性化させるうえで、共同体の役割は学校それ自体と同様に重要なのである。なぜなら学校を切りはなされた組織と見なし、必要な慣習として見なす共同体においては、学校はもっとも熟練した教え方をもっていたとしても大部分がそのままでありつづけるのである。しかし、学校から目にみえるものを要求する共同体や、警察や消防への認識のように学校が全体の福祉のなかで果たす役割を認識している共同体や、共同体のなかの若い人びとが市民として整った姿になる準備ができるまでたんに彼らの時間を制御するのではなく、彼らのエネルギーと関心を利用する共同体には社会的な学校があるだろうし、その資源がなんであれ共同体の精神と関心を発展させる学校があるだろう。

　最近、インディアナ州ゲーリーの公立学校の制度に関して多くのことが書かれている。それらは現在おこなわれている学校経営についての新しい特徴にとくに言及している。または産業についての訓練への機会を強調している。しかし、ゲーリーの学校制度のもっとも大きな理念は、これらの新しい特徴の背後にあるものなのである。それは社会的で共同体に根ざした理念である。教育長のワート氏は鉄鋼の町の学校を、ほとんどこの街の歴史の最初期から作る機会を得ていた。そして彼には正しくそれを作りあげようという意志があった。彼は国内にあるもっとも有名な学校を訪ねたり一流の学校建築家を招いたりすることをしなかった。その代わりに彼はずっと自宅にとどまり、他の地域でどのようなことがなされてきたか、あるいはなされてこなかったかは考えず、ゲーリーの町にとってもっとも可能性のある学校を作ることに注力したのである。彼が答えようとしたのは次の問いである。ゲーリーの町の子どもがよき市民となり幸福で裕福な人になるために何が必要なのか。そして教育目的で利用できる資金を、これらすべての必要のためにいかに供給していけるか。彼の学校の産業的な特色はあとで取りあげるが、ここではゲーリーの学校が鉄鋼会社のよい働き手を作りだすために設立されたのではなく、また労働者の訓練にかかる費用を抑えるためでもなく、彼らが携わる作業の教育的価値のために作られたということを指摘しておくのがよいだろう。同様に、ゲーリーの学校をたんに将来有望でない移民の子どもを自立できる移民にするための取りくみであると

第7章 共同体に対する学校の関係

見なすことや、ある種の訓練における労働者階級の要求に応えるための試みであるととらえるのは間違いである。

　ワート氏はこのアメリカの町の教育長となり、さまざまな事情を抱えてやってくる何千人もの子どもに対して責任をもつことになった。最終的に個々の子どもが、機械に油をさす、事業を経営する、あるいは家族の世話をする、オフィスで働く、学校で教える、といった自分の仕事をみつけて、その仕事がうまくできるようになるように数年間彼らを世話することが課題だった。彼の課題は、個々の子どもに、自分の仕事の細部について必要になるかもしれない特別な情報を与えることではなく、子どもに自然的に生じる関心や熱中を継続させることであり、個々の子どもが自分の心と体を制御できるようにすることであり、子どもが自分の力でそれ以外のことをこなせるようになることを保証することであった。人間として、そしてアメリカの市民としてうまくやっていくことが、この国の公立学校が子どもに提示しなければならない目標なのである。生きるためにお金を稼ぐこともこの理想の一部分であるし、より大きな訓練が成功すればそれは当然の結果としてついてくるのである。この目標を達成するためのもっともよい方法を決めるときには、考慮しなければならない多くの要素が存在する。学校に通うあらゆる子どもの個々の特徴、教える人、子どもが生活する場の隣人、学校に税金を投入するより大きな共同体などである。ワート氏の計画では、それぞれが全体の構造に対して果たすべき貢献のすべてを利用した。一つひとつの要素は有力な財産であり、もしそれがなければ他の要素はみずからの仕事をおこなうことはできない。それゆえに、このことは、もし何かが見落とされていれば結果として弱点が生まれることを意味している。

　学校に費やされる税金を、子どもと納税者にとってできるかぎり利益をもたらすために使おうと模索する批判者にとっては、一見しただけで通常の公立学校の組織のなかの莫大な無駄はあきらかである。学校に関するすべての設備、校舎や校庭、その他備品類は、夏休みや毎週土曜日のほか、学校が開かれている日の半分は空のままである。校舎は費用が高いが、大部分の時間まったく使われることはない。これは浪費そのものである。町や市の公立学校に通っている平均的な子どもの学校外での時間の過ごし方と、子どもが学校にいるあいだに得る教育の不十分さを考えるならば、私たちはこの浪費がいかにとほうもな

保育園から高等学校までのあいだ、子どもは同じ校舎で過ごす。
（インディアナ州ゲーリー）

く深刻であるかに気づくだろう。ワート氏は、ゲーリーでは1日中、学校を開放しておくことに決めた。それは子どもが彼らの時間の多くを小路や混み合った通りの一角で遊んですごすことを強いられないよう、それらの場所をふらつくことによって身体的や道徳的な危険にさらされることのないようにするためだった。それでも校舎は1日の多くの時間は、あるいは何週間にもわたって、閉じられたままである。そこで彼は、校舎を建てた人——つまり納税者——にはそうした時間帯に公共の目的において利用する機会があるべきだと決断した。そのためゲーリーの学校には夜間学校や土曜学校、夏期講習があるのである。これは校舎の維持において数ヶ月のみ開けておく場合と比べてより多くの費用がかかる。そのため施設一式をより経済的に運用するためのやり方をみつけなければならなかった。

　子どもは、ほとんどの学校で彼らが5時間そうするように、終日机に座ってはいられない。そのため学校で過ごす8時間のあいだ子どもを元気で活動的にしつづけるには、彼らがおこなう別のことが用意されなければならない。ゲーリーの校舎は、校舎が通常許容できる生徒数の2倍の人数で使うことによって、この必要な節約をおこなっている。すべての校舎のなかには二つの学校がある。

一つの学校は午前8時から午後3時まで、もう一つは午前9時から午後4時までである。それぞれの学校は時間ごとに交互に通常教室を使い、1日の残りの半分の時間はゲーリーの学校を独特なものにしている仕事に費やされる。このようにして、工作室を整えたり通常のカリキュラムを補う科目のために追加の教師に支払ったりする資金や追加の授業のための資金が十分に蓄えられる。こうしてゲーリーの人びとは普通の額の税金で、子どもの時間を活用し、彼らに学習のための多くの便宜を与える学校を手に入れるとともに、共同体のなかの大人に夜間学校の特別なコースの機会も提供する学校を手に入れるのである。いま、ゲーリーでは学校の校舎を利用する大人の数は子どもよりも多い。〔大人が利用できる時間は〕子どもが学校を利用している時間よりも短いにもかかわらず、である。すべての校舎に二つの学校を設置することによって、学級ごとにかかるコストは通常の半分に抑えられている。そして1日に8時間、子どもの健康増進のための活動をおこなっていくための十分な資金と、大人に向けて学校を夕方や祝日、日曜日に開けておくための十分な資金が得られるのである。

　それぞれの校舎は体育館と水泳用プール、運動場を備えている。そして8時間ずっと常駐している体育の指導者がいる。身体の訓練は、ほかのあらゆる科目と同様に通常の学校の作業の一部である。すべての子どもの教育プログラムの一部としておこなうほか、運動場が開放されて子どもが思いのままに利用できる時間が1日に2時間ある。子どもは町の通りに遊びに行く代わりに学校にとどまって、学校が提供する遊びの機会を利用する。ほとんどの場合、身体の訓練は監督者のもとでの遊びか、器械運動のかたちでおこなわれる。子どもは他の多くの場所でおこなわれているような形式的な集団での運動には真の興味を抱かないということ、そして強制的に活動をやり遂げさせても効果のほとんどが失われるということが、ここでの実験で示された。だから、身体の訓練では水泳用プール、テニスコート、運動用の器械が用いられるのである。体育の指導者は作業の規則正しさや有効性が失われないように、そして個々の子どもの要求に合う身体的な発達を得るだけではなくすべての子どもが遊んだり屋外で過ごしたりするための健康的で楽しい場所を得られるように、みずからに必要な特別な運動をしている一人ひとりの子どもを見守るのである。

　ゲーリーの子どもは就学期間中に身体的に成長することを期待されている。

これは他の作業で自分の学年についていくことが期待されるのと同じことである。子どもは一人ずつ医師の診察を受ける。そして教室での作業の負担に対して十分に丈夫でない子どもは、十分に丈夫になるまで何もさせずに家に帰されるということはなく、学校にとめ置かれて彼らの体力にふさわしいプログラムを与えられる。彼らの教室での時間は最小限に抑えられ、1日のほとんどの時間を運動場や体育館で、彼らが丈夫になるために必要だと医師が指摘した事柄をおこないながら過ごすのである。子どもの身体的な成長は、精神面の成長と同様に重要である。そして、学年を通じての子どもの進歩に対して与えられるのと同様の注意が子どもの身体の成長に対して払われることは、学校が普通で自然な生活のためのあらゆる機会を与える小さな共同体をみずからのなかに作りだすことにおおいに役立つのである。

　学校は1日8時間開いている。体育の指導者がそのすべての間仕事をしているのに対して、学年を受けもつ教師が教えるのは6時間だけである。各学校の時間のうち4時間は通常教室での作業や実験室でおこなわれる。そして1時間は講義室での時間に、もう1時間は「応用」または遊びの時間にあてられる。そして残りの2時間は、子どもが望めばさまざまな施設を使って遊んでもよい時間になっている。そして彼らはみな、その時間を使うのである。教室を交代で使うことで教師の数を増やす必要はなくなる。そして子どもは、自分が教える科目について特別な訓練を受けた教師の恩恵を受けるのである。それぞれの学校で子どもを複数のグループに分けることにより、学級はほとんどの公立学校よりも小規模なものになる。朝の最初の2時間――午前8時15分から10時15分まで――を、一つの学校は教室やスタジオ、工作室、実験室を利用するが、このとき1時間目に暗誦室にいたグループは2時間目には工作室を使い、別のグループは工作室での作業から開始する。もう一つの学校では1時間目に運動場を利用するが、そこへの出席は義務ではない。2時間目は、あるグループは講義室にいき、それ以外は系統的な体操のために運動場にとどまるか「応用」の時間となる。そして10時15分になったら、最初の学校は作業のために講義室と運動場に行き、もう一つの学校は教室や工作室を2時間使う。第1学年から第5学年までは1日に2時間、言語、歴史、文学、数学といった正課の教授のための通常教室での授業がある。第6学年から第12学年までは1日に

3時間、同様の授業がある。追加の時間は遊びまたは応用の時間に使われる。第1学年から第5学年までは実験室での科学の時間または工作室での産業の訓練の時間が1時間、音楽または文学の時間が30分、そして身体の訓練が30分ある。第6学年から第12学年までにはまるごと2時間、工作室での産業の訓練や実験室での科学の時間あるいは音楽や絵を描く時間が設けられている。

　〔一つの校舎を〕学級と学校が交代して使う計画で、一つの校舎がたいてい世話できる人数の2倍の子どもを、より小規模のクラスで、そしてそれぞれの科目の専門家の教師のもとでみていくことができる。産業の教師のほかにフランス語、ドイツ語、歴史、数学、文学、音楽、芸術、自然研究、科学の教師がいる。〔1校舎〕2学校の制度によってもたらされた校舎の節約によってこの追加の効率が生じた。各学年の部屋は少なくとも四つの学級によって使われる。そのため子どもは自分の持ち物を入れておく机をもたない。その代わりに本を入れるためのロッカーが与えられる。そして授業時間が終わると教室を変えるのだ。教師は特定の生徒集団に責任をもつのではなく、自分自身の仕事に責任をもつ。そして同様に子どもも自分自身に責任をもつのである。このようなやり方はあきらかに子どもと教師とのあいだでの真の協同［cooperation］の精神を必要とするし、すぐれた経営管理を求めるのである。

　ワート氏は、ゲーリーの学校が用いている機会の多くを他の公立学校が失っている理由の一つとして、真の協働精神やすぐれた経営管理の欠如があると信じている。大きな組織や公共機関を経営目的のもとで運営していくことはそれ自体が難題である。教育に関する仕事を実行しながらこの事業をおこなうことを期待されていると、学校長や管理職はあまりにも大きな困難を抱えることになると、ワート氏は感じている。彼は、学校長や学監は経営の管理者でありたんに市や校舎に対する行政上の役人であるべきだと信じている。学校の教育方針や教育課程、教育方法は、行政的な瑣事にとらわれない熟達者によってみられるべきなのである。これらの教育的な管理職は地区ごとに任命されるのではなく、科目ごとに任命されるべきであり、彼らが自分の科目のすべての仕事と本当の意味でかかわることができるように、そしてどの学校も一つの科目だけに力を入れすぎないように、ときどきオフィスをある学校から別の学校に移すべきである。管理職は、そのとき彼らのオフィスがある学校の教育面での最高

責任者として行動するべきであり、彼ら全員ですべての学校のカリキュラムを決定するべきである。いまのところゲーリーには学校が少なく、こうした計画を完全に遂行するには至っていない。だが現在の組織は、着任したばかりの助手から管理職自身まで共通して、協力を得るための、そしてそのシステムによってすべての教師のすべての仕事の価値を得るための寛大さと願望を示している。

　規律において、社会生活において、カリキュラムにおいて、ゲーリーの学校は教会や家庭と協力しながら最良の教育的な目的のために、金銭的なすべての資源と、組織と、関連する隣人を用いて、すべてのことを積極的におこなってきた。学校は規律において小さな社会であり、またそれはデモクラティックなものである。そこでの作業は子どもが学校に通いたいと思えるようにうまく組織されている。怠け者の役人が子どもを一緒に学校に引っ張っていく必要はなく、厳格な権力をみせつけて子どもを威圧することもない。ひとたび校舎のなかに入れば子どもは寛ぎ、彼らが自宅で示すのと同じ興味と責任を示す。個々の子どもは、他の子どもや他のクラスが何をしているかを知っている。なぜならすべての子どもが定期的にロッカールームで話をしているし、授業が終わった後で教室を移動するときに廊下で顔を合わせているからである。講義室〔の存在〕、教室を移動する制度、そして学校の設備を生徒みずからが修理し制作することは、学徒（scholars）のあいだに広く普及する気質を生みだすときの強力な要因になる。校舎の秩序のために、そして生徒の興味によりそうために、生徒によって選出された生徒会が学校ごとに存在している。校医による健康増進運動が、英語の授業と講義室の時間と協力して、学校の出版部を通しておこなわれている。子どもはこれらに熱心な関心を抱き、一生懸命に活動する。そのため、学校にいるほうが伝染する機会が多いにもかかわらず、伝染性の病気にかかる割合は、学校にいる子どもよりも未就学の子どもの方が高い。たんに健康にかかわる規則を強いる代わりに、学校の権威は子どもに、規則がどのようなものか、なぜ作られたのか、そしてそれによっていかに伝染病やあらゆる種類の病気を鎮めるのに役立つかを教える。化学や調理の時間には、伝染病と汚物が何を意味するかを理解できるよう、子どもは病原菌と生理学について十分に教わる。その結果、子どもはみずから病気を予防するためのあらゆる措置

第7章　共同体に対する学校の関係

をとるようになり、同級生が病気になったときには、彼らはみずから校医に知らせて検疫を受けるのだ。

　これと同様の方法で、学校は純良牛乳運動をおこなってきた。子どもは家から牛乳のサンプルをもってきてそれを試飲する。そして不純物がみつかった場合には、それに対して両親が何らかの対応をするのをみた。ハエ撲滅運動はつねにおこなわれていて、子どもから確かな反応がある。健康にかかわる事柄については、学校は共同体全体のなかの一部としての役割を果たすとともに、それ以上のことをおこなってきた。健康局の補助として活動したり、外国人が居住する共同体においては一般的にある、町の医者への偏見や怖れ——それらは学校の子どもの世話をしたり、病気を鎮めることを困難なものにしている——を取りのぞいたりしてきた。町の医者によって子どもの協力と理解を得られたならば、彼らのアデノイド〔咽頭扁桃〕や目の診療をすることは難しいことではない。子どもは、たとえ自分の両親が知らなくても、なぜ診療がおこなわれるのかを理解する。そして自分の両親が支障にならないようにし、助けようと取りはからうのだ。

　外国人が居住する工業地域の公立学校におけるもう一つの難しい問題が、法的には卒業可能な年齢を超えた子どもを学校に引きとどめておくことである。ゲーリーの学校は、公衆衛生の問題に立ちむかったのと同様に、このことに取りくんだ。多くの規則を作ったり強制を求めたりする方法ではなく、子ども自身を促すことによって。そして学校を、そこにとどまっていたいと思っている個々の人びとにとってあきらかに有益であるようにすることによって。ゲーリーにはいわゆる「高等学校」〔と呼ばれるようなもの〕はないのだ！　子どもは、幼稚園に入った日から大学入学の準備ができるまで、あるいは工場や商店で働くようになるまでのあいだ、一つの校舎のなかの学校に通う。第8学年の最後に式があり証書が与えられるといった卒業はない。第9学年目がはじまるとき、彼のプログラムは前の学年の計画からは逸れるが、それ以外のことに関しては、自分が必要とすることはもう終了したと思わせたり、これから先はたんに飾りや贅沢さを得ていくだけだと思わせたりすることは何もなされない。教師も交代しない。同じ歴史、語学、文学の教師がすべての学年を教える。そして工作室では子どもはある一つのことを徹底的に学ぶ機会が得られる。子どもは、厳

しく無意味で単調な作業への不安を学校生活の最後の4年間に期待していない。彼らはその期間を、自分の能力を伸ばすために年々難しくなっていく学校生活の続きだとみている。そしてとくに彼らはこの期間を、すぐにその価値を知ることができる訓練を受ける機会だと見なしている。子どもを学校にとどまらせるために説得するときの学校の主張は現実的なもので、子どもが理解できることや主張を語るのだ。学校の出版部は、子どもとその両親に向けて、一般的な教育や、特別な訓練においてゲーリーの学校が提示している機会について説明する広報をときどき印刷している。これらの広報は異なる分野の仕事に関する機会についての統計や情報を載せている。広報は少年少女に、高等学校の卒業生と14歳のときに学校を去った人との地位や月給の比較を、彼らが学校を去ってから1年、2年あるいは10年たったときなどに分けて数字で示している。実業家が学校に来て、卒業生と卒業していない人の仕事における機会はどのようなものか、なぜ彼らが教育を受けた働き手を望んでいるかを子どもに話す。ゲーリーの子どもについての統計がとられるとともに、子どもに提示される。第8学年と高等学校とのあいだに生じることがままある断絶が存在しないので、それゆえに両親は自分の子どもに学校をやめさせる必要があるとは考えない。彼らは、彼らが子どもを学校に通わせるために生じてきた犠牲をもう数年間つづけることができるとみている。学校を離れるよりも、学校に残ることによって子どもがよりよい商売を学べるのならば、将来に対するはっきりとした計画をもって子どもが熱心に学校に通いつづけるのならば、たとえもっとも貧困にうちひしがれた親であっても自分の子どものためになることに反対することはない。14歳で学校を離れる生徒の割合が圧倒的で、両親が子どもによる経済的な支援を必要としているからというのが一般的な理由として与えられている大都市では、退学の本当の理由は生徒自身が学校に対して無関心であるからだということはよく知られている。「なぜあなたは学校を去ったのか」という質問に対する、子どものほとんど不変の答えは「学校が好きではないから」である。家庭の貧困とかかわったこの事実は、最初の機会に彼らを学校から去らせるのに十分なものである。子どもに、興味深く価値があると思える作業と遊ぶ機会を与えるならば、彼の学校を嫌う気持ちはすばやく忘れ去られるだろう。

　通常の公立学校の融通のなさは、生徒を学校にとどまらせる代わりに、彼ら

を学校の外に押しだそうとする傾向をもつ。カリキュラムは彼らに合わないし、学校の組織全体を覆さなければそれを合うようにすることはできない。一つの失敗は、その生徒のすべての作業を遅れさせるものになる。そして彼はすぐに、自分だけの努力では不可能だという感情を抱く。なぜなら学校の制度は、個人の生徒や個々の学びとは無関係に、同一の速度で動くからである。無関心や嫌悪はほとんど確実に、作業は何の印象もないとか、彼が作業をしている機械は結局のところ彼の仕事に影響を及ぼしたり依存したりすることはない、といった感情の結果なのである。ゲーリーでは、個別の子どもそれぞれに合うように学校の組織が作られている。そして、もっとも困難な生徒でもその仕事を投げだすことがないように十分に柔軟性がある。子どもと学校の関係は円滑なのだ。前の段落で、個人がある一つの科目に対して多かれ少なかれ時間を費やすことができるように、あるいはそれを完全にやめることができるように、二つの学校の制度がいかに機能しているかを説明した。身体的に弱い子どもは多くの時間を運動場で過ごし、一方で計算や地理が苦手な子どもはそれらの授業を両方の学校で受けたり、場合によっては下の学年で受けたりすることができる。そして、同じ校舎にいる何百人もの子どもは、学校の毎日の秩序だった進行を乱すことなく、自分のプログラムに同様の変更をおこなうことができる。一つの科目がそれ以外に比べてすぐれている生徒は、その科目を上の学年で受けることができる。学校への興味を失って多くの科目で後れを取っている生徒や退学について口にしはじめた生徒は、関心の欠如によってさらに進度が遅くなっていることについて罰を受けることはない。教師は彼がすぐれているところを見いだし、それについて学び、彼の仕事への関心が刺激されるようにそれを先に進めるための十分な時間を与えるのだ。もし、後にその生徒が学校の通常の教育プログラムに興味を示すようになれば、それはますますよい。すべての作業において、同じ学年に追いつくためのすべての能力が備わったのである。このような目覚めがないとき、少年少女は、自分の能力におそらくもっとも適したある一つのことを学ぶまで、学校にとどまることになる。一つのすぐれた能力ですら失われるまですべてを抑制され、そして成功のための道徳的な刺激や訓練もないまま、完全に落第するか退学するということはない。

　学校の課程は2ヶ月ごとに再編成される。そして生徒は、そのときにいつで

も、自分のすべての課程を変更することができる。半年のあいだ、あまりに難しかったり、あまりに簡単すぎたり、あるいは適切に割り振られていなかったりする作業と格闘することはないのだ。管理上の便宜のため、学校は学年による編成をつづけている。しかし生徒は、第何学年というかたちで分類されるのではなく、作業が「早い」「平均的」「遅い」者として分けられる。早い生徒は12年分の作業を約16歳で終える。平均的な生徒は18歳、遅い生徒は20歳である。この分類は、彼らがおこなう作業の質を表しているのではない。遅い生徒は、早い生徒よりも徹底した学究の徒であるかもしれない。この分類は、学者としての能力を区別するためではなく、作業と子どもの自然の成長とを添わせることで、その自然な成長を利用するために使われる。早い子どもは、作業が彼に何の刺激も与えなくなるまで引きとめられることなくある学年から次の学年へと、できるかぎりすばやく移っていく。遅い子どもは、作業をおこなう準備が整う前にそれを押しつけられることはない。この柔軟なやり方はうまく機能するのだろうか。あるいは安易でぞんざいな方法となるのだろうか。子どもが幸福で興味を抱いていることを確信するために、私たちは学校を訪問しなければならない。そこで一人ひとりが1日中自分の動きに責任をもち、生徒が作業に懸命に取りくむのをみなければならない。一方、私たちが学校の記録を調べるとき、教師や教育者の立場からみれば、その答えはより好ましいものになる。ゲーリーの13歳になるすべての生徒のうち57パーセントが第7学年以上なのだ。これは、ほとんどの工業地域がなしうるよりもよいものである。そして、ゲーリーの学校の子どもの大多数が、カレッジに進学する準備をしている平均的な生徒と同じ割合で学校を卒業していること意味している。これよりもさらに注目すべきは、ゲーリーの学校を卒業したあとに、より上級の学校やカレッジに進んだ生徒に関する数字である。学校ができてから8年間のあいだにゲーリーの学校を卒業した全生徒の3分の1が現在、州立大学や工科大学、商科大学に進学している。私たちが、ゲーリーの住民がおもに鉄鋼工場の労働者から成り、60パーセントが外国生まれであることを思いだし、このことをこの国の第二世代のふつうの学校の歴史と比較するならば、生徒の要求に応じ、必要最低限のもの以上の教育を受けつづけたいと思わせるほどよいものとして共同体に受けいれられる制度を構築することにおいてワート氏がいかに成功し

最初から専門の科目は専門の教師が受けもつ。(インディアナ州ゲーリー)

ているかに、いま、私たちは気づくのだ。

　型にはまったカリキュラムからの変化の背後にある動機は、つねに社会的なものである。ワート氏は、もし学校の社会的な目的が適切に強調されるならば、教育学的な意図もおのずと達成されると信じている。公立学校は、生徒の要求と生徒の質、共同体の要求や共同体が学校の福祉に役立つ機会について学ばなければならない。カリキュラムをより興味のあるものにするとともに共同体のためにもなるように、子どもの身体的な生活と共同体の健康が学校のカリキュラムのなかでどのように使われるかを、私たちはみてきた。これと同様の密接な関連は、学校での作業と日常生活に関する事柄および他の共同体の関心事とのあいだにも保たれている。授業においては、子どもの社会的な本能がすべて有効的に利用される。各学年を孤立させ、年少の子どもを年長者から切りはなす代わりに、できるかぎり両者はともに集められる。年少の学年は実験室と工作室を使う。だが、そのときに中等学校の生徒が同じ校舎におらず、また実験室や工作室を工業の訓練にも使っていないとすれば、これは不当な贅沢だろう。彼ら〔年少の学年〕はそれらを科学や手工の訓練における初歩の授業のときに利用するだけではなく、高学年の学級が活動するときに、高学年の補助者あるいは聴き手として、そこに行くのである。このように、第４学年、第５学年の

子どもは、工作室、仕事場、実験室で第7、第8、第9学年の生徒の補助をするのだ。

　高学年は、年少者に注意を払わなければならないことから責任と協同を学ぶ。そして年少者は、年上の子どもに仕え、観察し、質問をすることで、その科目について驚くほど多くの事柄を学ぶ。どちらの学年も、学校のなかで何がおこなわれているかを見いだし、それによって仲間意識を強く感じとるが、一方で低学年の興味は高まり、学校にとどまるための理由を発見する。高学年の子どもの作業は、可能なときはいつでも、低学年を教える際に用いられる。図画の時間に作られた地図と海図は、理科や地理で下級生に使われる。印刷室は学校全体のために綴り字表と問題紙を作るが、健康〔増進〕運動のときに医師は美術と英語の学習者に、ポスターとパンフレットを作るよう依頼する。廊下には、学校でおこなわれていることの告知や、とくに上手でおもしろい絵や地図、いろいろな工作室でいま何が作られているかの情報や、学校全体が見たり知ったりしておくべきあらゆる事柄が掲示されている。

　世論を形成する際のもう一つの強力な要素は、講義室である。そこでは学校の全生徒が毎日1時間過ごし、ときには合唱したり、ときには高学年の子どもが物理のおもしろい実験について話をするのを聞いたり、調理の授業から安くて栄養のある献立表を作ったり、いかに学校がその近隣地域の健康状態を改善できるかについて医者が話すのを聞いたりする。講義室での時間はまた、共同体一般のためにも利用される。牧師や政治家、興味深い何らかのことをおこなっている市民だれでもがやってきて、子どもに話をする。学校は、このような方法で、近隣のすべての社会機関が入ってこられるよう、招くのである。

　「応用」の時間も同様の目的に貢献している。子どもはもよりの公立図書館にでかけて本を読んだり、彼らの授業の参考図書を探したりする。あるいは単純に図書館の本の使い方を学ぶ課業として図書館にいく。また彼らは体育館を利用したり講義を聞いたりするために近隣のYMCA〔キリスト教青年会〕の建物を訪問する。また彼らの両親が望む宗教的な教えを提供する教会やクラブも訪問する。学校は近隣地域にとって社会的な情報交換の場なのである。応用の時間はまた、工作室や運動場での実践的な作業〔の時間〕として、通常教室での学業を補うために使われる。それゆえ、数学を学ぶ学級では運動場に出て家

の基礎を設計したり、食料品店のように設えられた学校の売店で1時間過ごし、そこで子どもが「お店屋さん」遊びを通して暗算や口頭での計算をしたり英語の練習をしたりして、応用の数学の課業を受けるのだ。応用の時間はまた、学校の校舎のための作業をすることにも費やされる。そのため速記やタイプライトの技術あるいは簿記を学んでいる年長の子どもは学校の事務室に行き、事務員の一人を手伝いながら実際の仕事を1時間おこなうこともできる。第5学年の少年は学校の倉庫の管理に、この時間を使う。彼らは学校の備品のすべての責任を負う。部局から送られてきたすべての材料を照合して調べ、それを校舎中の教師や管理人に配る。さまざまな工作室での子どもの成績は、他の子どもが自分の応用の時間を使って、記録している。事務室全般の責任は、雇われた簿記担当者1名が負っている。事務室には子どもが、工作室の教師によって書きこまれた印刷伝票をもってやってくる。教師は、子どもの技術がある段階に達するまでに必要な時間を彼らに与えている。子どもの事務員は、この仕事についての彼らの成績をつけ、それらをすべて保管する。子どもは校舎内を対象にした郵便局も運営している。そして著者は、第6学年の少年が校舎を回りながら給料の小切手を配り、領収書を集めているのを見た。この種の仕事をする子どもは数学や簿記を学んでいるだけではなく、責任と信頼も同時に学んでいるのである。彼らは自分の学校がどのような意味をもっているかを深く理解し、学校の福祉に広く目覚めさせられている。彼らは、自分たちが学校の利益と一致した真の学校だということを学ぶのだ。

　学校の食堂は調理部によって運営されている。エマソン・スクールが最初に建てられたとき、食堂には調理の授業用の標準の机、個人で使えるガスバーナー、テーブル、ロッカーが備えつけられた。その後、これらはすべて配膳台として使われるようになった。そこでは生徒のウェイターが、自分が調理した料理を彼らの仲間の生徒に向けて運び、利用者は生徒の会計係に料金を支払っている。年少の少女は、年長の少女の調理実習に補助者や観察者として参加することで、調理の実習を受ける。少女たちは食堂のメニュー作りや買い物のすべてと、金銭面の管理をしている。化学にかかわる部局が食物を分析し、栄養価の比較表を作っているが、彼女たちはそこが定める標準に適う料理を作り、その経費を支払わなければならない。その結果が、湯気のたつほどに温かく、栄

養満点でおいしく調理されて、とても安価で供される食べ物なのである。毎日のメニューは、それぞれの料理の値段と栄養価とともに提示される。そして食堂の壁には、食料品の栄養価を比較したもの、安く栄養満点な献立の見本、そして粗末な食べ物の浪費を示したポスターと図表が掲示されている。これらはすべて調理を学ぶ生徒によって作られたもので、実際の実験の結果なのである。

　ゲーリーの学校では公民を、教科書を使って教えていない。生徒は、彼ら自身の学校の校舎の管理を手伝うことで、講堂や運動場での自分たちの行動のルールを作ることで、公立図書館に行くことで、そしてゲーリーがおこなっていることについてそれを実行している人に話を聴くことで、公民を学ぶ。彼らは、党派が作られ、予備選挙があり、投票所や投票用紙も作られておこなわれる、自分たちの生徒会の模擬選挙活動を通して学ぶ。自分の手で家具やセメントの歩道を作り、それにどのくらい費用がかかるかを知っている生徒は、家具や歩道をすぐ壊そうとはしない。また彼らは、自分が納税者となったときに、享受するサービスや改善の価値に関して、簡単に愚かになることもない。健康〔増進〕運動、市の社会的機関に生徒を連れていく応用の課業、彼らが市についてより多くを学ぶための講義室の時間などはすべて、彼ら自身に訴えかける公民の授業なのである。子どもは、彼ら自身の目で物事を見られるようになる。彼らはよき市民であることによって、シティズンシップを学んでいるのだ。

　この実践的な公民科の価値は、子どもの大多数が外国から来た両親をもつために、二重にすぐれている。子どもの両親は自分が住む町の組織や政府について何も知らず、それらが彼らをどのように取りはからっているかを理解していないために可能性や限界を知ることができないのだ。両親は、法を破らなければ法を学べないし、みずからを危険にさらさなければ公衆衛生を学ばない。そして彼らが何かを欲さないかぎり、社会的な資源について学ぶこともない。その結果として自然と彼らは社会的な権威や政府に懐疑的である。そのため、彼らの子どもが、妥当な判断の根拠となる真の知識をもつことがとても重要になる。子どもにこのことを教えるほかに、学校では生徒に、つまり彼らの両親に、生活のアメリカでの標準を教えようとしている。入学にあたってすべての子どもは学校の事務局に、日常生活で使っている名前、年齢、住所のほかに、家族、家族の大きさ、資産、そして彼が住む家の特徴について、一定の情報を告げる。

この記録は学校に保管され、その子どもが学区外に移るときには移管される。すべての学年の教師は、学区内に一定数の区分けをおこない、この区画の計画を立てる。子どもは通りや歩道、街灯や郵便ポストが描かれ、すべての家、小屋、物置、空き地の位置が示された、詳細な地図を作る。これは、変更が生じるたびに作りかえられる。すべての子どもは自分の家の部屋を測量し、家の平面図を描く。これらの図は教師が受けもつ地区の地図とともに保管され、そのために教師は、そこに住むすべての子どもの家とその近隣地域の完全な地図を得ることになる。これらを家族の記録と比較することで、その家族が適切な道徳的、衛生的状況のもとで生活しているかを知ることが容易になる。

　教師は、徹底して知ることができるよう十分に小さな地区を受けもち、そこに住むすべての子どもとできるかぎり知りあいになる。もし悪い状況が無知と貧困によるものであれば、教師はそれらを改善するためになされうることをみつけ、家族がみずからをよりよくできる方法を学べるように取りはからう。もし状況が非常に悪いならば、同じ街区の他の子どもを通して近隣の世論がわきおこる。ときどき講義室の時間が、これらの地図を示し、街区や近隣のよい特徴や悪い特徴を指摘するのに使われる。子どもはいつもその情報を家の両親にもち帰る。そして家賃や宿泊施設について自由に議論されるとき、しばしばこれらの報告が影響を与える。両親は学校に来て、情報を求めて、勇気づけられた。新しくやってきた家族が子どもを通じて、劣悪な地域にいるのは不要だと気づき、混みあった裏の小屋から居心地のよいアパートに同じ家賃で移ったことも一度ではなかった。学校が通常のプログラムの一部として支援活動をおこなうので、子どもと両親は当然のこととして受けいれたのである。改善状況や衛生状況、家の大きさと快適さ、そして家賃に関する情報が両親に伝えられる。もし街区が貧しければ、状況がよく家賃も同等な近くのよい街区が彼らに示される。このように学校はよきシティズンシップと社会状況についての理論を教えるだけではなく、子どもが、何が悪く、いかにそれを改善できるかを理解できるように、実際の事実と状態を示すのである。

　ゲーリーの学校は、教育施設への貢献者として共同体をできるかぎり利用する。そうすることで学校は、学校が果たす大きな成果である機敏で知的な市民〔の育成〕以外に、直接の成果のかたちで報いているのだ。ゲーリーの状況は理

想的なものではない。学校に費やされる金額は同じ規模の都市と比べて多くはない。教師は他のあらゆる町でも見いだされる。生徒の大部分は自分の子どもに何の訓練もさせない家庭からやってくる。一方で、彼らの両親はみずからをまったく新しい環境に適応させようとしている。しかしゲーリーの学校はすぐれた経営感覚を示し、また若い世代に彼らの時間を有効に使えるようにできるかぎり施設を利用できるようにして、納税者からの税金を経済的に活用することによって、多くのことをやってきた。学校の校舎や運動場、機敏で幸福な生徒、そして彼らの在学中の進歩および卒業後の進路にかかわる統計などにみられるこの制度の結果は、どの公立学校でも利用できる資源によってもたらされたものであるために、二重に私たちに希望を与えるのである。

第8章　ソーシャルセツルメントとしての学校

　国中の学校では、活動を生き生きさせるもっとも直接的な方法は、地域の関心事や職業〔仕事＝専心活動〕とのより密接な関係性によってなされると気がついている。教育内容、方法、行政の均一化を確立することに専念したアメリカの学校史上の時期には、地域環境のあらゆる特性は均一化からの逸脱を意味していたために、そうした特性を無視せざるをえなかった。時間的および空間的に離れた事物や抽象的な性質の事柄は、非常に容易に均一化され、集団としての子どもに細分化されて与えられる。残念ながらその結果、すべての子どもにまったく同じ教育的手段を適合することを目的としたために、〔教育的手段が〕だれにも十分に届いていないという事態が、しばしば起こったのである。活動を生徒の経験に関連した活力あるものにしようとする取りくみは、必然的に地域生活の特別な要請と明確な特性に合わせて学校の教材を変えはじめたのである。

　このような身近な近隣の状況との密接な触れあいは、学校の活動を豊かにして生徒の動機的力を高めるだけでなく、共同体に対する貢献も増大させる。どのような学校でも教育の目的のために近隣の活動を活用することは、近隣の人びとにも影響を及ぼすことになる。たとえば、公民を学ぶ教師たちが地域調査をおこない、地域の改善のために働けば、地域の生活に一定の影響を及ぼすが、公民が教科書における純粋で一般的な内容から学ぶ授業であるかぎり、応用の可能性や妥当性もほとんどなくなってしまう。共同体は学校の地域的有用性に気づきはじめている。その福祉に対する貢献は、生徒が成人になってあらわれるような遠く離れたものではなく、教育の主要な日常のいとなみであることを実感する。学校がデモクラシーの目的や健全なシティズンシップのために存在しているという主張は、形式ではなく明確な事実になりつつある。学校の大き

な要素が市民の活動にあると認識している共同体は、学校の施設利用を拡大し（ゲーリーで起きたように）、あるいは必要なときには労力や金銭、物資などの直接的支援によって迅速に支援や補助を提供するのである。

インディアナポリスの第26公立学校で指揮をとる校長は、その機関を真の学校にするための取りくみにおいて、私たちが知っている他の例とは異なる実験を試みている。すなわち、学校を近隣の子どもが健康かつ幸福で、経済的にも社会的にも恵まれた状態に導く場所にし、共同体の生活に教育が関連していることを子どもと親の双方が直接認識するような場所にする試みである。ヴァレンタイン［William R. Valentine］氏の学校は貧困地区にあり、市内の密集した黒人地区では、生徒は黒人のみである。これは「人種問題」を解決する試みや黒人に限定した実験でもない。限られた資源と貧しい周辺の家庭から通う子どもの地区において、まったく実際的でないものは意味をなさない。訪問者がこの学校を去るとき、そのような挑戦が私たちすべての大都市ではじまることを願わずにはいられないだろう。もし彼らが共同体の最善の利益に貢献するようになるならば、実際にあらゆる共同体において彼らのニーズに対する感覚を呼びおこす必要があり、いかに生活の糧を得ていくか、余暇と労働時間の双方において、彼ら自身と近隣の人びとのために、自分たちの資源をどのように活用するかを教えられなければならない。ヴァレンタイン氏の学校は、活動がこの近隣の状況に関連して調整されているという意味では、黒人の子どものための学校であり、こうした生徒という特定の子どものニーズを変更している。それでもこの実験の成功は、「人種問題」の解決と同様に、あらゆる移民の特殊な問題に向けて、真の一歩を踏みだすこと意味するだろう。ヴァレンタイン氏はこれらの点に関する理論を説明することには興味をもっていないが、生徒の家庭生活に溝が生じることや、よりよい未来のために準備する機会を生徒たちに与えること、健康的な仕事や余暇を多く提供すること、学校の活動が同時に近隣の状況を改善するように作用させることに関心を寄せている。

ヴァレンタイン氏の学校は、近隣に対する真のソーシャルセツルメントであるが、平均的なセツルメントに比べて決定的な利点をもっている。それは、大部分のセツルメントでは毎週の細切れの時間しか子どもに供給されないのに対して、毎日多くの時間をこの地区で暮らしているすべての子どもと接すること

第8章　ソーシャルセツルメントとしての学校

になるからである。この学校は、人びとが支払って共有し利用する公共施設であるために、大部分のセツルメントよりも大きな影響力を有している。人びとは、学校が自分たちのビジネスに関連しており、それは慈善の問題ではないと感じている。なぜなら学校に関する実務的なことは、社会福祉の原則について実際に教えることを可能にする。どのようなセツルメントであってもその活動は、利用する人びとが無料で何かを受けとっていると感じており、自分たちよりも財政状況のよい人びとが担っているという事実によって、いつもハンディキャップを負っているものである。しかし地区の公立学校を通じて、特定の階級や娯楽において欠けている公共的機関を提供することによって、その活動はさまざまな基盤に置かれる。この学校は、学区の人びとにとって本当の財産なのである。彼らはそこでおこなうことに、多かれ少なかれ責任を感じている。いかに幅広い活動であっても、学校は人びと自身の活動を特定の範囲で引き受けるだろう。彼らは学校施設をたんに自身の必要性のために利用している。

ヴァレンタイン氏の学校の周辺地域は、インディアナポリスでもっとも貧しい地域の一つであり、かつては無法で無秩序なために評判が悪かった。この学校は長年にわたり個々の親や共同体全体から、ごくわずかの援助で、あるいはまったく援助を得ることなく取りくんできた。無断欠席の割合が高く、さらに毎年のように多くの人数が少年裁判所へ送られていた。この子どもたちは、全体として自身の活動に何の関心もなく、きわめて困難なケースも珍しくはなかった。ある生徒は自分に罰を与えた教師に肉用のナイフで復讐しようとし、また別の生徒は近隣への教訓として彼の父親が逮捕される必要があった。この反抗的な態度と不本意の出席に加えて、学校は最終的に近隣の住宅から学校を隔離するために何かをおこなうことが必要になるような、モラルに欠けた環境と向きあわざるをえなかった。結局、教育委員会は学校の周囲に木造家屋と土地の区画を購入した。最初はその古い建物を壊すように提案があったが、当局から学校で利用するようにと説得されたのであった。いまではこの学校は、大きな校庭と非常に粗末な状態にある三棟の建物の所有主となったが、教育委員会はこの追加の資産の購入と土地を整備したあとに、市が追加の支出を一切おこなわないと明言していた。この建物は社会的および産業的目的のために利用されることが決定された。生徒と近隣の人びとの興味に合わせたものの一つに、

手工訓練用の建物があった。ここには大工仕事、裁縫室、靴作りのクラスのための教室がある。それぞれの学年は毎週決まった数時間を手作業に費やしており、放課後には産業的クラスに参加する機会も用意されている。この活動の直接的な実用的魅力はけっして見失われることなく、活動は個々の生徒の要求に沿って調整されている。

　大工の工房は1日中開かれており、男子と同様に女子のためのクラスもある。生徒は自由時間にいつでも作業場や活動に行くことが許されている。その活動は子どもが道具を使いこなすための訓練として設定されているのではなく、各生徒が必要と欲求に応じて、自分で実際に使いたい物を作るためのものである。生徒がおこなう活動の一部分によって、道具の過程や制御が教えられる。これがこの学校におけるすべての産業的活動でおこなわれている基本である。子どもに後々になって役立つものを教えるという過程が見失われているわけではなく、教材がつねに子どもや学校にとって何らかの直接的な価値をもって活用されているのである。男子は学校内で必要とされているテーブル、カップボード、本棚の製作によって、さらには校舎の修繕をおこなうことによって、大工仕事を学んだ。女子は自分たちや兄弟姉妹のための洋服作りによって、また学校のカーテンや敷布作りによって裁縫を学んだ。彼らは学校や近隣の人びとのためのスープや温かい昼食を作ることや、自分たちのクラスのための食事を作ることによって、調理についても学んだ。女子の調理および裁縫の部門のほかに、婦人帽子とかぎ針編みのクラスもある。これらの二つのクラスは、女子がある程度のお金を稼ぐことが可能になるような事柄を教える、という商業的観点から関連づけられている。婦人帽子のクラスにおいて生徒は自分のために帽子や帽子の飾りつけを作りはじめており、これによって販売におけるさまざまな過程も学んでいる。このクラスでもっとも高い技術をもつ女子たちは、友人や近隣の人びとから帽子の装飾や帽子作りの注文をとることを許されている。買い手は、材料費に加えて製作のために少額を支払い、これが学校の資金になっている。婦人帽子のクラスは、近隣ですぐれた事業をおこない、非常にすばらしい帽子を生みだした。かぎ針編みは商売として教えられ、少しでもお金を稼ぎたいと望む女子はだれでもレース編み、テーブルナプキン、フードなどを含めてその他のあらゆるかぎ針編み製品の作り方を学ぶ機会をもっている。女子た

第8章　ソーシャルセツルメントとしての学校

ちは学ぶなかで、自分たち自身や家で使うことができるような物を作っている。

　男子のための活動も同じような方法で計画されている。大工仕事と修繕に加えて、男子の調理クラス、靴の修理部門、洋服の仕立て部門もある。調理のクラスは女子よりも男子に人気が高いくらいだ。放課後におこなわれている靴の修理部門では、自分の靴の直し方を学んでいる。専門の靴職人が教師であり、修理はきちんとおこなわなければならない。男子は自分の靴を直す活動からはじめ、彼らの技術が進歩すれば家庭から修理するための靴をもってくることや、わずかな手間賃の支払いを受けるような、学校内の女子や年下の男子の靴の修理を許される。洋服仕立ての部門も、同じような計画のもとで運営される。そこでは、きちんとした身なりと一定の手工技術と道具のあつかいをもたらすような生徒の活動を提供することを通して、個人に清潔さと産業の習慣を教えるのである。このクラスは仕立屋によって教えられ、男子は自分の洋服にあて布をしたり修理することと同様に、スポンジでこすったりアイロン掛けについて学ぶ。全体として出席は自発的なものであり、このクラスは正規の学校の活動が終わったあとにおこなわれる。自分たちの身ぎれいさをどのように保つのかを理解することは、クラスの男子の外見と習慣について非常に大きく改善する結果をもたらし、その影響は学校全体だけでなく近隣にも同様に及んだ。男子は、清潔さや身ぎれいさに対して教師が説得する試みに憤慨することがなくなり、彼らはこうした習慣の利点を意識するようになっている。

　学校に引き渡された未改修の建物の一つでは、市から調理器具が提供されて調理および家庭科のクラスが教えられた。この建物における掃除、塗装、修理、家具、飾り付けといった、その他すべての活動は、建物を利用する近隣のクラブから支援を受けてこの学校の生徒によっておこなわれ、費用が支払われた。この建物には大きな調理室、実習用ダイニング、居間が各一部屋、さらに二つの寝室がある。女子は実際の食事の作り方だけでなくどのように配膳するかを学び、それにより実習用の家をどのように管理するのかを学んでいる。家庭科のクラスは、買い物、コストと食品の栄養価の比較、食品の化学的性質とその値、大人数用の調理を含む。この活動は、スープの調理に関連づけられておこなわれる。女子のあるグループは、この活動についてキッチンで実際的に学ぶための時間を十分にとっている。彼女たちは献立を立て、そのための買い物を

して調理し、学校の生徒と近隣の人びとに向けてスープを1杯3セントで販売している。彼女たちは自分たちで会計管理してすべての経費を賄うだけでなく、学校でも使えるように多少の利益を上げることが期待されている。彼女たちは1年で実習用ハウスにほとんど家具を備えつけるだけの利益を稼いだ。家庭の仕事をどのように完全かつ容易におこなうのかを教えることのほかに、このハウスの目的は、多くの人びとが自分の家のために充てる費用の範囲内で、この地区における通常の構造である家屋をどのように快適かつ魅力的になしうるのか、という事例を示すことである。このハウスは、容易に清潔を保てるように明るい色をした安くて強い素材の家具が備え付けられており、塗装と壁紙貼りは教師によっておこなわれた。裁縫のクラスは、このハウスのためにすべてのカーテンとリンネル類を作り、箱を覆うことなどによって家具を作製した。さらにこの建物でおこなわれる裁縫のクラスに加えて、いくつかの部屋が女子のためのソーシャルセンターとしても利用されている。

　教育局が購入した敷地内にあった三つめの建物は、男子のクラブハウスになった。その建物には、体育館が一つ、クラブ室が二つ、シャワー室が一つある。このハウスは学校の施設になったときには非常に悪い状態にあり、修理するための費用が不足して建材も十分にはなかった。しかし学校の男子たちはクラブハウスを望んでいたので、すべて仕上がっていなくても落胆していなかった。彼らは手工訓練や家庭科の建物でやっていたように、自分たちでその活動に着手した。手工訓練の教師による指導のもと、彼らは古い壁紙をはがし、壁土を壊し、でこぼこの床を引きはがし、間仕切りを取り払った。その後、彼らは木工で床を取りつけて塗装し、ドアを取りつけ、窓を修理し、家具や体操用具を作製した。しっくい塗りや配管といった彼らができない作業の際には、友人のところへ行って金銭的な援助か仕事による支援を頼んだ。近隣の男性は学校の敷地に下水道を接続させるために長い溝を掘った。清掃や塗装が彼らに有益な活動の機会を提供しつづけるなかで、徐々に体育館の用具や簡素な入浴設備を増やしている。

　すでに指摘したように、近くの家庭に及ぼす影響が顕著にみられた。教育委員会は土地を購入した際、三つの荒れた保有家屋を壊すつもりであった。しかし、ヴァレンタイン氏は、これらの建物を学校に引きつぐよう同委員会を説得

したとき、共同体で人びとが必要としていた機会を与え、それと同時に古い疑念と敵対の精神に代わって、親や教師たちのあいだに協働と興味の精神を喚起させようと考えた。ヴァレンタイン氏は生徒たちにともにできることは何かを話し、それをおこなうなかで彼らの支援を求めた。彼はすぐに心温まる反応を得たことで、子どもたちと地区へ出かけて行き、親たちに彼が提案したことを語り、そのための支援をお願いした。彼は男子のクラブと同様の惜しみない反応を、最初の建物や手工訓練の工房についても得ていた。共同体の熟練労働者たちによって提供された時間と物資とは別に、この共同体は貧しい人びとにとって、まとまった額にあたる350ドルの現金を寄付した。これらの建物で取りくまれる仕事や男子が建物を改修する際におこなった訓練の価値は、地域と男子が自分たちでその成果を望む場合には、金銭や作業で支払おうとすると同様の成果を得ることは難しいという事実によって証明される。その労力は学校と学区にとって疑いもなく大きなものであったが、学校と共同体への恩恵はこれらの犠牲と苦労よりもさらに大きなものであった。この活動は、学校と生徒のあいだの関係を作り変えた。子どもたちは以前には欠席調査官の脅威によって強制的に学校へ行かされたが、いまでは喜んで学校に通っており、学校に通うことで振る舞いも改善している。子どもたちの親も同じように態度が変化した。彼らは子どもが学校に通う姿を見送るだけでなく、子どもが自立するために必要な事柄を学校が提供することを認識したことによって、学校に通わせたいと思うのである。そして、もしその仕事が成功するならば、自分たちも分担してやることがあると理解している。この学校は、地区の市民活動や社会的活動が拡大するなかで、共同体の精神が成長する源になっている。出席と規律が改善され、少年裁判所に送致されるケースは、学校の生徒数に対する比率で半数にまで減少している。その一方でこの活動の教育的価値は、相互に分断された工房やキッチンでおこなわれる活動よりも、疑いもなく高まっている。

　また同校は生徒の共同体や近隣の人びとに対する責任感を生徒に喚起するために特定の活動を実施している。生徒たちに校舎の周辺で可能なかぎり自由と責任をもたせることは、重要な要素である。高学年の各生徒は、低学年の小さな子どもたちの面倒を見る機会を与えられている。校庭では受けもちの子どもが公平に遊ぶ機会があるか、行儀よく振る舞っているか、年少の男子や女子が

男子は女子よりも調理が好きである。(インディアナポリス第26公立学校)

靴の手入れを学ぶために自分の靴を修理している。(インディアナポリス第26公立学校)

学校に清潔できちんとして学校に通ってくるかを見守っており、必要な場合には洗ったり繕ったりしている。この活動は、年長者に弱い者いじめをやめさせ、個人の自尊心と責任感を喚起することの、特別な成功を証明している。年少の者は以前よりも年長者の世話を多く受けることによって、年上でより進歩した生徒から物事を学ぶ多くの機会がある。また年長の生徒は、学校の外でおこなわれる活動においてもさまざまな方法で手助けすることが奨励されている。彼らは夜間学校の出席を維持させるために、年少者に対して、呼びだしたり手紙を書いたりしている。彼らは校長室の指示を受け、男子のクラブハウスをきちんと維持している。この学校のすべての教師は、地区の貧困について率直に議論するという方針、生徒ができるだけ自立に近づくことによって親を支援するために、生徒が賃金を稼ぐことを奨励するという方針に合意している。各学年ではメンバーが何で稼ぎ、どのように稼いでいるのかを注視し、年間を通してもっとも多い金額を稼いだ学年は、自分が達成したことが評価されたと感じるのである。

　学校には、倹約と節約の習慣を子どもに教えるために預金用の銀行があり、生徒は1セント以上であればいくらでも預けることができる。生徒は自分の預金が記帳された通帳を受けとり、そのお金は市の預金銀行に保管されている。また学校には図書館の分室があり、生徒たちに利用の仕方が教えられている。校庭の一部が学校菜園として設けられ、ここで高学年の各生徒が庭の区画を受

第8章 ソーシャルセツルメントとしての学校

けもち、一般的な果物や野菜の一定量を上手に育てることができるように指導されている。この活動は非常に実用的におこなわれている。子どもは、もし自分の裏庭があれば、そこでも作れるような有益で観賞用にもなる庭をもっていることになる。学校は家庭菜園に関する近隣への広報をおこない、学校菜園を受けもつ生徒がこの活動に多く取りくみ、庭をもちたいと望む人びとに何を植えたいかを尋ね、よく育てられるようになるまで彼らの区画への実際的な支援をおこなう。これらすべての面で教師は生徒全体から向上心と責任感がある市民を育成しようと努めている。学校内で生徒は、彼らの家庭で一般的になっているよりも高い水準の生活が教えられ、彼らは少なくとも幸福に向かう出発点が得られるような商売や流通を教えられ、さらには共同体全体の福祉に対する責任感も喚起される。

　これらすべての事柄は、学校の正規の活動の一部として、また正規の学校の時間に幅広く実施されている。しかしこのほかにも子どもの教育に直接的に寄与しないが、共同体全体の共通の福祉として重要な多くの活動がおこなわれている。学びつづけたいと望む近隣の成人むけには夜間学校があり、教室と同様に工房が活用されている。学校に対してとくに興味をもったある人びとのグループは、夜間学校を促進するため、さらに学校が商業や英語の知識および使用を完璧なものにする機会を提供するということを、共同体の人びとが理解する姿を確かめるためにクラブを作った。このクラブは、学校の近くに住んでいる人びとのなかで、学校が共通の福祉のためにすでにおこなっていることは何なのかを、また人びとが学校からさらに多くを求めるようになった場合に、学校は何ができるのかを地区全体に知らせるために懸命に働く人びと、学校と共同体のニーズを熟知している人びとから構成されている。夜間学校への出席を維持しながら、クラブでは学校の改修や学校に高価な蓄音機を提供するための費用を捻出する援助をするなど、学校の共通の福祉に対して多くをおこなってきた。ソーシャルセンターとしての学校の成功とそのようなセンターの必要性は、このクラブが地区で暮らす人びとから構成され、その子どもが学校を利用し、彼ら自身も夜間学校に通っているかもしれないことを想起すれば十分理解できることである。

　夏期には近隣の子どものための休暇学校も開かれ、教室での活動とともに、

校庭や工房で多くの時間を過ごすことになる。学校には、社会的目的のために校舎を活用し、学校を卒業する生徒を見守るための活発な同窓会がある。親のクラブは学校における活動に生徒の親の協力を得るため、また近隣の実際的なニーズを発見する手段として発足した。親は年間を通して各学年の親によって開かれる一連のお茶会を通じて学校と密接にかかわっている。各学年では年に一度、生徒の母親たちを家庭科ハウスに招いてお茶を出している。子どもたちは、家庭科の活動の一部分としてお茶の活動をおこない、英語の授業で招待状を書く。教師たちはこうしたお茶を子どもの家庭訪問の機会として活用し、母親と交流するのである。それぞれの子どもの家庭状況を理解している教師は、その子の弱点や長所もよくわかるため、子どもに適した活動をいっそう調整しやすくなる。貧困に苦しむ過労気味の母親にとって、こうした社交的な集まりはすばらしいイベントになる。

　この学校の生徒たちは、学校生活を通じて社会的にも教育的にもさまざまな機会が与えられている。男子のクラブハウスは、地元の男子クラブに対してほとんど毎晩開かれ、そのうちのいくつかは学校組織によるものであり、そのほかに独立したクラブもある。クラブハウスにはミーティング室やゲーム用の部屋があり、十分に整備された体育館もある。学校の教師は、こうした夜の集まりを交代で見守っている。参加者はこの建物の大きさに対しては多い方である。男子に健全な活動のための場所を提供することは、この学区では一般的にみられた道にたむろすることや、徒党を組む習慣を打ち壊している。この学校の女子は社会的目的のために家庭科のハウスを利用している。女子のキャンプファイヤーの二つの部会は、この建物内で定期的なミーティングを開き、教師から支援と助言を得ていた。それぞれの家庭科のクラスでは、女子に家事をどのようにおこなうかを教えるのと同様に、いかに快適で自尊心のある生活を送るかについて教えることを目的とし、このようにして授業そのものがソーシャルセンターになっている。女子は良質で安価な食事の作り方と配膳の仕方を学んでおり、彼女たちは一緒に座って作った物を食べている。彼女たちは教師とともに個人的な問題を話しあい、互いに多くの実際的な助けあいをしている。家庭科の教師はある程度の技能をもつ女子には、放課後の時間にできる仕事を見つけるように支援し、これにより彼女たち自身で家族を支えることができるよう

第8章　ソーシャルセツルメントとしての学校

になっている。また教師たちは、生徒たち〔彼女たち〕が学校を去ってから安定した仕事を見つけられるように支援してその後も見守りつづけ、彼女たちが自分自身をよりよい仕事に適応させるよう励ましつづけている。

　この学校が成しとげたセツルメント活動の成功は、校舎が近隣における自然で理論的なソーシャルセンターであり、教師は子どもと親の双方と他の地区のワーカーたちの場合よりも親密で自然な接触をするようになることが可能であるという事実を明確に示している。

　生活の社会的および経済的水準が非常に低く、とくに成功した市民ではない人びとの地区における学校とセツルメントは、大きな経済的作用がある。学校とセツルメント機関の双方は、両方の目的のために複数の建物を同じ集団で使えるように拡大されている。このセツルメントは、他の多くのセツルメントが要求するよりも充実した大きな作業室や教室を利用し、学校は共同体のためになるような交流用の部屋や活動を利用する。学校はその地区のほとんどすべての家族と知りあうようになり、それによって共同体の活動を確立することが大変容易になる。しかしこのような節約よりも重要なことは、学校のセツルメントが共同体の状況を真に反映するデモクラティックな共同体であるという事実からもたらされる長期的な成果である。

　学校設備をどのような活動に使うにせよ、たんに通常は八つのクラスで利用するにしても、ゲーリーの学校やヴァレンタイン氏の学校がおこなっていたように共同体にはあらゆる種類の機会を提供することをともなうにしても、共同体の人びとは自分たちの税金が支払われてきた公共施設を自分自身の目的のために利用していると感じている。彼らは、地区の学校で増大する設備によって、より繁栄した生産性の高い家族やよりよき市民の状態がもたらされるという具体的な結果を知りたいと望んでいる。なぜなら学校は、その名称が示すように実際的には公共施設であり、人びとは学校が本当に自分たちのニーズに合っているかを理解している。そして彼らはそのことを知るために喜んで働く。学校のセツルメントは、特定の目的のために働くという利点と、集団として共同体の仕事を協力しておこなうという利点をすべて繰り返す。ヴァレンタイン氏の学校の活動が資金不足のために支障をきたしたという事実、さらに特別におこなわれたことのいくつかは特定の地域住民にのみ適したものであったという事

実にもかかわらず、近隣において学校と親のあいだの関係性や学校への態度に関する生徒の精神が変化したことは、公立学校が孤立した学問的施設であることをやめたときには、近隣にとって何を意味するようになるのかを示している。

ゲーリーの学校とヴァレンタイン氏の学校は、物理的にも知的および社会的にも共同体の学校の特定のニーズに組織全体で応じることを効果的におこなっている。両校はより大きな社会的理念に向かって、すなわち市民が豊かになり独立し、貧困や苦しみのなかでよき市民を生みだせない人びとがいないような共同体に向かって展望している。これが起こる前に、社会的状況が変化しなければならないが、こうした学校は自分たちが提供する教育が自然な方法の一つであり、おそらく変化に応じて支援するもっとも確かな方法であると信じている。子どもの頃から明確に考えること、自分たちの面倒を見ることを人びとに教えることは、搾取に対する最善の防衛の一つである。

非常に多くの学校が同様の種類の活動をおこなっており、カリキュラムを豊かにする手段として共同体の活動を利用し、近隣のセンターに対する学校の設備を利用している。すでに述べたようにシカゴの公立学校の市民クラブは、共同体そのものを改善する希望をもち、自分たちの共同体における生徒の生活のためにすぐれた役割を果たすという同じ目標をめざしている。イリノイ州リバーサイドにあるコテージ・スクールは、生徒はすべて裕福な家庭から通っているが、同様のクラブが生徒にとって価値があり、その街にとっても本当に役立つことを見いだした。生徒によって市民連盟に組織された学校は、街の特定地区にあるストリートの状態に責任をもっており、たんに清掃するだけでなく街の人びとがその問題に関心を示すように試みている。政治的組織を基盤とする模擬選挙や「自治」は、よきシティズンシップを鍛える必要性に応じた教育的試みの例である。ソーシャルセンターとしての学校施設を利用することは、社会的変革へのニーズの認識と、それを共同体の責任で効果的に支援するという認識である。

このような学校施設の利用拡大の試みは、若者たちに自分自身で改善する責務を受けいれることができるように訓練するだけでなく、近隣に欠けている余暇や交流、向上への直接的な機会を提供するためのものである。そのような受け皿として学校施設は、自然で便利な場所である。それぞれの共同体は、学校

が公共の目的に対して公費で維持され、共同体が可能なかぎり幅広く利用することを期待し、要求する権利をもっている。教育を社会化する試みとして子どもたちのあいだにその成功と熱心さで向かい合い、教育的手段の価値が確立したように、共同体の人びとが校舎を中心とする活動と学校設備の利用を実際的に共有することは、この国の若者により知的な公共的精神を与え、教育の権利にいっそう強い興味を与えるもっとも確実な方法の一つなのである。

第9章　産業と教育の再調整

　すべての教育改革において中心となる努力は、現存する学校の制度や方法の再調整をすることにあり、一般的、社会的、知的諸条件における変化に対応すべきである。他の人間の制度と同様に、学校は惰性に陥り、現在の要求にかかわりなく、一旦はじまったことをそのままおこないつづける傾向にある。現在の教育には、現状とは合致しないかつての社会的状況に由来する多くの論題や方法があり、それらは伝統と習慣ゆえに永続化している。とくに、私たちの学習制度については、産業の方法が現在のものと根本的に違っていたときに、理想や観念の統制が固定化されたというのが事実である。この学習制度は、生活における産業の地位が、実質的にすべての政治的かつ社会的出来事が経済的問題に結びついている現在よりも、それほど重要ではなかったときに成長した。この学習制度は、科学と物の生産・分配作業のあいだに、積極的なつながりがまったくなかったときに形作られた。一方現在では、製造業、市街鉄道、電車、そして日常生活におけるすべてのサービス提供機関は、まさに科学を応用したものである。経済の変化は、人びとに日常生活と科学のより緊密な相互依存をもたらし、理想的な両者の依存関係を発展させた。これらの政治的、知的、道徳的変化は、産業教育と結びついた問題を、アメリカの現存の公教育におけるもっとも重要な問題にしたのである。
　「学校」という私たちの言葉の由来となるギリシャ語が余暇を意味したという事実は、いままで生じた変化の性質を示唆している。教育が、生きていかねばならないことへの圧力の軽減を意味することは、いつの時代も真実である。若者たちは、学んでいるあいだは、多かれ少なかれ、他者によって支えられなければならない。若者たちは物質的に生きていくための苦闘の影響から守られるべきである。児童労働に対する抵抗は、公立学校の施設をすべての市区町村

第9章　産業と教育の再調整

へ広げる努力を、手に手を取りながら進んでいる。学校へ通うためには自由な時間がなくてはならず、生徒たちは身体的に疲れきったまま勉強をしてはならない。さらに、教育において、想像力、思考力、感情を発揮するには、自活の問題に苦しむことのない精神を必要とする。もし本当に進歩的で自由な教育が存在するのならば、余暇の雰囲気が存在すべきである。

　このようなことは、学校が余暇にちなんで名づけられたときと同様に、いまでも真実である。しかし、かつては、有閑階級と労働階級のあいだの永遠の区別は当然のことだとされていた。少なくともほんの初歩的なことを超えた教育は、有閑階級のために意図されていた。その教材と方法は、十分裕福な有閑階級の人びとのために作られたものだった。なぜなら、彼らは、生きるために働かなくてよいからである。手仕事に刻印されたスティグマは、とくに強烈であった。貴族的かつ封建的国家では、このような手仕事は、奴隷や農奴によってなされており、これらの階級に刻印された社会的劣等感は、従事した職業に対する軽蔑の念を自然と抱かせた。これらの階級の訓練は、独創性のない種類の教育だった。一方で、進歩的な教育は、自由人のための教育である。自由人とは上流階級の構成員であり、自分自身もしくは他者のために労働に従事する必要のない人のことである。産業に対して引きおこされた敵愾心は、手をあつかうことを要求するすべての活動へと拡張された。スポーツや戦争を除いて、「紳士」は技術のために手を使うこともなければ、手を鍛えることもなかった。手を必要とすることは、他者のために有用な仕事をすることだった。ところが、他者に個人的なサービスをすることは、社会的、政治的に従属する地位にあることの象徴だったのである。

　奇妙に思われるかもしれないが、知識と精神の観念は、社会における貴族階級の秩序に影響を受けていた。一般的には身体、とりわけ手と感覚が使われなければ使われないほど、知的活動のグレードは高くなった。真の知識に帰着する真の思考は、身体のいかなる部位も用いずに、完全に精神の内部でのみおこなわれるべきものだった。したがって、最小限の身体的活動をともなっておこなわれる学科は、自由教育に属する学科だけであった。第一の等級には、純粋に精神的であった、哲学、神学、数学、論理学のような学科がくる。つづく等級には、文法と修辞学とともに、文学や言語がきた。私たちが美術と呼ぶ職業

でさえ、より低い地位に追いやられていた。なぜなら、絵画、彫刻、建築等の成功でさえ、技術的で手を使う訓練が求められたからである。音楽だけが、この非難から免れていた。なぜなら、一部分ではあるが、声楽は手の訓練が必要なかったからであり、音楽が礼拝の目的のために用いられたからである。さもなければ、教育は芸術を創りだすためではなく、芸術を味わうために訓練すべきであった。

　これらの観念や理想は、それらを生みだした政治的、産業的な条件が崩れはじめてしまってからずっとあとでも、教育の理論と実践のなかに根強く生きつづけた。実際に教養と教養教育に結びついたすべての概念は、すべての労働階級を抑えた有閑階級の圧倒的優位が、当然のことであったときに作られた。洗練さ、上品さ、美的感覚、古典文学の知識、外国語の知識、純粋に「精神的」な意味で研究され実用化されない科学の知識は、まさに余暇の時間とありあまる富の目印であったのと同じく、教養の目印であった。学識ある専門職――神学、法学、そして狭い意味で医学――は高等教育の領域に入れることが黙認された。それは、他者へのサービスにおいて、手を用いる要素が産業的職業ほど大部分を占めていなかったためである。しかし、専門職の教育は自由教育とは対照的に、軽蔑のまなざしで見られていた。なぜなら、まさに、仕事の目的が他者に対しておこなうサービスだったからである。そして長いあいだ、とくに医学は、まさに他者の身体的要求に対して、医療従事者が直接手を用いた配慮（治療・手技）が要求されたため、劣っていて、かつ、怪しげな地位を占めていた。

　自然科学を高等教育へ導入することに対する反対は、既成の制度の一部に起こる変化への用心深い恐れだけでなく、自然科学が（身体組織にもとづく）感覚、身体器官、そして巧みな技術が求められる手技の運用を強調したという事実によるものであった。数学科学の代表者たちでさえ、自然科学はもっと純粋に精神的な方法で追求されうる幾何学・代数学・微積法のような科学よりも教養度が低いはずであることを当然のこととして、文学の代表者たちと結びついていた。社会的な変化の進歩が、ますます実用的な学科をカリキュラムのなかに入れることを余儀なくさせたときでさえ、科学の教養的価値を格づけする考えが根強くつづいていた。銀行業や商業のような仕事は、家事や製造業、農業のよ

第9章　産業と教育の再調整

うな手仕事の活動も、他者に対する直接的なサービスを含んでいなかったので、結果として、銀行業や商業に就くための学科は、製造業等と関係のある学科よりも、少なくとも「上品」である。現在でさえも、多くの人びとは、精神的な活動に身体が黙従するのだと考えている。

　諸観念の序列における最初の侵害は、初等教育で起こった。18世紀に起こったデモクラシーの考えの広まりとともに、教育は上流階級の特権であるのと同様に、大衆の要求であり権利であるという考えが発達した。普遍的な教育におけるデモクラシーの考えに慣れているアメリカの生徒は、ルソーやペスタロッチを読む際に、社会的必要性としてのすべての人びとの教育的発達という両者の構想の方が、彼らが力説した特殊な方法よりも革命的であることに気づきそうにない。しかし、これが実情なのである。ジョン・ロック［John Locke］のような啓蒙的な自由主義者でさえも、紳士の教育を参照して教育の論文を書き、労働階級の訓練は根本的に異なる類いのものだと考えた。社会の全構成員のあらゆる能力は発達可能だという考え、また、社会は社会自身に対しても社会の構成員に対しても、社会の構成員がみずからの発達を受けいれたことに恩恵を受けているという考えは、起こりつつあったデモクラシーの革命の最初の偉大な知的象徴であった。ルソーがスイス生まれであったこと、ルソーが著作を書いたときにデモクラシーの政治思想が流行していたこと、ペスタロッチがスイス生まれだけでなく、彼がその共和国で仕事をおこなったことも、着目すべきことである。

　大衆のための公立小学校の発展は、教育の理由として学習の有用性を不可避的に強調する一方で、公的なカリキュラムと方法の発展は、有閑階級の教育の理想を残すことにおおいに影響を受けていた。初等教育は、まさに大衆のための教育であるから、本格的に教育的な事業としてよりもむしろ、政治上、経済上で必要な類いのものとして見なされた。有用な教科をともなう初等教育と、本物の教養を身につけるための少数者の高等教育のあいだには、厳密な線が引かれていた。読み・書き・算、すなわち3R'sは、有用性のために教えられるべきものだった。3R'sは個人の自立を可能にし、よりよく「暮らす」ことを可能にし、そして何よりも、変化した経済的状況のもとで、よりよい経済的サービスを供給することを可能にするために必要とされた。多くの生徒たちが

3R'sを実際に使えるようになるとすぐに学校を去ることは、当然のことだとされていた。

　大多数の子どもがおよそ第5学年の頃に——すなわち、彼らが読み・書き・算の根本的な技術を獲得したとき——学校を離れるという事実以上に、多くの子どもにとって初等教育は、いまだに実際的な社会的必要として尊敬のまなざしを向けられているのであって、固有の教育的な尺度によってではないということのよりよい証拠を見いだすことができないだろう。3R's以上に、おそらく地理と歴史は別として、地域に影響力をもった人たちによるいくつかの教科を採用することに対する反対と、他の教科を「気取りと流行」と見なす傾向は、たんに初等教育を評価するための方法であることの証拠である。文学・科学・芸術における豊富で幅広い教養は、より裕福な人びとの場合は許されて差し支えないが、大衆は教育的に発達させられるというよりも、効率よい労働者にするために必要な道具を使えるよう訓練されるのである。通常私たちが認めるよりも大きな程度で、初等教育は物の生産と分配が変化した状況の下での、かつての徒弟制度の代替なのである。徒弟制度は根本的な感覚においてもけっして教育的なものとしてあつかわれることはなかったが、初等教育は完全な教育的事業としては部分的におこなわれたにすぎなかった。

　部分的には、主流となる文学的で「知的」な教育という古い考えは、新たな小学校に侵食し、そして虜(とりこ)にした。高等教育と教養教育へ進むかもしれないごく少数の生徒にとって、3R'sは学習の道具であり、知識を獲得するために本当に唯一不可欠の道具であった。3R'sは言語すなわち真実と考えの象徴であり、学習と知識の支配的な考えを覆う真実と関係のある学習の道具なのである。知識は他者が知りえた既成のもので構成されており、言語への精通は、この知識の蓄積に近づくことを意味する。学ぶことは、この既成の知識の蓄積から何らかのことを獲得することであって、自分のために何かを発見することではない。教育改革者は注入主義の教授法と受動的な学習法を攻撃しつづけるかもしれない。しかし、知識の本質に関する上述の考えが伝えられているかぎり、教育改革者たちはほとんど前進しない。精神の活動を、直接観察することの感覚の活動から切りはなし、さらに構築や操作における手の活動から切りはなすことは、学習の素材を純粋に学問的なもの、かつ、現実と疎遠なものにし、教

科書や教師によって授けられた知識を受動的に習得することを強要することになる。

　アメリカでは長いあいだ、学校で本を学ぶことと学校外の生活でもっと直接的に生き生きと学ぶことのあいだに、自然な区別があった。普段の生活を送るなかで、私たちの先祖が守った精神的で道徳的な涵養［mental and moral training］の量を増やすことは不可能である。祖先は新しい国の開拓に従事していた。産業は貴重であったし、いままで通りの生き方にかわって、開拓者という立場には、進取の精神、創意工夫、果敢な勇気が求められた。大部分の人たちにとって働くことは自分自身のためであった。もしくは、もし他人のために働くのであれば、じきに自分が関心のあることで熟達できるという展望のもとに働いた。旧世界の君主国の市民には政府のおこないに何ら責任がなかったが、私たちの祖先は、自分たちの政府のおこないの試みに携わっていた。彼らは直接自分たちにとって痛切に感じられる市民的で公的な出来事に参加する動機をもっていた。生産は、まだ、ごみごみした中心地の工場に集中しておらず、村々に分散していた。市場は遠いところというより、むしろ地域にあった。製造［manufacture］はまだ文字通り手作りで、地域の水力を用いた。それは、雇用された「手工員」が機械の傍にいなければならないような、大きな機械によっておこなわれるものではなかった。日常生活の仕事は想像力を必要とし、自然の物質とそれらの変化に関する知識が必要不可欠であった。

　子どもたちは成長するにつれて、糸紡ぎ、機織り、漂白、染色、服作りや、材木の加工、皮をなめすこと、木を切りだすことや大工仕事、もしくは金属加工や蠟燭作りに従事するか、それらと密接な関係にあった。子どもたちは、穀物が植えられ刈りとられるのを見ただけでなく、村の製粉所や小麦粉や家畜飼料の調合にも熟知していた。これらのことは、彼らにとって身近であり、そのプロセスはすべていつでも見ることができた。子どもたちは物がどこから来たのか、それがどのように作られたのか、あるいはそれがどこへ行くのかを知っており、それらのことを個人的な観察によって知っていた。彼らは有用な活動に参加することにもとづく彼らなりの学問をもっていたのである。そこには、あまりに厄介で骨の折れる仕事がある一方で、材料やプロセスに関する個人的知識をともなう、想像力に対する刺激と自律的判断の訓練もあった。このよう

な条件下で、とくに多くの共同体において、貴重で贅沢なものだった本は、村の環境を飛びこえて大きな世界へ至る唯一の手段であったから、学校は本にこだわり、本の使い方を教えることに徹すること以外のことはほとんど何もできなかったのである。

　しかし、状況は変化したが、学校の教材と方法は歩調を合わせて変化しなかった。人口は都市の中心部へ移動した。生産は家庭の仕事に代わって大工場でおこなわれる大衆の仕事になった。蒸気や電気による輸送手段の発達は、遠隔地の市場、世界的な市場にさえも製品をもたらした。産業はもはや地元や近くの地域とは関係がなくなった。製造は極端な分業を要求する経済体制を通して、非常に多様な生産工程へと分割された。産業では特定のラインの労働者たちでさえ、製品の全工程を知りうる機会はほとんどないのだから、部外者は実際には、一方で原材料、他方で完成品のいずれかを見るにほかならない。機械は、その動作において、特別な知的訓練を受けていない労働者では理解できない、複雑な事柄と自然の原理に依存している。機械工は、かつての手工者とは異なり、自分自身が有している材料や道具、工程に関する知識にではなく、他者の知性に盲目的にしたがっている。開拓者をとりまく状況の消滅とともに、ほとんどすべての個人がいつの日か自分がおこなう事業を支配することを期待した時代も過ぎ去ったのである。大部分の人びとは、他者のために働いて賃金をもらうために永久に雇われる以外に、何の期待ももてない。富の不平等が増大したため、児童労働の要求が、多くの人びとの真剣な教育に対する重大な脅威になった。他方で、豊かな家庭の子どもたちは、かつて家全体の仕事を分担することから生じた道徳的で実践的な訓練を失ってしまった。大多数の人びとにとって、とくに大都市では、いらいらさせる児童労働と風紀を乱す子どもの怠惰のあいだに、選択の余地はほとんどない。監督官庁がおこなった調査は、人口が密集しているところでは、遊びのための機会が不十分であるため、大多数の子どもたちによって、自由時間が健全な娯楽に費やされていないことを示している。

　もちろん、これらの言説は、現在の社会的条件と初期の学校施設が順応させられていた社会的状況とのあいだの対照を隠したりなどはしない。しかしながら、有能で自尊心ある共同体の構成員を作るために必要な類いの教授を与える

第9章　産業と教育の再調整

ために、もし教育が現代の社会生活との生き生きとした結びつきを維持すべきであるなら、この言説は、教育が取りくまなければならないいくらかの明白な変化を示唆している。しかし、この概要は、これらの変化とともに、印刷資料が驚くほど安くなり、それらの配布機関が驚くほどに増えたことに注意が向けられないとしたら、不完全なものにすらなってしまうだろう。図書館は至るところにあり、本は多くて安く、雑誌や新聞はどこにでもある。したがって、学校は、かつてはあった本や書籍上の知識との特殊な関係を、もはや生みだせないのである。学校の状況の外では、かつてあった多くの教育的特徴を失ってきた一方で、読むものと、読書における刺激的な興味を作りだす準備において、学校は計り知れないほどのものを獲得した。学校がこのことに排他的に専念することは、もはや必要でもないし、好ましいことでもない。しかし、学校が知的に価値のある資料を生徒に読む気にさせるのと同じように、生徒の興味を育むことは、いままで以上に必要になる。

　言語シンボルの使い方や、獲得した読書の習慣の使い方は、かつてほどは重要ではないが、身につけた能力や習慣の使い方の問題は、とりわけ重要である。読み物の使い方を学ぶことは、学校が、在学中の生徒と卒業後の生徒の両方に、本来価値のある歴史・科学・伝記・文学の教材を探し求めるようにさせ、溢れかえっているくだらない教材で無駄な時間を過ごさせないようにさせる問題意識や興味関心を生徒に引きおこすことを意味する。学校が、教材のなかに深く生き生きとした興味を発達させる代わりに、言語の形式的な側面に専念するとき、この成果を確保することは絶対に不可能である。言語研究と文学に多大なる直接的な注意を払うことによって、多くの若者が卒業したときに身につけていた嘆かわしい読書の習慣を矯正しようとする教育の理論家と学校当局は、無駄な課題に取りくんでいるのである。

　知的な地平を拡大すること、同時代の状況があきらかにした多くの興味深い問題に気づかせることは、本や雑誌を手にする時間のよい使い方のもっとも確実な保証なのである。本それ自体が片づけられてしまうと、少数の高度に専門化された階級だけが、本当に役に立つ本に専念するであろう。社会的出来事への生き生きとした関心があるとき、その感覚をもったすべての人は、必要を感じる他の物と同様に、興味を助長する本に対しても自然と向かうであろう。

以下に述べることは、現在の状況に対する教育の再調整に関する一般的な問題が、産業の観点ではもっとも深刻であることを物語るいくつかの理由である。さまざまな項目は三つの一般的な道徳原理にまとめられるだろう。第一に、各個人が自尊心をもち、自立し、知的に仕事をなすことができるべきであること——すなわち、各個人が自分自身とその人の努力に頼っている人のために生計を立てるべきであり、自分のしていることを知的に認識し、仕事をうまくやることに知的な関心をもってすべきであること——は、以前はけっして現在ほど重要ではなかった。第二に、一個人の仕事が現在のように大規模に他人の福祉に影響を及ぼすことは、以前にはけっしてなかった。商品の生産と交換に関する現代的状況は、けっしてかつて近づいたことのない程度までに、全世界を一つにした。現代の戦争は銀行を閉鎖し、戦場から数千マイル離れた場所での通商を麻痺させるかもしれない。これは、文明化された地球の全地域で、すべての農民、製造業者、労働者、商人の活動に、静かに、そして執拗に影響を及ぼしている相互依存の、粗悪で扇情的なあらわれにすぎない。したがって、学校で教えるすべての項目は、人びとを結びつける社会的活動のネットワークにおいて理解され、評価されるといった、かつてはけっして存在しなかった要求がある。人びとがお互いにともにすべきことがほとんどない小さな集団で生活していたとき、排他的に知的で論理的な目的を追求した教育による損害は比較的少なかった。知識は孤立していた。なぜなら、人びとが孤立していたからである。しかし、今日、情報の蓄積は、まさに社会的関係から離れた情報であるため、無益よりも悪い状況にある。実際に用いられるかもしれない社会的な使用の実現を別とした技術の諸様式の習得は、かなり犯罪的である。第三に、生産の方法と工程は、今日ではかつて以上に、事実の知識と自然科学と社会科学の法則に依存している。鉄道や蒸気船、市街電車、電信、電話、工場や農場、普通の家庭器具でさえ、それらの存続に関しては、複雑な数学的、物理的、化学的、生物学的な洞察に依存している。それらの最良にして究極的な使用に関しては、社会生活の諸事実と諸関係の理解に依っている。労働者の大多数が、自分たちが使う装置の盲目の歯車であるべきでないなら、彼らは自分たちのあつかっている材料や器具の物証的かつ社会的な事実について、遅かれ早かれ少しでも理解しなくてはならない。

第9章　産業と教育の再調整

　このように述べると、解決が不可能なくらい、問題は途方もなく大きく複雑であるかのように思われるかもしれない。しかし、私たちは再調整の問題をあつかっているのであって、斬新な創造の問題をあつかっているのではないことを思いださなければならない。漸進的になされる再調整を完成するには、長い時間がかかるだろう。現在の主要なことは、再調整をはじめることであり、正しい方向へはじめることである。したがって、すでにおこなわれてきた、さまざまな実験的なステップがきわめて重要である。そして、私たちはその変化を通してなされるべき本質的なことが、より多くの情報を溜め込むことではなく、確かな態度と興味の形成、物の見方とあつかい方の形成であることも、思いださなくてはならない。もし、教育的な再調整の達成が、生徒たちが日常生活の仕事に含まれている科学的で社会的な材料の全範囲を知っているようにならなくてはいけないことを意味するのであれば、問題は絶対に解決できないであろう。しかし、実際には、この改革を完成することは、知識のたんなる量へ注目することが、現在の状況よりも少なくなることを意味している。

　望まれていることは、生徒が、自分たちが獲得した限られた情報を生活の諸活動に結びつける習慣を身につけることであり、人間の諸活動の限られた領域を、成功した行為が依拠する科学的原理と結びつける能力を得ることである。このようにして身につけた態度と興味は、その後、それ自体を大切にするだろう。もし私たちが算数もしくは地理そのものを社会的活動と社会的用途から孤立した教科としてとらえるなら、教授の目的は全分野をカバーすることになるに違いない。そのようにすることのどんな失敗も、学習のなかに欠陥を生みだすだろう。しかし、もし私たちが教育者としてかかわることが、生徒が数や地球の表面について学ぶことと生き生きとした社会的活動とのつながりを理解するようになることであるならば、学習のなかの欠陥は生まれない。問題はたんに量の問題ではなく、動機と目的の問題になる。問題は、生徒に数の知識が用いられるすべての社会的用途を教えることが不可能であることではなく、数の知識に関してその生徒が先取りしているステップを、人間の必要性と活動のある状況とを結びつけられるように教えることなのである。それゆえに、生徒はそのとき学んだことの意味と関係がわかるのである。数を学びはじめたどの子どもも、すでに数を含む経験をもっている。算数の教授それ自体を、子どもが

すでに有している日々の社会的活動と結びつけよう。そうすれば、社会化された教授の問題は解決される。

　この状況の産業的な諸相は、もちろん、これらの社会的経験か産業的側面を有しているという事実のなかにある。このことは、子どもの数の勉強が愚鈍なまでに実用的であるとか、すべての問題が金銭や金銭の損得に関するものであることを意味しない。反対に、このことは、金銭的な側面は、それにふさわしい場所へと追いやられ、金銭と同様に、生活の活動をおこなうときに、重さ、形、大きさ、寸法、数量の知識によって占められた場所をうまく利用することの強調を意味するのである。教育を現存する社会的状況に対して再調整することの目的は、金銭またはパンとバターの獲得を、教育の目的としての情報の獲得の代わりにすることではない。その目的は、学校から出ていくときに従事する活動の遂行において、知的である男女を輩出することである。しかしながら、今日の人びとの生活において、知性の一部とパンとバターが実際に占める位置に関係があるであろうことは、必然性があるのである。この事実を認めない人は、意識的であれ無意識的であれ、上流階級に見られるあり方の知的偏見を、いまだに吹きこまれているのである。しかし、主要かつ基本的な問題は、個々人を特定の職業で働くように準備するのではなく、もし彼らが社会的な寄生者であるべきでないなら、彼らが就かなければならない仕事に対して生き生きと誠実な興味をもたせようと、その職業の社会的、科学的意義を学ばせることである。その目的は一家の稼ぎ手を準備することではない。しかし、男も女も、普通に生活のための仕事に就くようになってから、男女ともに家事、育児、農場や商店の経営において、そして産業が主要因であるデモクラシーの政治行動において、知性的であることが必要になった。

　このようにして、教育の再調整は、伝統的な本による教育と狭い意味で実践的と呼ばれる教育という両極のあいだを舵取りしていかなければならない。伝統的教育だけが自由で教養的であるという理由で、伝統的な教材と方法の維持を要求することは、比較的簡単である。家や店、もしくは農場での手仕事に従事しなくてもよい幸運な人びとのための現在の本による形式の教育を完全にそのままにしておいて、現存の経済体制において水を汲み木を切るべきであると想定されているような人びとのために狭隘な職業訓練を加えることを主張する

ことは、比較的簡単である。しかし、現実の問題は、産業革命にともなって変化した——科学的、社会的、政治的——生活の状況の応じるように、すべての教育を再調整することであるのだから、この広い見通しをもってなされてきた実験は、とくに好感的な承認と知的な検討に値するのである。

第10章　産業を通しての教育

　私たちの国のいくつかの都市での実験、すなわち、生計を立てるという重要な活動を含む、子どもたちの生活のなかのあらゆるすべての活動で、子どもたちを知的にする訓練をおこなうという実験は、産業教育においてなされたもっともすぐれた事例を示している。事例の説明のために選ばれた都市は、ゲーリー、シカゴ、およびシンシナティである。本書は、生徒たちに対して単純に一つの専門分野の知識を使いこなす力をつけることを目的とした学校やコースに、関心があるわけではない。つまり、一つの特定の産業や専門職の工程のために人びとを熟練させるような学校やコースをあつかわない、ということである。この国で、いままでに試みられた産業教育における実践のほとんどは、近接分野でもっとも技術の発達した産業によって提供された資料を基盤として取りいれている。そして、その結果として、1、2の限定された職業のために生徒たちを訓練してきた。しかし、その実験が、共同体の教育と福祉への真摯な関心から誘発された地域であればどこでも、それは仕事の対象とはならなかった。教師の関心は、一つの産業の繁栄にではなく、地域の若者たちの繁栄に向けられた。もし、ある地域の物質的な繁栄が一つもしくは二つの産業にほぼ完全に委ねられているとすれば、その地域の一人ひとりの幸せは、その1、2の産業にしっかりと結びつけられている。したがって、子どもたちが自分たちの能力や環境をもっとも知的に使いこなすための訓練の教育的な目的は、この訓練の厳密で実用的な部分への材料として、これらの産業を使うことをいとも簡単に実現する。一般的な公立学校の教育の問題は、職業のために労働者を訓練することではなく、仕事に対する動機と意味を与えるために、子どもを取りまくすべての環境を利用することである。

　ゲーリーでは、このことが他のあらゆる地域よりも完全におこなわれてきた。

ワート教育長は、子どもにとって、筋肉と感覚の訓練は価値があることを固く信じている。そして、その目的のために人為的な練習を用意する代わりに、彼は子どもたちの両親が従事していて、日常生活を送るうえで必要となる筋肉を使う技術と、筋肉運動のみごとな協調を、子どもたちにさせる。ゲーリーのすべての子どもたちは、男子も女子も、学校に行けば目の前にみごとに設置された作業室があり、子どもたちは適齢になるとすぐに、学校の建物を運営・管理する実際の仕事を分担する。高等学校の生徒たちが一人もいない小さな一つの学校を除いて、すべての学校には、女子が料理を学ぶ食堂と、自分の衣服製作を学ぶ被服室がある。また、男子に加えて希望する女子が、毎日身の回りで見かけるほとんどのものがどのように作られるかを学ぶことができる場所、すなわち印刷室、大工室、電気工作室、機械室、模型室、冶金室および鋳造室がある。塗装部門もいくつかあり、金工室や簿記・速記のクラスもある。理科実験室は、子どもが生活している世界で実際に作用している原理やプロセスを理解する助けとなっている。

　こうした作業室を設置し、維持するための資金と場所は、通常規模の学校予算からまかなわれる。一つは上述した「二つの学校制度」である。もう一つは、通常は修繕費として学校が請求し、請負業者に支払われるすべての支出が、これらの作業室とそこで教える熟練した職人の給料に費やされている事実である。

　建物は、すべての作業が夏休みのあいだにおこなわれる場合よりも、よい状態に保たれている。なぜなら、修理する必要があるとすぐに、その種の仕事をする作業室で実習をしている生徒たちが、教師の指示のもとで、その修理に取りかかるからである。これらの作業室が不必要なぜいたくであるとは、けっして考えてはならない。なぜなら、この作業室は、一つの仕事を専攻している高等学校の生徒たちによっても使われるし、夜間学校や夏季学校の職業クラスのためにも使われているからである。学校の経営者は、この計画の成功に関して、「子どもたちが、作業、学習、遊びをして1日8時間をきちんと生活できるような施設を提供すれば、よく訓練された大人の指揮と援助のもとで、作業室の子どもたちに、設備と学校施設の維持に対する責任を負わせるようにすることは、きわめて簡単なことである。このようにすれば、すべての子どもに対して、工業および商業学校が、納税者に余分な税金を課すことなく提供できるのであ

鋳物の学習と学校の備品の製造。(インディアナ州ゲーリー)

る」と述べている。

　第1学年から第3学年までは、1日1時間を手工と絵画に費やす。これらは単純な手仕事の形態を取り、作業室ではなく、訓練を受けた教師がいる特別教室でおこなわれる。生徒たちはスケッチをし、絵を描き、粘土細工をし、裁縫をし、簡単な大工仕事をする。第4学年から第8学年は、手工と絵画に、2倍の時間を費やす。低学年の子どもたちは、理科実験室に行くのと同じ時間だけ、作業室へお手伝いや見習いとして行く。そして、高学年の子どもたちが身につけるのと同じくらい、過程についての理論と理解を身につける。美術の仕事と手仕事の簡単なものは、一人で課題に取りくむことから生まれる統制と技術への明確な訓練に備えてつづけられる。小さな子どもの創造への愛着は非常に大きいので、生徒が教師の見習いとしてどの作業室に入るかを選ぶのに十分ふさわしい年齢になるまで、これらはつづけられる。第6学年の子どもたちは、実際に校舎を修理し維持する仕事をするのに年齢も体力も申し分ないので、この学年になると子どもたちは見習いやお手伝いをやめて、本物の作業者になる。学校用品を配ったり、学校の記録をつけたり、運動場の整備することは、学校の事務室もしくは植物実験室の指導のもとで生徒たちによっておこなわれる。そして、これらは塗装や電灯の修理と同じように、作業室の仕事の課程の一つ

になっている。学校の暖房と発電の施設もまた、生徒たちの実験室になる。この実験室のなかで、生徒たちはこの設備の稼働を維持することにかかわる仕事を多くすることになるので、徹底的に実践的な方法で、暖房と照明の原理を学ぶのである。

　これらの学校での作業室と科学の課程は、当該学年のうち3分の1だけつづけられる。そして、それよりも短い5週間のお試しコースもある。生徒たちは、教師の助言を受けながら、どの作業コースにするのかを選ぶ。もし5週間が終わったときにそのコースが気に入らなければ、生徒たちはコースを変更することができる。生徒たちは、その1年のうちに、2回コースを変更しなければならない。このような方法によって、作業による学習は教育的な性格を失わないし、たんに学校の修理をおこなう年少の工場労働者を作る方法になってしまうこともない。1年のうちに三つの作業コースを取ることは、それぞれの作業の理論と過程についての表層的な知識だけを、生徒たちに与えるだけの結果になる。しかし、これは、これでよいのである。というのは、生徒たちは大工や電気技師、被服製作者になるためにそのコースを取るのではなく、どのように実際の社会で仕事がおこなわれているのかを知るためにコースを取っているからである。一つのことから別のことへ移っていきながら、生徒たちは、産業についての理論を、同年齢の子どもたちが理解しうるかぎり学ぶのである。そして同時に、筋肉と感覚の全般的訓練が保証されるのである。成長期にある子どもに、あまりに長時間、同じ種類の筋肉活動ばかりさせることは、精神的にも身体的にも有害である。つまり、子どもは、成長しつづけるためには、全身を使った作業、新しい問題を提示して子どもに新しい事柄を教えてくれるような作業、そして結果として、子どもの推理力と判断力を発展させる仕事をしなければならない。どのような手仕事も、それがまったく手慣れて機械的になってしまうと、もはや教育的ではなくなってしまう。

　ゲーリーでは、東ヨーロッパの農業地域から新しくやってきた移民の子どもも、教育を受けたアメリカの子どもとまったく同じように、一つの職業に就く機会、すなわち自分が置かれた環境に適する能力を学ぶ機会をもっている。昼間の保育園であれ幼稚園であれ、あるいは小学校の第1学年であれ、公教育の制度に入ったときから、このような子どもたちは、物事をあるがままに見える

ようにしたり、どのようにして物事をおこなったらよいかを教えたりすることに関心をもった人びとのなかに置かれる。保育園では、子どもはおもちゃで遊ぶことで、自分の身体をうまく動かすことを学ぶ。そして、十分な世話を受けながら、無意識のうちに、衛生と健康的な生活についての原理を学ぶ。幼稚園では、有用で正確な動作と身体調整ができるように、成長しつつある身体の訓練作業をつづける。第1学年から第3学年までは、読み書きと、本から得られる理論的知識に関する良質な基礎を教えることに、強調が置かれる。子どもの身体的成長は運動場ではぐくまれる。運動場で子どもたちは、自然な方法で身体全体を発達させることをしたり、遊びの欲望を満足させるゲームをしたりして、1日のうち約2時間を過ごす。同時に子どもは、生活における実際の糧に関係するという点で、より明確に職業的な訓練の第一歩を踏みだしている。子どもは、未開人が物を使ったのと同じ方法で、文明の基礎にある物のあつかい方を学ぶのである。なぜなら、その方法は、子どもが到達した技術と理解の程度に適しているからである。子どもは小さな手織り機で目の粗い布を織る。粘土でお皿や子どもが親しんでいる他の物を作る。葦やラフィア〔ヤシ科〕で籠を作る。そして、鉛筆や絵の具を使って描くのは、美しいものを創りだす楽しみのためである。または、針と糸で自分の鞄やエプロンを作る。これらの活動はすべて、私たちが送る生活に必要なものを作りだすことの第一歩を、子どもに教えることになる。織ったり縫ったりすることは、どのようにして私たちの衣服が作られるのかを、子どもに示してくれる。この仕事すべてに与えられている美的側面は、模型作りや絵画を通して、必要とされる自己表現の方法を示すことに加え、生活のなかでもっとも単純な物さえも美しくできることを、子どもに教えてくれるのである。

　第4学年になると、生徒たちは、もっぱら作る過程に価値があり、作る物の価値がたんに子どもが興味を抱くことにしか価値のない、何とも関係のない独立した個別の物を作ることをやめる。しかしながら、自分たちに備わっている芸術的な能力が何であれ、それを訓練し、音楽や美術を通して自分に備わる美的な側面を伸ばすための時間が、生徒たちにはまだある。しかし、これ以外の生徒たちの手仕事［manual occupation］は、より職業的な性格を帯びる。手仕事の時間は、いまや、ある一つの仕事や産業で有用な作業に集中的に費やされ

第10章　産業を通しての教育

る。この学年の生徒たちは、いまやほとんど遊戯には興味を示さないので、遊びに費やす時間は少なくなり、物を作る時間がより多くなる。女子は洋裁科へ行き、自分自身のものは自分で製作しなくてはならない労働者の観点から裁縫を学ぶ。第4学年の女子は、まだ年齢的に長時間にわたってきつい仕事をすることができないので、最初の2年間は見習い兼お手伝いとして行き、第7、第8、第9学年の理論の授業を聞きながら、上級生の作業を手伝う。女子は、最初に選ぶコースとして洋裁を選んでよいが、3ヶ月が過ぎると別の部門に変えなければならない。おそらく次の3ヶ月は、学校の昼食の調理の手伝いをし、健康によい食物と食品化学について学ぶことになるだろう。もしくは、絵を描くことが好きならば、作業に当てられるほとんどの時間を、その方面の才能を伸ばすために使ってもかまわない。

　同様にして、男子は、3ヶ月間どの仕事場に行くかを選択する。大工室であれば、校舎で必要とされている簡単なものを作るには、十分な年齢になっているだろう。もし、鍛冶や鋳造を選ぶなら、その男子は教育科が使用する馬に馬蹄（てい）をつける手伝いや、年長の男子が学校の机に付ける鉄製のスタンドの鋳型を作る手伝いをする機会を得るだろう。このようにして、男子は、まわりにありふれた多くのものに鉄が使われる方法について、何らかのことを理解する。第5学年と第6学年では、ほとんどすべての男子が、少なくとも一つは、店の経営に関するコースを取ろうとする。ここでは、用務員とともに学校の購買の一員となり、学校のリストを手にもって、学校の作業室と学校外の両方からきた物資の荷を解いて検査をする。そして、これらの品物が、校内のあちこちで必要となるので、彼らは事務室から請求書をもらって品物を分配し、帳簿に正しく記入する。彼らはそこで働いているあいだ、簿記を実務によって教わり、この配給部の円滑な運営に責任をもつ。彼らは、あらゆる品物のあつかい方と配分の方法と同様に、品物の値段も学ぶので、市の税金の使い方や店舗でおこなわれる一般的な商売方法について、十分な認識を得るのである。男子も女子も、簿記と事務管理の初心者コースを取るかもしれない。ここで、彼らはいわゆる学校銀行［the school bank］に入り、校内すべての生徒たちの作業記録をつける。

　学校を卒業するまでに、生徒たちは、学校の仕事場で、ある一定時間満足のゆく仕事を達成し終えなければならない。一人ひとりの生徒すべての要求に応

じるために、単位数は3ヶ月のコースを通して単純に出席したかどうかではなく、仕事場の教師によって、生徒のおこなう仕事が必要とする一定の時間数に対して、どの生徒も単位が与えられた。作業の割合が標準化されているので、より平等な訓練がすべての生徒に保証されている。作業が遅い生徒は、作業にかかった時間にかかわらず、やり終えた仕事の分だけの単位を得ることになる。作業が速い生徒は、仮に平均を上回っているとすれば、その生徒がやり終えた仕事すべてに対して単位を得ることができた。仕事ごとに定められた「標準時間」数に到達すると、生徒は「1単位」を取得する資格を得て、それに対して単位証明書を受けとる。生徒が単位証明書を八つ受けとると、ゲーリーの学校の職業部門における卒業に必要な課業を終えることになる。この単位証明書の記録をつけることにかんした仕事はすべて、上級生の指導のもとで、生徒たちによっておこなわれている。

　第7学年から生徒たちは、すべての作業室で責任ある労働者となる。第8学年が終わると卒業しなくてはならないことを知っている生徒は、この時点で、ある一つの部門の作業室でその仕事を専門にして従事しはじめる。もし印刷工になりたいのであれば、その生徒はまる1年間学校の新聞部で働くことができるし、もし事務職に惹かれているのならば、作業の時間すべてを簿記科で過ごすことができる。女子たちは、食材の購入、メニューの計画、帳簿つけのすべてをおこないながら、学校の食堂を運営しはじめる。裁縫の仕事は、産業の複雑化した部分をますます取りいれている。女子たちは、型紙作りとデザインを学び、婦人用服飾品のコースを取ってもよい。事務職の生徒たちの仕事は、いまでは、速記、タイプおよび営業の仕方を含むまでに広げられている。工芸の仕事もまた、デザインや手工の金属加工を取りいれるまで広がっている。小学校の仕事と高等学校の職業部門とのあいだには、生徒が大きくなるにつれて、自然と生徒が自分の一生の仕事となるようなものを専門にする傾向があることを除いて、何の断絶もない。職業部門は学問部門とまったく同じレベルにあるのであり、学校は大工や塗装工になろうとする子どもも大学に進学する子どもと同じ年数だけ在学する必要があるという、まったく健全な態度を取っている。この結果、非常に高い割合の生徒が、上級の学校へ進学している。

　大都市で働く人びとの子どもたちに対する通常の見解は、教師になろうとす

る者だけが14歳以降も学校に通いつづける必要があるというものである。このことは、子どもが卒業してから工場に入ろうが商店に入ろうが、何の違いもない。しかし、ゲーリーの子どもたちは、学校に通いはじめた最初の日から、次のことを見てきている。それは、高等学校の最終学年の男女の生徒たちが、おそらく自分もいずれ最終的には働きに行く場所でなされている仕事を、どのようにおこなったらよいか学んでいる姿である。子どもたちは、仕事場で働く高校生たちがすべて、その場所では自分よりもはるかにすぐれていて、より多くの給料をもらい、より高度な仕事をおこない、しかもよりうまくできることを知っている。学校の作業室での理論の授業を通して、子どもたちは自分が選んだ職業の範囲と可能性について一般的な知識を得るし、その目的に加えて、その職業についてどれだけのことをもっと学ばなくてはならないかを知るのである。その職業に従事している労働者の統計に詳しくなり、熟練の程度に応じた賃金を知り、どの程度付加的な訓練を受けられるのかを知るのである。自分の職業についてこうしたすべての情報と見通しをもてば、比較的少数の生徒たちしか学校を辞めないことも、辞めなければならなかった者の多くが夜間や日曜クラスに戻ってくることも、不思議ではない。

　ゲーリーの学校で高等学校の4年間を過ごした生徒なら、大学に進むかどうかに関係なく、自分がおこなっている仕事の目的を知っている。もし、事務の仕事に就きたいと思っている生徒ならば、たとえ学校の卒業証明書〔grammar grades diploma〕を手にする前でも、その目的に合わせて自分のとるコースを決める。しかし、その生徒は、事務職の最初の段階で、たんにお金を稼ぐ能力を身につけるために近道をとっているのではない。できるだけ広い視野を身につけるために必要なすべての学習をおこなっているのである。その生徒の学習にはもちろん、タイプや速記、簿記と会計、資料整理などの授業が含まれている。しかし、そのうえ、英語、文法、綴り方の練習がたっぷりと含まれているので、将来自分の仕事を上手におこなうことができるのである。生徒の学習には、歴史、地理、科学も含まれており、そのため生徒は自分の仕事に興味をもち、自分の人生全体を豊かにする一般的な基礎知識を身につけるようになる。大学進学の準備をしている生徒は、入学試験に必要な勉強をし、そのうえまた、手作業を非常に多くおこなう。しかし、多くの高等学校の生徒たちには、手作業の

ための時間があるとは想定されていない。工場労働者が、自分が作っている機械の図面がどのように引かれたかを知ることや、工場内で電力供給を支配している原理を知ることと同様に、頭脳労働者が工場労働者のおこなっているいくつかのことを、どのようにしているかを知ることには、まさに価値がある。ゲーリーでは、これらの意味すべてにおいて、学ぶことは職業的なのである。学校を卒業する前に、生徒は多くの専門職のうちどれか一つに関して、過程を具体的に学ぶ機会をもつ。しかし、学校に行った最初の日から、生徒は物質世界が自分の社会的環境において活用されている動機と原理を教えてくれる作業をしているので、その生徒が就く仕事が何であれ、それは実際に天職と呼べる職業なのであって、給料のためだけに従事するたんなるルーティンではないのである。

　すべての作業が生産的であるという事実によって、生徒たちの訓練の価値はきわめて増大する。作業室はすべて、ゲーリーの学校にとっての製造工場である。たとえば、実業学校では学校の事務室が実習室となる。被服や調理では、女子たちは自分たちが必要な衣服を作るし、または、自分や他の人たちの昼食を調理する。理科実験室は、理論を例証するために、作業室での仕事を利用する。化学は食品化学である。植物学と動物学には、学校の庭や動物を世話することが含まれている。製図には、衣服のデザインと室内装飾が含まれ、あるいは手工金属質での模型の作図が含まれている。算数の授業では、大工仕事の授業での問題を解く。英語の授業では、生徒たちが印刷室で働くにあたって知っておく必要があることに力点が置かれている。すなわち、たいていはパラグラフ分け、綴り、そして句読法である。このような協働の結果、本の学習を、すべての学習時間を本に費やす場合よりも、よりよいものにしている。実務の世界は、ほとんどの人たちにとって現実の世界である。しかし、観念の世界は、行為の世界とのつながりがあきらかになるとき、きわめて興味深いものになるのである。作業は実際の仕事であるから、個々の生徒の要求に応じるという学校の方針を実行するための機会が、絶えず与えられている。職業部門と学問部門の両方において、学習が速い、遅い、そして普通であるかに応じて分類をしていることは、すでに述べた。この分類によって、生徒は仲間の生徒たちによってせかされたり、待たされたりすることなく、自分の準備が整ったときに学

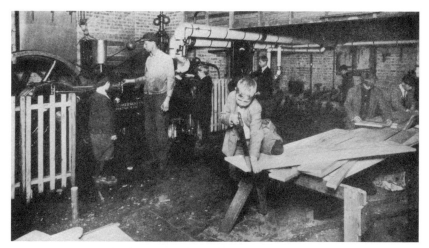
本物の作業場での実際の仕事は第5学年からはじまる。
(インディアナ州ゲーリー)

ぶことができるようになる。したがって、作業が遅い生徒は、速い生徒と同じだけの内容を学ぶことができるし、作業が速い生徒は、することが十分にないからといって無気力な習慣をつけてしまうこともない。しかし、もし何らかの理由で、生徒が通常の習熟度別学習のどの分類にも適さないとしても、学校がこの生徒には居場所がないという結論を押しつけることはない。机に向かって学ぶことが身体的に難しい生徒は、学校へ行き、その生徒が身体的に強くなるのを助けてくれる教師とともに、すべての時間を屋外で過ごすのである。

同様に、二つの学校制度は、算数が弱い子どもが、他教科において教室の居場所を失うことなく追いつくことを可能にしている。つまり、2学年間にわたって、算数の授業を受けるだけのことである。作業室においては、できない生徒は、一つのことに他の生徒よりも時間をかけて作業をするだけである。しかし、この生徒の進度はクラスの進度に縛られないので、何ら問題はない。学校を憎んでいる生徒や、あまりに学力が低くてついていけない生徒であっても、脅されたり罰を与えられたりするあつかいを受けることはない。教師たちは、当然のようにその生徒の計画に何らかの誤りがあるだろうと考えて、その生徒とともに、もっとも適した計画に変更するのである。

何の理由もなく、できるだけ早く学校を辞めようとする子どもたちは、たとえ辞めたとしてもそのあと、学校に戻ってきて自分の好きなことにすべての時間をかけてもよいのだと聞かされる。それゆえに、しばしば、生徒が学校に戻ってくる結果になることがある。というのは、学校を辞めてから数ヶ月のあいだ、自分の好きな店舗や技術室で働いた後、その場所で働きつづけるためには、本からの知識がもっとたくさん必要であることに気がつくので、自分がもともといた学年に戻りたいと頼んでくる。多くの外国人の生徒もまた、より効果的なあつかいを受けている。新しく来た生徒は、その子の年齢であれば当然所属すべき学年に入れるようになるまで、英語と読み書きを集中的に学ぶ。そして、仕事に行く前のほんの限られた時間しか学校へ行けない生徒は、年齢や学年にかかわらず、その生徒がもっとも必要とすることを学ぶことができるクラスに入れられる。作業室や部署の長の指導下にある生徒たちではできないような学校の建物の周りの仕事は、外部から雇われた人の助けによっておこなわれるのではなく、その種の仕事に興味がある卒業間近の生徒に与えられる。こういう生徒は、この仕事から学ぶことがもうなくなるか、外部でもっとよい職に就くまでのあいだ、ほんの数ヶ月だけその仕事に就く。このような生徒の身分のままの助手には、彼らが職に就いたときに稼ぐことができるよりもやや少なめの金額が支払われる。しかし、しばしばこの計画は、生徒が専門的訓練を終える直前で、学費や生活費などを稼ぐために学校を辞めなくてはならないときに、学校の影響下にとどまりながら学びつづけられるようにすることに役立っている。

ゲーリーでは、このような全般的な教育制度からはじめ、さいわいにもこの地域のすべての学校でほぼ完全に近いかたちで、その制度を実施することができた。なぜなら、この街が言わば一挙に作られ、広大な砂丘の荒野から繁栄した街へと急成長したからである。しかし、他の多くの都市では、成人したときに実社会のなかでの居場所に子どもたちを適応させるような一般的な訓練と人生の展望を与えることによって、カリキュラムを生徒たちの生活により密接に結びつけることの必要性を、ますます強く認識している。

最近では、シカゴの公立学校は、いくつかの学校で職業的な作業を導入している。一方で、シカゴの工業高等学校では、商業訓練の授業に加えて職業指導

のコースを設けている。もちろん、ゲーリーのような手の込んだ設備は、作業室を使わない小学校や高等学校の建物では、非現実的である。シカゴ市にある通常の学校の20かそれ以上には、理科の学習のための実験室だけでなく、大工室、調理室、被服室が設置されるようになった。このような学校には、それぞれの生徒たちが実際の都市造園がどのようにおこなわれるかを学ぶための庭がある。子どもたちの時間のうち4分の1から半分は手工訓練に費やされるが、同市の他の学校では8分の1であり、残りの時間では通常のカリキュラムがおこなわれている。プログラムが変わる前からその学校にいた教師たちは、生徒たちが実際の学習時間のすべてを教科書の学習にあてていたときと同じくらい教科書を勉強しているだけでなく、手の作業によって動機づけられているため、現実として学習をよりよくおこなっていることに確信をもっている。学校が準備するコースは画一的ではないが、多くの学校は、男子には、機械製図、鋳型製造、金工、木工、および印刷のコースが含まれている。女子には、裁縫、織物、調理、婦人用服飾品、洗濯、および一般家庭科が含まれている。男女とものコースでは、デザイン、製陶、製本、および園芸の作業をしている。プログラムは、学校が異なると地域のニーズに応じることや、あるいは学校の設備などのために、いくぶん異なっている。しかし、一つの学校ではすべての生徒が同じ仕事をするので、生徒がこれらの学校のいずれかで第8学年を卒業するときには、2、3の職種の基礎となっている原理や過程についての初歩的な知識を十分に身につけている。この特殊な学習は、音楽や美術の正規の授業に追加されるものであって、この学習は裁縫、織物、製陶の初歩的な過程の作業とともに、年少の学年向けの学習を構成している。この訓練の目的は、子どもに生活必需品を供給する仕事の要素を理解させることによって、子どもがその共同体における生活のつながりをわかるようにさせることにある。とはいえ、このことは、子どもにある一つの熟練を要する仕事を教えることによって、子どもを近隣地域の産業にとどめるということではない。

科学の原理を学ぶための実験室は、この仕事の学習においてきわめて重要な役割を果たす。この実験室において、子どもは、現代産業の基礎を理解するようになる。そして、自分の周りにある環境に対して、全体的に接するのである。この総括的な視野なしに、職業訓練の実際の成功はけっしてありえない。とい

うのは、さまざまな職業の置かれている状況と相互の関係を知るときにのみ、若者は自分自身の職業を何にするのかを適切に選ぶことができるからである。物理学、化学、生物学の初歩的コースが生徒たちに用意され、生徒たちが作業室でおこなっている学習との関係があきらかにされる。生物学は園芸クラスとの関連において教えられ、女子にとっての化学は食品化学の原理というかたちで教えられる。ある学校には電気学の実験クラスがあり、そこで生徒たちは、自分たちが学んでいる法則を産業に応用する。たとえば、電流を学んでいるときには、いかにして電線を架設するかを学び、磁石について学んでいるときには、どのようにして発電機を作るかを学ぶ、等々である。すべての生徒は科学の原理のコースを取るので、生徒たちは物事の動き方についての正しい基礎知識を得ることができる。このように試験的なかたちではあっても、職業学校があきらかに成功であることは証明され、生徒たちが以前よりも熱心に教科書の勉強をするようになったことには、疑いの余地がない。教科書の学習を日常生活と結びつけることは、この学習に意味と魅力を与え、同時に、生徒たちが生計を得る大人として必要とするようなことを、精神的にも肉体的にもコントロールできるようにするのである。

　シカゴには五つの工業高等学校がある。そのうち四つは男子校、一つが女子校である。これらのすべての学校と、他の三つの学校では、「予備職業」コースとして知られているものがある。このコースは、法的には学校を卒業できる年齢に達しているが学習が遅れているために卒業を許可されず、同時に、学習の遅れのために学校にとどまりたくない生徒たちのためのものである。このクラスもまた、都市の子どもたちにとって、日常生活の実際的なことについて訓練を受けることは、おおいに価値のあることを証明している。このクラスに入れられた男女は、けっして能力が欠けているわけではない。彼らは何らかの理由で、通常の学年でうまくやっていけなかっただけである。その理由としては、健康がすぐれなかったとか、転校しなければならなかったとか、あるいは通常のカリキュラムがあまりに魅力のないものだったので学習に集中できなかった、というようなことがしばしばある。この予備職業クラスは、第6、第7、第8学年を含み、授業時間の大半で手を使う技術を伸ばすことで、子どもを訓練する。しかしながら、本による学習が無視されることはなく、生徒たちは、それ

第10章　産業を通しての教育　　　　　　　　　　　　247

ほど多くの分野には及ばないけれども、通常の学校であれば到達しなければならないのと同じ水準まで引きあげられる。職業学校［the vocational grammar school］よりも多様な学習が用意されている。なぜなら、高等学校の設備を使うことができるからである。さらに、生徒たちのやる気が刺激されるので、非常に多くの生徒が学習を追加しておこない、正規の工業高等学校の作業へ移行するほどになる。ここでは、いままでの遅れにもかかわらず、彼らは正規の生徒と同じようにうまく作業をおこなう。通常であれば、彼らのうちだれ一人として、高等学校へ入学することはけっしてなかったであろう。

　女子の工業高等学校でも、学習がより完全であり、卒業生が何らかの産業の仕事に就く準備が十分にできている場合を除いて、職業学校がおこなっているのとほぼ同様の教育をおこなっている。調理は、学校の食堂での仕事、市場調査、菜園づくり、一般家庭科の仕事を含んでいる。本来の職業クラスでは、調理、家政科、飲食店経営に多くの時間を取っている。裁縫では、女子たちは自分の衣服の作り方を学ぶが、すぐれた洋裁店で学ばれるような仕方でその仕事を学ぶのである。たとえば、女子たちが希望すれば、機械操作のコースがある。もっと進んだ学習としては、店の経営者として必要とされるような、型紙づくりやパターンの原理も教える。しかし、店の経営者とのもっとも重要な違いは、女性の伝統的な仕事の芸術的側面が強調されていることのなかに見いだされる。女子たちが洋服のデザインを学んでいるときに製図が教えられる。そして、同様に、配色も教えられる。いかに家庭を見た目に心地よいものにするかが、家政科では必須の問題とされる。また、美術科では、モデルルームの装飾をする。仕事が、テーブル中央の刺繡の装飾であれ、衣服であれ、機織りであれ、そのための型紙づくりや色づけの仕事は、作業室でその仕事にとりかかる前に、生徒自身によって美術科で注意深くおこなわれる。女子たちは、家政の骨の折れる単調な仕事をより効率よくおこなうことをたんに学んでいるのではなく、その仕事を専門職にまですることによって、いかにして骨折り仕事以上のものに高めるかを学んでいるのである。

　男子の工業高等学校における職業コースでは、生徒たちは通常の学科目の学習をつづける。そして、すばらしい設備のある作業室で作業をおこなう。印刷、木工、鍛造、金工、機械製図の作業があり、これらは美術科によってしっかり

と補強される。生徒たちは、一種類の作業を専門化せずに、一般的な訓練を確実なものにする。職業学校におけるすべての職業コースの目的は、生徒たちの周りでおこなわれているあらゆる種類の仕事を見渡すことによって、彼らが将来就きたいと思う種類の仕事へ向けて、準備をさせることにある。ここでの作業は、ゲーリーにおいてとまったく同じように、教養的である。このようなコースが、少年たちを学校に連れもどしたり、ある者を自分の学年に追いつくことを可能にしたり、また、ある者を学校に踏みとどまらせることに成功していることは、少なくとも、非常に多くの生徒たちにとって、学校での学習内容を日常生活の活動と結びつけるような作業が必要であるという事実を強く指摘している。

　工業高等学校は、4年間も学校にいることのできない生徒たちのために、2年間のコースを用意している。この2年間のコースは、男子たちを特定の職業のために訓練するようにデザインされている。また、同時に、もしその男子が後に学習をつづけることができるようになったときに、高等学校における最初の2年間の学習に十分見合うだけの幅広いものである。レイン・スクールでは、2年間のコースは、鋳型作り、機械室作業、木工作業、電気工学、印刷、機械製図の分野が準備されている。これらのすべてのコースは、英語、商業数学、製図、および生理学の学習を含んでいる。第4学年の生徒たちは、自分がしようとすることにしたがって、三つのコースから一つを選ぶ。専門コースは生徒たちに大学進学の準備をさせるし、建築コースは建築事務所での仕事に備え、一般商業コースはすぐに産業界に入れるようにする。前半の2年間の学習のあいだに、生徒は一般科目の学習に時間をあてる。そして、後半の2年間のあいだで、学習時間の大半は、その生徒が選んだ職業に直結する学習に使われる。2年間のコースは、4年間通うはずだった生徒たちに近道をさせることで、学校への総出席時数を減らすものではない。反対に、このコースは、学校に異なった部類の男子たちを惹きつけている。つまり、すぐに仕事に就くことを期待していたが、この2年間が職業選択の訓練の明確な根拠になることを示される機会を得れば、2年間喜んで学校にいることを選択するような生徒たちである。このような職業学校はすべて、自分たちが受けている授業のめざしている地点がわかるときには、男子も女子も、学校へ行って学ぶことが好きであることを

第10章　産業を通しての教育

明確に示している。若者たちにやりたいことをさせることは、怠惰な教職員や法律以上に、若者たちを学校にとどめておくためのより効果的な方法なのである。

　レイン・スクールでは、さまざまな部門の作業が密接に関連づけられているので、生徒たちは、自分がやっているすべてのことがある一つの仕事と関係があることを理解する。ガソリン・エンジンや電気掃除機を作るといった課題が、ある生徒たちのグループに与えられると、その課題を解決するためのさまざまな原理の解明が、いろいろな教室でおこなわれる。たとえば、電気掃除機のためには、生徒たちはこの機械を作れるようになる前に、物理と電気の学習である程度まで到達していなければならない。なぜなら、この機械の発案を除いて、どの生徒もある意味では発明者なのであって、すべてのことをするからである。生徒たちが掃除機を支配し決定づけている諸原理をよく知るようになったとき、彼らはラフなスケッチを描く。このスケッチは、機械室で話しあわれ、実用化できる結果が出るようになるまで変更が加えられる。機械製図では、全体と各部分についての正確な製図が引かれ、その製図をもとに、模型室で模型が作られる。生徒たちは自分の鋳型と鋳物を作り、部品が全部揃うと、機械室と電気室で電気掃除機を組み立てる。ガソリン・エンジンの課題も、同様にして取りくまれる。生徒たちに与えられるすべての課題は、その教育的な価値と同様に有用性から選ばれるのだから、生徒たちは、実験室や教室で理論に取りくむことから最後のボルトを締めるまで、製造に関するすべてのことを自分自身でおこなうのである。理論と実践の結合は、理論を具体的で理解可能なものにするだけでなく、手作業がルーティンで狭いものになってしまうことを防いでいる。生徒がこの種の作業を終えたとき、生徒は知識も能力も増やしている。生徒は自分が学習した事実を検証し、世界が作りだした物を使うという見地から、学んだ諸事実が何を表しているかを知るのである。そして、自分自身の知的な能力の感覚を伸ばすやり方で、有用な物を一つ作りだしたのである。

　シンシナティ市教育委員会が、同市の学校に通う子どもたちに、将来に対して十分な備えができるようによりよい教育をおこなおうとする試みは、他とはいくぶん異なる観点からなされた。シンシナティの生徒の4分の3は、他の多くの都市の場合と同様に、14歳になると学校を辞める。つまり、シンシナテ

ィの生徒の多くが、第5学年以上には進まないのである。彼らは家族を助けるために働きに行かねばならないと感じているから、14歳になると学校を辞めるのである。もちろん、14歳の第5学年の生徒たちは、もっとも簡単でもっとも機械的な仕事にしか向かないので、きわめて少ない給料しか貰えない。ひとたび、このようなルーティンの仕事を工場や商店ではじめると、昇進する機会や、商店の店主や支店長になる機会はまったくなくなってしまう。そのような生徒たちの学校での学習は、3R's の基礎的な力をつけただけであり、その生徒たちが従事する仕事の理論や実践に関しての知識は、通常は教えられていない。しばらくすると、彼らは、自分がもうこれ以上は何も学べないような立場にいることを理解する。みずから積極的に学びつづけるようなきわめて例外的な者だけが、このような状況下にあっても、独立し責任ある地位へとどんどん進んでいくのである。もっとも安い賃金の仕事で経済的に困窮してしまう人は、市民としての生活を送るうえで、まったくと言ってよいほど活力も知性も見せなくなってゆくのである。シンシナティの学校における手工と産業の訓練を導入するという試みは、何とかして学校にとどまることが可能であれば学校に通いたいと望むようになるような学習を用意することによって、この弊害をなくすことをめざしている。そして、もし学校にとどまれないようであれば、働きながら教育を受けられつづける機会を準備することで、弊害をなくそうとしているのである。

　オハイオ州の法律は、子どもたちが16歳になるまで、学校にとどまることを求めている。しかし、子どもたちがはじめて職を得た雇い主のところで働くことを許可する証明書が発行されて、働きに行かなくてはならない場合は、法律の適用の対象外になる。この許可は職を変えるたびに更新されなければならない。その結果、生徒は仕事が見つかるまでは、学校にとどめられる。そして、もし何らかの理由で仕事を辞めると、学校はその生徒と連絡を取り、学校に連れもどすことができる。この都市では、補習学校［continuation schools］も運営している。そこでは、14歳から16歳のあいだに学校を辞めた生徒のほとんどが、1週間のうち数時間学校へ戻り、自分がしている仕事に関する理論の教育を受ける。現金取引をしている女子には、ビジネス英語、彼女が使わなければならない種類の算数、そして営業心得の授業がある。また、彼女が担当してい

る部門に関して一定程度の一般的な教育を受ける。16歳以上の労働者には任意の補習学級がある。この補習学級によって、各店舗は従業員にその商売の理論に関する知識をさらに与え、従業員たちをより有能にするために、公立学校の施設を使うことができるのである。

　これらの補習学級は、学校に戻ることができない被雇用者にとって多大なる価値があることは疑いのないことであるが、被雇用者にもっとも適している仕事を知性的に選ぶことを可能にするという現在の問題や条件に関して把握させるまでには至らない。補習学級は、特定の職業において生徒の能力を引きあげはするが、その職業はおそらくたまたま選ばれたものであろう。補習学級の機能は、あまりにも若くして賃金労働者にならなければならなかったことで失ってしまったものを、子どもに対して少しでも埋めあわせするというものである。シンシナティで徹底して試みられている協働計画は、その場しのぎではなく、あきらかに教育に貢献している。そして、これまでのところ、きわめて成功しているので、大変示唆的な価値をもつことが証明されている。この計画は、他のいかなる職業計画よりも、共同体でもっとも重要な産業の教育的価値を利用している。この都市の工場の仕事場は、生徒たちにとっての学校の作業室になっている。この都市の大工場の多くは、実験の初年度、市と進んで協働する意思を示した。これが非常に成功したため、さらに多くの工場が、この方法ではじめて働く労働者を雇うことを切望している。ある意味では、これは、手工業の時代に支配的だった旧式の徒弟制度への回帰である。というのは、生徒たちは、市の工場で賃金のために働くことによって、技術を身につけ、諸過程や作業場で必要な経験を積むからである。

　この計画がさらに進めば、市内の学校の子どもたちに実験室を提供する共同体の施設は、工場や商店だけではなくなるだろう。市立大学は、家政学の学生たちに、市の病院で看護師、調理師、家政婦あるいは簿記係として働いて実習をさせる計画をはじめている。そして、工学と建築学の学生たちは、市の機械室や製図室で働いて、実習をすることになっている。市役所の各部局は、学生たちの学習の場として、可能なかぎり使用されることになるだろう。ここでは、生徒の必要とする種類の仕事が提供できない場合には、教育委員会の設定した基準に条件が達している事務所や商店、工場などに行くことになる。これまで、

この計画は、市内の高等学校で専門コースをとっている男女にかぎって試験的におこなわれてきた。すぐれた工業高等学校における最初の2年間に相当する学習内容を終えた生徒たちは、実習の場と学校とで、1週間ごとで交互に仕事と学習をするようになる。生徒は自分の専門にしたいと思う種類の仕事を選択し、学校と協働している工場や商店のうちの一つで、地位を与えられる。その生徒は、自分がおこなった仕事に対して、初任者がそうであるように、給料を受けとる。そして、仕事場の指導監督者の指導と責任のもとで、そこで正規の仕事をする。1週間は、その職場で要求に応じながら就業規則にしたがって働く。次の週は、学校へ戻る。すると、その工場での自分の地位は、同じ種類の仕事を選んだ他の生徒に取ってかわられる。学校での1週間はすべて理論の学習にあてられる。英語、歴史、数学、製図、科学の学習をつづける。そして、その産業を徹底的に学ぶこと、つまり、その産業すべての過程に関する科学、商品の有用性と歴史と分配、またその産業の沿革について学ぶことで、職業経験を質的に向上させるのである。このコースの最後の2年間は、こうして工場と学校の仕事場を交互にして通いつづける。そして、その生徒が、市立大学の工業科へ進学する場合には、教養課程のあいだもつづけられる。
　職業指導の観点からは、この方法は、仕事場に一生の仕事として入ってゆくまで、生徒を教室だけにとどめておくことよりすぐれており、ある際立った利点をもっている。工場での生徒の実際の仕事は、実験的な性格を帯びる。もし、生徒の最初の選択が失敗に終わったとしても、その生徒は、自活している人が抱くような、道徳的な挫折感を抱くことはない。学校は、その生徒は正しい選択をしなかったのだという態度を取る。そして、彼と協働して、2番目の工場での経験が、彼の能力と興味によりいっそう対応するよう努力がなされる。工場での生徒の仕事を注意深く記録したものが、教室での学習記録と同様に保存される。そして、この二つの記録が、別々のものとしてではなく、相互に作用し不可分のものとして検討される。もし、教室での学習がよくて工場での記録がよくないとすれば、彼にはふさわしくない工場にいたことがはっきりとする。そして、教室での勉強の特徴が、しばしば、その生徒が変わるべき仕事の種類に対する手がかりを与えてくれることになる。もし、すべての作業が並程度である場合は、もしその変更が正しいならば、他の職種に変わることによって理

論的な学習において著しい改善がしばしば見られる。この生徒は、自分自身の興味と能力を試し、その判断が正しいかどうかを見極める機会をもっている。もし、その判断が正しくなければ、より正確な判断を下すための精確な根拠をもつことになる。

　仕事は、職業の観点から、生徒たちに近づいてくるものではない。つまり、学校は、ある仕事における２年間の徒弟制を終え、その分だけ特定のことに関して熟練した職人としての資格を備えている労働者を作り出すことをめざしているのではない。目的は、生徒に商工業における現状についての知識を与え、それによって、最終的に知性的な選択ができるための基準をもてるようにすることである。学校の学習は、この選択のための訓練にとって、不可欠な部分を占めている。というのは、学校の学習は、生徒がある仕事場で成功することと同様に、まさにその生徒の興味と好みを知る手がかりとなるのである。そして、この学習は、生徒の判断基準を、たんなる好き嫌いの次元から実践と同様に理論に基礎を置く知識の次元へと引きあげる。自分が何を望んでいるかを本当によく知っていて、それをさらに前へすすめたがる例外的な生徒にとって、この計画は際立った利点を示している。仕事に就きたいという生徒の希望は、数週間を作業場で働くことで叶えられる。そして、教室では、実際の目的を達成するためにはさらに理論的な訓練が必要であることの価値に気がつくのに十分なほど、その職業について幅広い側面や可能性について学ぶのである。

　この計画に沿って１年間取りくんだ結果、最初はこの計画に無関心だった数多くの工場は、このやり方で実習生を受けいれることを依頼してきた。そして、学校ですべての時間を過ごしていたときは大学へ行こうとは思っていなかった多くの生徒たちが、大学に進学することを決心した。女子向けの専門コースには、家事に関連しているという理由で、伝統的に女性の仕事だと考えられている仕事しか含まれていない。彼女たちは、４年間学校で学習をつづける。この学習は、自分がかぶる帽子の縁に飾りをつけたり、自分の衣服を作ったり、食堂経営やそれにともなう売買や帳簿つけをおこなったりするなどによって、実用的なものになっている。あるいは、男子たちと同じように、最後の２年間を仕事場と学校で隔週に働くことで、専門化することもできる。これまでは、女子は婦人装飾品か裁縫の会社にしか進出していない。そしてそこでは、女子は、

子どもたちは自分たちが知らなければならない物事に興味をもつ。(インディアナ州ゲーリー)

裁縫教室では自分たちの衣服を作る。(インディアナ州ゲーリー)

男子が実際の就業条件のもとで働くのと同じように働く。女子にとって仕事の目的は、まさに男子の場合と同じように、女子が一生の仕事を見つけるのを助け、その仕事に自分自身を精神的にも道徳的にも適応させ、また、職場での経験を、目的それ自体としてではなく、さらに大きな目的への手段として使うことによって、彼女に自分の専門と自分の共同体に対する知性的な態度が身につくようにすることなのである。

第11章　デモクラシーと教育

　本書でこれまで記述してきた学校は、この国でおこなわれているもっともよい実践のすべてを象徴しているという確信からではなく、現在の教育の一般的傾向を例証し、たんにさまざまなタイプの学校を公平に象徴していると思われたという理由によって、選ばれたのである。当然、これまで示されてきたものと同じくらい示唆的であることが疑いなく証明されている多くの資料は、省略されている。地方の教育の活性化に対する重要な運動への言及は、いままでなされてこなかった。この運動は、現在おこなわれているのと同じくらい範囲が広く、目的が健全である。というのは、この運動は、地方の学校の教師にハンデを負わせている孤立という不利益を克服することを意図しており、都市の学校が人工的な環境を利用するのと同様に、子どもに職業教育を与えるために、子どもがありのままの環境を利用することを意図しているからである。そして、学校での学習がより大きな教育原理を例証する場合をのぞいて、もっとも効果的な方法で伝統的なカリキュラムを教えようとする一人ひとりの教師や個々の学校の仕事には、ほとんど注意が払われなかった。生徒に結果を出させるための創意工夫にあふれる方法は、教師にとってもっとも示唆的でしかも発奮させるかのように思えるが、それらの方法がたんに伝統的な教育における通常の教材のよりよい使い方と関係がある際には、それらの方法は本書の計画に適さない。私たちは、教育におけるより根本的な変化、すなわち、学校の仕事はこの世の中で過ごす生活への準備を子どもにさせるべきだという事実の認識を学校に自覚させることに関心をもってきた。知的な追求のなかで生活を送り、家庭環境から自分たちの生活における現実的側面のために必要な訓練を受ける生徒は、数のうえでは非常に少ない因子なので、学校はそれらの生徒のためにすべての仕事を構成するまでには賢く振る舞えていない。私たちが議論してきた学

校は、少数の特権化された階級に合わせたカリキュラムから、デモクラティックな社会のニーズや条件を正確に象徴するカリキュラムへ向かって仕事をつづけている。

　これらの学校は、教育の新しい精神を反映している点ではすべて似ているが、望ましい結果をもたらすために開発された方法の点で大きく異なる。目標がまったく同じときでさえも、学校を取りまく環境とあつかう生徒のクラスは十分に多彩であって、それは地域の条件が方法に及ぼす影響力を示唆するほどである。デモクラシーの問題が現実的である教育関係者にとって、きわめて重大な必要性は、子どもの福祉と共同体の利益の両方のために、できるだけ完全かつ知性的に子どもと環境の結びつきを作ることにあらわれている。もちろん、このことが達成される方法は、共同体の条件によって、また、ある程度、教育関係者の気質と信念によって、一様ではない。しかし、異なる学校間での違いは、ミズーリ州コロンビアのメリアム氏によって作成されたような計画と、シカゴの公立学校のカリキュラムとのあいだの違いのように大きいが、見解における明確で極端な相違の裏にある考えの分析は、相違よりももっと基本的だと思われる確かな類似性を示している。この類似性は、より基本的である。なぜなら、教育改革が取るべき方向性を示しているからであり、私たちの世界の見方の点で、現代の科学と心理学がもたらした変化の直接的な結果だからである。

　奇妙なことに、こうした類似点のほとんどは、ルソーが主張した見解のなかに見いだされる。しかし、それらが理論的な観点以上の何かをもちはじめたのは、ごく最近のことである。類似点の一点目は、生徒の身体的福祉に対して向けられた重要性である。他の性質や能力を確立する基礎として、すべての若者の健康を保証することの必要性と、身体が弱く、栄養不足で、手遅れの状態から健康にしようとすることの希望のなさは、いまでは当たり前のこととして認識されているので、ここでは多少の言及でかまわない。健康は、個人の観点からと同様に、社会の観点からも重要である。したがって、健康に対する注意は、共同体の繁栄にとって二重に必要なのである。

　すべての学校が健康な生徒の重要性を自覚する一方で、子どもの身体を健康なものにする際に使われている子どもの活動を、一般的な教育のために用いることの可能性は、十分には理解されていない。いままでのところ、教育におけ

る開拓者だけが、小さい子どもたちが自分の身体を使うことで学ぶことを理解し、また、精神を教えるのに身体を使わないこと、身体を教えるのに精神を使わないシステムを通しては一般的な知性を保証することが不可能であることを、はっきりと理解している。これは、小さい子どもの教育に「自然に発達する」ことを許されているかどうかに大きく依存しているという、ルソーの命題の単純な言いかえにすぎない。モンテッソーリ女史の教育体系において熟練した筋肉の動かし方が重要な位置を占めていたことと同様に、ジョンソン夫人が生徒たちの知的能力を発達させるための手段として生徒たちの身体的成長にどの程度依存していたかについては、すでに指摘してある。このことは、私たちが、赤ん坊が環境のなかでもっとも馴染みのある対象物を理解するために没頭しなければならない事物の動きや、手の動きや感覚のたんなる量を考えるとき、また、子どもと大人が非常に小さい子どもと同じ心理学的機構で学ぶことを想起するとき、合理的だけではなく必然的でもあるように思われる。話して歩けるようになったあとは、有機体の働き方に違いはない。差異は、準備練習によって可能になるような、非常に複雑な活動にある。現代心理学は、人間の生来の本能は、学習のための手段であることを指摘している。本能はすべて身体を通して表現する。それゆえ、身体的活動を抑え込む教育は本能を抑圧し、そして、学習の自然な方法をさまたげる。この事実を教育に適用しているかぎりにおいて、本書で記述されたすべての学校は、生徒の身体的活動を用いており、判断力と正しい思考力を訓練するための道具として、身体的発達という手段を使っている。すなわち、生徒たちは、なすことによって学んでいるのである。この方法によって教えることの心理学的理由は別として、子どもの身体的福祉の重要性を理解することの論理的帰結であり、必然的に教室の教材に変化をもたらすのである。

　生徒たちは何をすべきなのか。もし何も目的がないとしても、たんなる活動では筋力をつけるだけに終わり、生徒の精神的な発達には何の効果ももたらさない。これらの学校は、取りくんだ特定の問題は違うけれども、同様の一般的な方法ですべての問いに答えてきた。子どもたちは、ある教育的な内容をもつ活動、すなわち、現実の生活の状態を再現する活動をしなければならない。数百年前に起こったことを勉強しようとも、算数の問題を解いたり板を平らにし

たりすることを学ぼうとも、このことは真実である。提示される歴史的事実は真実でなければならない。そして、生徒たちが歴史の事実にもとづく劇を書いていようが、海賊船を作ろうが、それらの中心的なアイデアと同様に、劇や海賊船の詳細もすでに知られている事実にしたがわなければならない。生徒がなすことによって学ぶとき、生徒は人類にとって重要であることが証明されている経験を、精神的にも身体的にも追体験しているのである。つまり、その生徒は、実際にそれらのことをおこなった人と同じ精神的なプロセスを経験するのである。生徒が実際にそれらのことをおこなったからこそ、結果の価値、すなわち事実を知るのである。事実を整然と述べるだけでは、その事実の価値あるいは真実の意味──事実か真実であること──をあきらかにはしない。子どもたちが、本のうえの知識で育てられているところでは、一つの「事実」は他の事実と同等のものなのである。つまり、子どもたちは、正しいかどうかの判断もしくは信念の基準をまったくもっていないのである。たとえば、度量衡を勉強している子どもを例にとってみよう。子どもは教科書に8クォートは1ペックだと書いてあることを読む。しかし、どの学校の教師も知っているように、子どもたちは8の代わりに4にしがちである。あきらかに子どもが教科書で読んだ説明は、教科書の外で起こっているいかなるものも代わりにならない。だから、子どもの頭の中でどのような数字が浮かぶのか、あるいは浮かぶかどうかは、偶然の出来事なのである。しかし、クォートの単位でペックを計っている雑貨屋の少年は知っている。彼は経験からペックを理解している。そのため、彼は4クォートが1ペックだと言う者をわらうだろう。この二つの事例の違いは何であろうか。学校の少年は、結果を生みだす活動をしないで、結果だけを得ているのである。雑貨屋の少年にとって、教科書の説明は価値と真実をもっている。なぜなら、それは経験の明白な結果だからであり、事実だからである。

このようにして、私たちは、実践的活動が教室において功利的な価値しかもたない、もしくは功利的な価値が中心だと想定することが誤りであることを理解する。もし教師が学んでほしい事実を生徒が理解すべきであるなら、実践的活動は必要である。もし知識が言葉ではなく現実的なものであるべきなら、もし教育が判断と比較の基準を提供するものであるべきなら、実践的活動は必要である。大人の場合、現実の生活における活動のほとんどが、多かれ少なかれ、

第11章　デモクラシーと教育

たんに絶対必要なものを確保する手段になってしまっていることは、疑いようのない事実である。大人はしばしば活動をそのようにおこなうので、人間の知識のあり方＝様式としての意味が失われてしまっている。しかし、学校にいる子どもの場合は、これはあてはまらない。学校の調理室を例にとろう。子どもはただその日の昼食を準備しているのではない。なぜなら、自分もかならず食べるからである。しかし、子どもは多くのことを学んでいる。レシピの指示にしたがうことで子どもは正確さを学び、料理の成功と失敗は生徒にとって成功の尺度として役立っている。量を計るときに、子どもは算数と換算表を学んでいる。材料を混ぜるときに、それらが混ぜられるとどのような反応を示すかを知るのである。焼いたり煮たりするときには、物理学と化学の初歩的な事実をいくつか発見する。筋肉と知性が大人にふさわしい発達をとげたあと、大人によってこのような行為が繰り返されれば、生徒たちは無意味なことに時間を浪費しているにすぎないという印象を、事情を知らない素人に与えることになる。雑貨屋の少年がペックは何であるかを知っているのは、彼がペックを使って物を計っていたからである。しかし、彼が次つぎにペックで計りつづけるようには彼の知識は増えないから、知的な発見が終わり、単調に仕事を履行する地点にそのうち到達してしまう。学校が、生徒の知的成長がつづくことを見ることができるのは、この地点である。他方で、直接実用的な用途のためのことをする単純な労働者の活動は、機械的なものになる。学校は、生徒は十分特別な経験をしたと言う。生徒は必要なときにどのようにしてそのことをすればよいかを知っていたし、そのことが例示する原理や事実を理解した。これは、生徒に他の価値や事実を教える他の経験へ、生徒が移る時期なのである。生徒は、レシピの使い方、食料品のあつかい方、レンジやコンロのあつかい方を学んでしまえば、同じ初歩的なステップを繰り返しつづけることはない。生徒は料理のより広い諸側面を会得するために、学習の範囲を拡大しはじめる。生徒はいまや、食物の諸価値、メニュー、食品の費用、食料品の化学的性質、そして調理を学んでいるので、調理の授業の教育的価値は継続するのである。キッチンは、人間の生活における基本的な要素を学習するための実習室になるのである。

　教育の活動的形式がもつ道徳的な利点は、知性がもたらす利益をより大きくすることである。私たちは、この教授法が生徒たちにどれほど大きな自由を必

有益な仕事をすることで手や目、そして頭脳の訓練をする。(インディアナ州ゲーリー)

要とするか、そして、この自由が生徒の知的で道徳的な発達にとって積極的な要素であることをみてきた。同様に、通常の孤立した教科書の勉強の代わりに実践的活動をすることは、両方の方法を利用してきたどの教師に対しても、際立って積極的で道徳的な結果をもたらす。本の中で示された事実の蓄積が基準となるところでは、知識を獲得するための主要な手段として記憶が頼りにされなければならない。生徒は、事実を記憶することを刺激されなければならない。生徒が事実を本の正確な言葉で覚えなくてはならなくても、自分の言葉で覚えたとしても、比較すれば大きな差はない。というのは、いずれの場合も、問題は、生徒が情報をまさに蓄えていることを調査することだからである。子どもにとって、記憶が正しいときには報酬が与えられ、失敗したときには罰せられたり低い点数がつけられたりしてしまうことは、避けようのない結果である。すでになされた学習の重要性から、いま学習していることが外でどれだけ成功を収めるかの度合いへ、強調点は移される。完璧に振る舞える人はだれもいないのだから、失敗することは当然のことで、誤りは大事にされるべきことになる。生徒は到達することを期待していると言われた基準にはけっして到達できないという絶望と、絶えず闘わなければならない。生徒の誤りはつねに正され、指摘される。生徒が成しとげられるような成功は、取りたてて生徒自身を鼓舞

第11章　デモクラシーと教育

するものではない。なぜなら、生徒はすでに本の中に存在する内容を再現するにすぎないからである。よい学習者が培う美徳は、服従、従順、恭順という、無色でぱっとしない美徳である。自分自身を完全に受動的な態度に置くことで、生徒は、教師から聞いたことや本で読んだことを、より完全に再現することができるのである。

　報酬と高い得点は、せいぜい、努力するための人為的な目標にすぎない。なぜなら、勉強から得られるものの価値のほかに何らかを得ることを期待させることに、子どもたちを慣らしてしまうからである。学校が、これらの動機づけに依存することをどれだけ強制されているかは、学校がいかに真に道徳的な活動と関係のない動機づけに頼っているかを示している。しかし、子どもたちが物事をなすことによって知識を得ている学校では、知識は子どもたちの全感覚を通して維持され、行動に移されている。その知識は、子どもたちが発見したことを保持するために、記憶という芸当をまったく必要としない。筋肉、視覚、聴覚、触覚、そしてこれらそのものの推論過程のすべてが、その結果を子どもが学習する装置の一部になるように結びついている。成功は、積極的な達成への満悦感を与える。学習への人為的な誘導はもはや必要ではなく、子どもたちは、学ぶことそのものへの愛から勉強することを学ぶ。報酬のためでもなければ、罰を恐れるという理由でもないのである。活動は積極的な美徳――エネルギー、進取の精神、独創性――を要求する。それらは、命令を実行する際のもっとも完全な忠実さよりも、世界にとってより価値のある特質である。生徒は自分の学習の価値を知り、みずからの進歩を知るので、より進歩をすることに自分を駆りたてるのである。結果として、生徒の誤りを不当に重要だと思いこませることもなければ、生徒を落胆させることもない。生徒は、その次によりよくおこなうときの手助けとして、誤りを積極的に活用する。子どもたちは、もはや報酬のためには学ばないので、欺こうとする誘惑は最小限に減らされる。不誠実な行為をする動機はない。なぜなら、子どもが課題、すなわち認められた唯一の目的をおこなったかどうかは、結果が示しているからである。すでにおこなわれているもののために学習をすることの道具的価値は、報酬のために学習することの価値より、はるかに高い。そして、自主的で精力的な学習の習慣を通してしか何も得られないような状況に置かれることでも、本当に悪い人

格が改善されないこともあり得る一方で、弱い人格は強化されるであろうし、強い人格は、はじめはそれほど重要ではないと思われるが、累積的な効果から重大だと思われる小さな悪い習慣を一つも形成することはないだろう。

　学校の仕事を見る伝統的な方法と区別して、現在のほとんどの改革者が共通してもっている別の視点は、生徒にとって興味のある学習を見いだす試みである。これは、ほとんど重要ではない事柄として見なされてきた。実際、興味のないある一定量の学習は、生徒の道徳的な性質を形成するために、非常によいことだと思われていた。この学習は、他の学習よりも、規律的な人格をもつと思われた。子どもにとって魅力的ではない課題をやりとげるよう子どもに強制することは、忍耐力と人格の強さを発展させると思われた。退屈なことを成しとげる能力は非常に有益なものであるが、その有用性はその課題の退屈さのなかに存在していないことは、疑いようがない。物事は、不快であったり退屈であったりするがゆえに有益であったり必要であったりするのではなく、物事の特徴にかかわらず有益で必要なのである。「規律的」な価値のためだけに生徒に対して課題を与えるという習慣は、道徳的な情熱の過剰さよりはむしろ、道徳的価値への盲目さを示しているように思われる。というのは、結局のところ、その習慣は、物事の欠損を美徳として示すことにほかならないからである。

　しかし、もし興味の欠如が、学業の選択の動機として認められないなら、興味も基準として役にたたないと反対することは、十分に公正である。もし私たちが、興味をこのようにもっとも狭義にとるならば、すなわち、その楽しさという力ゆえに、子どもをおもしろがらせ、訴える何かを意味するものとしてとらえるならば、この異論は正しい。教育における新たな精神に対する批判者は、生徒たちは自分たちがしていることに興味をもつべきだと耳にするときに意味することが、ここで言う狭義の興味だと想定しがちである。そして、このようなシステムは子どもたちの気まぐれを満たし、道徳的性質を欠くことや、実際に社会的性質とすべての人びとの欲望を簡単な方法で一般的にやわらげる例であることを、批判者が指摘しつづけることは、十分に論理的である。しかし、生徒たちにとって、学習は簡単なものではない。また、伝統的なカリキュラムを、砂糖でコーティングするように生徒が飛びつくようなものにする試みも、いままでのところ存在しない。その変化は、より根本的な性格のものであり、

第11章　デモクラシーと教育

しっかりとした心理学の理論にもとづいている。子どもたちに与えられる学習が変化したのである。この試みは、すべての子どもの課題を子どもにとって興味あるものにすることではなく、子どもに対する自然なアピールにもとづいて学習を選択することである。子どもたちは学ぶ必要があることに興味をもつので、興味が選択の基礎となるべきである。

　赤ん坊が、長い時間をかけて同じ動作を繰り返したり、対象に触れつづけたりすることは、だれもが慣れ親しんでいる。また、2、3歳の子どもたちが、積み木でタワーを作ったりバケツを砂で満たしたりすることに強い関心を示すことについても、だれもがよく知っている。子どもたちは、それを一度だけでなく何十回もおこない、そしていつでも同じくらい深く没頭しているのである。というのは、子どもたちにとって、本当の仕事だからである。子どもたちの成長しつつある未完成の筋肉は、まだ自動的に行為することを学んでいない。何かに向けられたすべての動作は、意識して調節することを努力しなくてよくなるまで、子どもの精神の意識的な指示のもとで繰り返されなければならない。小さな子どもは、自分のまわりの事物に適応しなければならないから、興味と欲求は同一のものである。もしそれらが同一のものでなければ、子どもは生きていくことができない。子どもは大きくなるにつれて、子どもの直接的欲求に対するコントロールがきわめて急速に自動的になるので、子どもはいまだに赤ん坊と同じように学んでいることを、私たちは忘れがちである。必要なことは、生涯にわたってそうであるように、依然として適応力である。適応のよさは、有能な人間を意味する。ゆえに、本能的に、私たちは他のどんなものよりもこれらの適応を学ぶことに関心をもっているのである。いま、子どもは自分が直面している事柄に対する身体的活動を通して、自分自身を適応させることに興味をもっている。なぜなら、子どもは、生きるためには自分の物理的状況を支配しなければならないからである。子どもにとって興味のある事物は、子どもが働きかける必要のある事物である。したがって、子どもたちの好奇心と興味を引きおこす環境における一群の事物から作業を取りだすことは、子どもたちのどの集団のためにも、作業を選択する際の知恵の一部になる。あきらかに、子どもたちが成長し、自分の身体と物理的環境の統制が増えるにつれて、子どもは自分のまわりで遭遇する生活のより複雑で理論的な側面に手を伸ばしてい

くだろう。

　しかし、これとまったく同じ方法で、教室での学習は、子どもの直接的な環境にはあきらかに属しない事実や出来事を含むように広がっている。こうして、教材の範囲を興味と選択の基準にすることによって、どんなやり方でも制限されることはない。価値があるものとして生徒たちが気に入る学習、すなわち生徒たちの興味に対して何らかの結果を約束する学習は、規律上の反復練習のもっとも容赦のない主唱者によって与えられた学習と同じくらいの忍耐と集中を含んでいる。反復練習の主唱者は、生徒に対して生徒が見ることのできない目的のために努力することを要求する。そのため、人為的な目的、点数、進級を与えることによって、また、生徒の精神と感覚が生徒にきわめて強く呼びかける生命の声に絶えず悩まされることのないような雰囲気のなかで、生徒を孤立させることによって、生徒は課題を熱心にやらされるのである。しかし、その解決が直接的な達成感と満たされた好奇心とを生徒に与えるであろう問題を提示された生徒は、自分のすべての力を学習へと向けるだろう。目的そのものが、生徒に困難な課題を頑張り抜かせるために必要な刺激を提案してくれるだろう。

　子どもたちに従順と服従、強制された課題を注意深く実行することを教えこむ因習的なタイプの教育は、独裁的な社会に適している。これらは、人びとの生活と諸制度を計画し世話をする一人の支配者がいる国で必要とされる特徴である。しかし、デモクラシーにおいては、この特徴は、社会と政府の実りの多い行為の邪魔をする。「人民の、人民による、人民のための政治」という、私たちには有名で端的なデモクラシーの定義は、おそらくデモクラシーの社会が巻き込まれているものに対して、最善の手がかりを与えてくれる。社会と政府の行為に対する責任は、社会の全構成員にかかっている。それゆえ、だれもが、全体的な人民の状態と要望に関する適切な考えを政府に提供し、そして、政府の仕事における適切な負担を果たしうる資質を発達させながら、この責任を果たせるようになるための訓練を受けいれなければならない。もし、私たちが、子どもたちを命令にしたがわせ言われた通りにするように訓練し、子どもたちに自分自身で行動し考える自信を与えることに失敗したとすれば、私たちは、私たちの制度における現在の欠点を克服し、真のデモクラシーの理念を打ちたてることの邪魔になる、ほとんど乗りこえられない障害を置くことになる。私

たちの国は、自由にもとづいて建設されている。しかし、私たちが明日の国を形作るときには、できるかぎり少しの自由しか許していない。子どもたちは将来自分たちが統制された身体になったときに自由の行使が何を意味するのかを知ることができるためにも、子どもたちは学校で自由を許されなければならない。そして、デモクラシーの濫用と失敗が消滅する前に、子どもたちは、進取の精神、自立、才覚の活動的人格を発達させることを許されなければならないのである。

　デモクラシーと教育の関係に対する認識の広まりは、おそらく現在の教育の傾向のうちでもっとも興味深く重要な側面である。それは大衆教育への増大する関心を説明し、いままで概観してきた教育の変化のための科学と心理学の議論に対して、非常に説得力のある説明を打ちたてる。教科書中心の教育の方法は、環境によって現実的な生活に従事する必要がなく、同時に抽象的な考えに興味がある子どもの小さな集団に十分適していることは、疑いがない。しかし、このタイプの人びとにとってさえ、このやり方は知識の把握において、大きな欠損を残している。つまり、このやり方は、知性の発達において行為が果たす役割に対して何の位置も与えられていないし、生徒を自然的性向に即して訓練し、観念的な人間にとっては普通なら弱い現実的な性質を発達させない。興味が抽象的ではなく、ある現実的な仕事、通常は実際に手を使う仕事に就いて生活しなければならない大多数の人びとにとって、教育の方法は、純粋に知的で理論的な側面と自分自身の仕事とのあいだのギャップを橋渡しする必要がある。デモクラシーの考えが広まるにつれて、そしてそれにともなう社会問題に目覚めるにつれて、たまたま所属している階級にかかわらず、すべての人びとは自分たちの要求を満たしてくれる教育を要求する権利をもつこと、そしてそのために国家はこの要求に応じなければならないことを、人びとは理解しはじめている。

　最近まで、学校教育は、ただ一つの階級の人びと、すなわち知識それ自体に対して興味をもつ人びと、教師、学者、研究者の要求に応じてきた。訓練は手を使った仕事をする人にとって必要だという考えは、いまなお新しいので、生活の物質的な事柄の統制こそが知識であることを、学校がやっと認めはじめたばかりである。ごく最近までの学校は、数的にもっとも多く、生活必需品の供

給において全世界が依存している階級の人びとを無視してきた。このことに対する一つの理由は、デモクラシー自体が比較的新しい事柄だということである。そして、デモクラシーが出現するまで、大多数の人びと、つまり手を使って働く人びとが、自分たちの大きな精神的要求をいくらかでも満たす権利は、けっして認められなかった。彼らの機能、すなわち存在理由は、支配階級の物資的欲求の充足を引きうけることであった。

　過去1世紀半のあいだ、二つの大きな変化が起こり、人間の生活と思考の習慣を変えた。このなかの一つ、つまりデモクラシーの理念の成長が、いかにして教育の変化を求めるかをみてきた。他方、科学の発見を通して起こった変化もまた、教室に反映されなければならない。蒸気機関と電気の発見以前に、人びとの歴史的情報のすべてを総合して、大まかな社会像を描くことは、これらの発見と類似した発見がもたらした社会の根本における変化の輪郭を描くには、役にたたないだろう。教育の観点からみて、おそらくもっとも重要な発見は、生活の日常的状況にうまく適応する人びとの精神的な備えの一部となるべき事実の数の、信じられないほどの増加である。それらの事実は非常に多いので、学校の授業で教科書から教えようとする試みは、まったく馬鹿らしいことだろう。しかし、学校は、これに率直に直面する代わりに、そして生徒に世界そのものからの学び方を教えられるようにカリキュラムを変える代わりに、できるかぎりたくさんの事実を勇敢にも教えつづけてきた。この作られた変化は、事実の消費を増やすような計画を創案するなかでみられた。しかし、科学によって要求される変化は、もっと根本的なものである。そして、現在までに生じた変化に関するかぎり、本書で示された一般的な道筋にしたがっている。このことは、これらのさまざまな学校のカリキュラムが示しているように、科学的発見以来、社会に変化をもたらした科学的法則を教えるだけでなく、事実が本の中で分類されたあとに、諸事実を勉強し記憶することを、生活の事実そのものを教える本当の学習に置きかえることも含んでいる。

　もし学校が、すべての階級の生徒の要求を認めて、生徒に首尾よく価値のある市民になることを保証する訓練をするならば、学校は生徒を身体的にも道徳的にも強くし、国家と隣人に対する正しい態度を与えるだけでなく、同様にして、経済的に自立できるように、生徒の物質的環境に対して十分に統制できる

第 11 章　デモクラシーと教育　　　　　　　　　　　　267

力を与えなくてはならない。専門職への準備は、つねになされてきた。私たちが見てきたように、見すごされてきたのは、産業における労働者の未来である。科学の発見による近代産業の複雑化は、現実の成功を熱望する労働者が、専門的な技術を身につけるための一般教育の十分な基礎をもつことを必要なものにする。そして、人間性の複雑さは、初心者が自分の好みと能力に見あった仕事を見つけることを、同様に必要なものにする。一般的な教育の原理の議論は、これら二つの要求を満たす産業教育と職業教育にのみかかわっている。特定の職業と訓練の問題は、本書ではまったく範疇外である。しかしながら、狭い意味で産業訓練を推しすすめる動きに関連する一定の事実は、より大きな問題と直結している。仕事が広がるにつれて、ゲーリーやシカゴでおこなわれているような本当に教育的なタイプの学習が、職業教育のために見すごされるかもしれないという大きな危険が、いままさに存在するからである。

　有力な市民たちの注意は、一般的な教育の再調整の必要性よりも、安易に熟練労働者の必要性に集まっている。熟練労働者の必要性は、彼ら自身の経験によって、おそらく彼ら自身の私欲によって、あきらかにされる。ドイツが自国の商業的な競争相手を追いだすために専門的な職業訓練を国家資産とした程度に、たやすく市民たちは印象づけられている。早い時期に学校を去った14歳から18歳までの労働者を改善するために、補習学校の制度を確立して、職場の仕事の多様化に備えて直接的に準備する分離した学校を設立することほど、直接的で現実的なことはないように思われる。そして、上級の学校と手仕事がほとんどない生活への準備をするために、現存する学校はほとんど変えないままに残してきた。

　補習学校は価値があり重要であるが、一時的な緩和策で間に合わせにすぎない。補習学校は、存在すべきではない状況に対処している。子どもたちは14歳で学校を去るべきではなく、16歳か18歳になるまで学校にいて、自分のエネルギーを知的に使うことと、適切な職業選択に対して援助を受けるべきである。学校を去る理由が、経済的な圧力ではなく、学校が生徒に対して何かよいことをしているという確信がないことであるのは、14歳で学校を去って職に就いた幾人かの生徒に接した教師や労働者のあいだでは、当たり前のことである。もちろん、子どもが学校を楽しんではいるが、お金を稼ぐための最初の機

会に学校を去らざるをえない場合もある。しかし、これらの稀な例でさえも、仮に思いやりを含んでいるにしても、子どもの14歳の誕生日までは普通ならばおこなわれている家族の生活をつづけることが、通常ならば賢明なことである。14歳と15歳の子どもの賃金は非常に低いので、すでに十分に生計を立てることのできない家族にとってのみ、子どもの稼ぎが物質的な差異をもたらすのである。

　学校にとどまる子どもよりも、学校を去らざるをえない子どもたちの方が、お金を稼ぐ能力を伸ばすためには時間がかかり、しかも最大限でもはるかに低い賃金レベルにしか到達しないという事実によって、絶望的な状況は増えていく。その結果、結局、子どもと家族に対する損失は、不確かで一時的な収入で補うことはできないのである。しかし、生徒たちが積極的に学校を去るもっともありふれた理由は、学校が好きではなく、何らかの実際の仕事を得たかったからである。それは、仕事をするための準備をしたり、訓練の課程を終えたりという理由ではなく、学校が非常につまらなく思え、自分の興味を満たしてくれるとは思えなかったので、もっと現実的に思える何か、目に見える結果をもたらす何かに変えるために、最初の機会をつかんだのである。

　次に必要とされることは、この階級の生徒たちの要求に応えるために、普通の学校の学習を再構成することである。そうすれば、生徒たちは自分たちが学んでいることの価値のために、学校にとどまろうとするだろう。現在の制度には不手際があり、近視眼的なものである。補習学校はそれらの欠点のいくつかを一時的に補っている。小学校が現状に適応できていないために、学習の再調整が阻まれているところでは、補習学校も現在の制度上の欠点を克服することはできないし、通常からは時期を遅らせた知的成長を生徒たちが達成することもできない。学校を現存する産業制度の道具として利用することではなく、産業を学校の再構成のために利用することが、理念なのである。

　実業家たちの集中した関心と公的な事柄における彼らの影響力ある活動には、産業のための訓練を分離してしまうことで、デモクラシーと教育の両方へダメージを与えてしまう危険性がある。教育関係者は教育的価値の卓越性を主張しなければならない。それは、自分自身の利益のためではなく、教育的価値の卓越性は、社会とりわけデモクラシーの基礎として組織された社会のより基本的

な利害を表しているからである。教育における産業の位置は、個々の職業に対する個々の生徒の準備を急がせることではない。産業は、（ゲーリー、インディアナポリス、その他の学校のように）すべての生徒がもつべき理論的な知識に実践的な価値を与えるために、そして、生徒に環境の条件と制度を理解させるために使われるべきである。このことがなされるとき、正しく仕事を選択し、自分自身の努力を職業上で必要な技術を獲得することへ向けるために必要な知識と知性を、生徒は得るだろう。生徒がすでに一つの事柄そして唯一の事柄をいかにしてなすかを知っているという事実によって、生徒の選択は制限されないだろう。その選択は、生徒自身の能力と生来の素質によってのみ指し示されるのである。

　職業学校および商業学校は、生徒たちが十分な年齢になる前、もしくは自分自身の力で賢明な選択ができる知識をもつ前に生徒たちを引きうけ、理論的な学習と手技の両方において、狭い枠の中で生徒たちに反復練習をさせる。その結果、生徒たちは、自分たちをただ一つの仕事だけに位置づけることになる。たとえその仕事がその生徒にとって適切な仕事ではないことがわかっても、その職業はその生徒が訓練を受けた唯一の職業なのである。このような制度には、個人の能力がもっとも発達するための機会を与えずに、人びとを階級に固定しつづける傾向がある。

　職業の最初の段階で熟練労働者を引きうけることによってもっとも利益を得ているように見える産業こそは、そのことによって、より複雑な工程では損をするだろう。というのは、熟練労働者たちは、工業高等学校や職業高等学校の卒業生が習得する一般的知識や幅広い経験という背景をもっていないからである。しかし、仕事の活用によってもたらされた環境の統制のために、仕事の素材を学校に導入することは、デモクラシーに必要な自立した知性的市民の割合を増大させるであろう。

　固定された階級の形成を許すことは、デモクラシーにとって致命的である。財産の違い、大量の非熟練労働者の存在、手仕事に対する軽蔑、人が生活において先に進むことを可能にする訓練を保証できないこと、これらのすべてが、階級を生みだし、階級間の隔たりを広げることに影響を及ぼしている。政治家と立法府は、これらの悪の力と闘うために何かができる。賢明な慈善団体も何

かができる。しかし、改善のための唯一の基本的機関は、公立学校制度である。すべてのアメリカ人は、過去において非常に多様な要素をもった人びとたちのあいだで、統一と友愛の精神を育むことに成功したことに誇りをもっている。そのため、共通の利益と目的の感覚によって、私たち国民を階級に分割しようと働く強い力に打ち勝ってきたのである。社会の一方では多大なる財産が蓄積されており、他方ではほとんど差し迫った生活を送る状況に陥っていることをともないながら、私たちの生活の複雑さが増大することは、デモクラシーの課題を絶えずより困難なものにする。すべての個人が混じりあう制度をたんに用意することが、時代の要求に応えるには十分であるような日々は、急速に過ぎさった。教育内容と教授法は、この目的に対して、建設的かつ積極的に適合されなければならない。一方ではより多くの余暇をもつ両親の子どもたちのための制度が存在し、他方では賃金労働者である両親の子どもたちのための制度が存在することは、けっしてあるべきではない。このような計画によって強制された物理的な分離は、適切な相互共感の発達にとって好ましくないが、制度がもつ害悪はもっとも少ない。もっと悪いことは、一方の子どもに対する過度な本中心の教育と、他方の子どもに対する過度な「実践的な」教育とが、精神的な分離や、道徳的な習慣の分離、理念および見解の分離をもたらすことの事実である。

　学問的な教育は、手による仕事に対して共感を示さず、現在のもっとも深刻な社会的、政治的困難さを理解するための訓練をまったく受けていない未来の市民を生みだす。職業訓練は、訓練なしに獲得する技術よりも即時性の高い技術を得させるかもしれないが、精神を育てることなく、自分がする仕事の科学的・社会的洞察もしないで、自分の道を進んだり自分自身を適応させたりすることの助けとなる教育ももたないような未来の労働者を生みだすだろう。公立学校制度を、偶発的な改善をともなう伝統的な方法を追求する部分と、手仕事に従事する人びととをあつかう部分に分割することは、デモクラシーの精神とはまったく相容れない社会的運命予定説の計画を意味することになる。

　理念として機会の平等を宣言するデモクラシーは、学習と社会的適用、観念と実践、仕事とおこなわれたことの意味の認識とが、最初からそしてすべての人のために結びつく教育を要求する。私たちが本書で議論してきた学校——そ

して、それらの学校は全国で急速に増えているが——は、すべての人に対する機会の平等という理念が、いかにして実現されるべきかを示している。

解　説

上 野 正 道

1.

　本書は、ジョン・デューイ（John Dewey, 1859-1952）の *Moral Principles in Education*（1909）、*Interest and Effort in Education*（1913）、*Schools of To-Morrow*（1915）の翻訳である。

　デューイは、19世紀から20世紀への転換を境に社会が急激に変化するなかで、新たな時代の学校と教育のあり方を探っていった。彼は、1894年にシカゴ大学教授に就任し、96年に大学の実験学校（University of Chicago Laboratory School）を創設した。デューイは、シカゴ大学実験学校において、革新的な学校とカリキュラムの創造に着手した。その成果は、『学校と社会』（1899年）や『子どもとカリキュラム』（1902年）をはじめとする教育書として刊行され、広く浸透することになった。これらの論考は、本著作集である『デューイ著作集6　教育1　学校と社会、ほか』（上野正道訳者代表、藤井千春解題、東京大学出版会、2019年）に収録されている。デューイが意図したのは、子どもと社会生活をつなぎ、子どもたちが協同的に活動し、探究し、学習するコミュニティ（共同体）としての学校へと変革することであり、そのためにシカゴ実験学校では、「仕事＝専心活動（オキュペーション）」のカリキュラムが導入された。シカゴ大学時代のデューイの教育思想は、その後の進歩主義学校の実践を牽引する役割を担うことになった。

　それに対し、1904年にデューイがシカゴ大学からコロンビア大学に異動した後の教育活動、とりわけ1900年代後半から1910年代前半にかけての彼の教育理論というのは、シカゴ大学時代の彼の教育論に比べてあまり知られていないように思われる。1916年に、デューイは『民主主義と教育』を刊行し、ふたたび教育の分野で脚光を浴びるようになるが、コロンビア大学に異動してか

ら間もない期間の彼の教育論については、必ずしも十分な光が当てられてこなかった。このことは、同時期に進歩主義教育の運動が広く開花していったことからすると一見奇妙なことでさえある。

　だが、この時期のデューイは、教育に対して無関心であったわけではない。実際、1910 年前後のデューイは、多様な人たちが共生する民主主義の社会を探索して、進歩主義的な学校へと教育を改革することを意図した。アメリカの社会的な制度や慣習が変化し、そのことが人びとの行動様式にも影響を及ぼすなかで、彼はシカゴ大学時代の考え方を発展的に更新していくようになる。そうした課題に取りくんだ背景には、アメリカがフロンティアを喪失し、ピューリタニズム的な道徳観や社会観が揺らぐ一方で、産業主義や科学主義、都市化、競争的個人主義が広がる状況で、進歩主義的な教育をどのように構想するかという問題が存在していた。

　一般に、19 世紀末から 20 世紀初頭にかけて、アメリカやヨーロッパ、日本で席巻した新教育運動は、ルソー（Jean-Jacques Rousseau, 1712-1778）、ペスタロッチ（Johann Heinrich Pestalozzi, 1746-1827）、フレーベル（Friedrich Wilhelm August Fröbel, 1782-1852）らの思想を継承して、教師や教科書を中心とする教育を「旧教育」と呼んで退け、子どもの個性、自由、興味、自然的な発達を重視する、いわゆる「子ども中心の教育（child-centered education）」を実践しようとしたとされる。

　一方で、新教育運動は、何らかの一つの主義や主張によって展開されたわけではない。その呼称も、アメリカでは「進歩主義教育（progressive education）」、ドイツでは「改革教育学（Reformpädagogik）」、日本では「大正新教育」と呼ばれるように、多様な教育思想と実践に支えられて浸透した。また、アメリカの進歩主義教育においても、その主張はきわめて多様性に富んでおり、子ども中心の教育から、社会的効率や社会的適応を尊重する教育、さらには社会改造を志向する教育に至るまで、広範な思想と実践を含んで成立していた。デューイの教育思想は、このような状況に直面するなかで形成されている。本書に収録された『教育における道徳的原理』、『教育における興味と努力』、『明日の学校』の三つの論考は、そうした進歩主義的な教育観を理解する重要な鍵を握るものである。

2.

　デューイは、『倫理的批判理論概論』(1891 年) や「教育の根底にある倫理的原理」(1897 年)、『倫理学』(1908 年)、『人間の問題』(1946 年) など、比較的早い時期から晩年に至るまで、道徳や倫理の問題を積極的に追究しつづけた。『教育における道徳的原理』のなかで、デューイは、学校を「萌芽的な典型的共同体」として組織し、学校と社会生活の結びつきを通した教育活動全体で道徳を涵養することを目指した。

　デューイによれば、道徳は、アプリオリな絶対的、不変的な原理や規範から説明されるのでも、快楽や功利の観点から理解されるのでもなかった。そうした立場は、デューイが若い頃に強い影響を受けたヘーゲル (Georg Wilhelm Friedrich Hegel, 1770-1831) の哲学からプラグマティズムへと移行していくなかで形成されたものである。1880 年代のデューイは、ヘーゲル主義者で『思弁哲学雑誌』の編集長をしていたウィリアム・ハリス (William Torrey Harris, 1835-1909) と交流して、哲学の研究に取りくむようになった。その後、進学したジョンズ・ホプキンス大学大学院では、当時、新ヘーゲル主義で名を馳せていたジョージ・モリス (George Sylvester Morris, 1840-1889) の指導を受けた。

　モリスは、「普遍的意識」の概念にもとづいてヘーゲルの有機体説の発展を企てたが、この頃のデューイもまた「絶対的な自己意識 (absolute self-consciousness)」[1]について論じ、ヘーゲル的な観念論によって主体と客体、精神と身体、個人と社会といった二元論を克服できると考えていた。彼は、1888 年にミネソタ大学の哲学教授に就任したが、1889 年 3 月にモリスが亡くなると、モリスのいたミシガン大学で哲学教授の後任として招聘され、1894 年にシカゴ大学に異動するまで務めた。ヘーゲル哲学は、初期のデューイの思想形成に決定的な影響を与えることになった。

　しかし、1890 年代から 1900 年代初頭になると、デューイは、ヘーゲル主義から次第に離れるようになる。彼は、機能的心理学や進化論的生物学の視点を取りいれて、有機体と環境の相互作用に着目し、社会生活のなかで知性を道具として用いて、協同的、探究的に問題を解決するプラグマティズムの思想に接近する。そのような転換を導いたのは、ウィリアム・ジェームズ (William

James, 1842-1910）やジョージ・ハーバート・ミード（George Herbert Mead, 1863-1931）らの思想であった。道徳においても、それを社会的な制度や生活、メンバーシップから離れた絶対的な原理や規範から説明するのではなく、人びとの社会生活への参加や経験、協同的な探究を基盤にして考えるようになる。それは、子どもや生徒が社会的な問題状況や行動のなかで、さまざまな矛盾を主体的に捉え、社会的知性を通して協同的、探究的に課題を解決することを基本としている。

　デューイは、道徳教育の目的を「道徳的観念」の涵養に置いている。彼は、「道徳的観念」と「道徳性についての観念」を区別する。すなわち、前者が行為に影響し、行為をよりよい方向に改善する観念であるのに対し、後者はそのような行為を駆動することがなく、道徳的な影響を与えない観念である。必要なのは、道徳教育を「間接的で生き生きとした」領域で構想し、「学校生活のあらゆる作用、手立て、題材を通した人格の発展」として認識することである。道徳を学校の教育活動全体で育成することは、学校と社会生活を関連づけ、「人格の成長」へとつなげることを意味していた。デューイは、学校教育が十分に役割を果たしていないとすれば、それは「知性の訓練」と「道徳の涵養」とが、「情報の獲得」と「人格の成長」とがそれぞれ分離してしまっていることに由来するという。道徳の涵養には、子どもを身体的、知性的、社会的、道徳的な「有機的全体」として認識し、「統合された全体的存在」として「社会生活を生きる」ようにすることが必要である。

　では、道徳の教授法と学習課程はどのように構想されるだろうか。デューイによれば、従来の学校では、子どもたちは同じ作業に取りくみ、同じ生産物を作ることが要請されたという。そこでは、どんなに教室の中で言語を使用するとしても、それは子どもたちのコミュニケーションへの欲望や学ぶことへの欲望から来るものではなかったと批判される。道徳は、受動的に吸収されるものでも、外的な地位への競争に根差すものでも、遠い未来のための準備をおこなうものでもない。デューイは、「子どもの活動的な力、構築や生産、創造における子どもの力」に訴える道徳教育を提唱する。彼は、学校が「本物の共同体」を表現し、子どもたちの「活動的な力」と「構成的な力」へと訴える方法が採用され、そのような要求に応える学校の教科とカリキュラムが準備される

べきだと主張している。
　さらに、デューイは、道徳の「社会的側面」だけでなく、「心理学的側面」についても注目する。それは、道徳を「本能」と「衝動」の次元から探究することを要請する。それはまた、道徳を「人格の発達」という観点から考えることでもある。道徳は、外的な力や外部からの動機づけによって形成されるのではなく、個人の活動や習慣、衝動、前に向かう傾向、何かをなす駆動力に結びつけられる。道徳は、「知性的側面」と「感情的側面」の両方の訓練・涵養にかかわるものであり、人びとの「共同体生活の状況や力」、「個人の衝動と習慣」へと翻訳されることで、学校の教科や教授を含む教育活動全体に及ぶものであると理解されていた。
　このように、デューイは、道徳や倫理を社会生活の経験、行為、習慣、知性とのかかわりから考察した。それは、道徳をアプリオリな絶対的、不変的原理から解釈し、道徳に関する知識、規範、価値を教え込むことや、道徳を快楽や功利として捉え、道徳的な心情と態度の形成を強調するのとは異なるものであった。このことは、道徳の形式主義や心情主義、功利主義を排して、それをコミュニティや社会生活に関連づけられた知性的な活動として理解し、「人格の成長」に結びつけることを意味している。こうして、デューイは、道徳を実験的なプラグマティズムと、多様な人びととの共生による民主主義の思想につなげ、それを進歩主義的な教育の方向にそって構想したのである。

3.

　1913年に出版された『教育における興味と努力』は、教育学で論争が交わされてきた「興味対努力」の「訴訟」という記述からはじまっている。デューイは、すでに1896年に『意志の涵養に関係する興味』を刊行し、教育における「興味と欲求・努力の関係」について論じていた。それによれば、厳密な意味での「欲求」と「努力」というのは、「媒介された興味の様相」で、ともに「反意的」ではなく「相関的」であり、目的が離れたところでのみ存在する「緊張状態」を指すという[2]。
　デューイが「興味対努力という教育における訴訟」や「興味と欲求・努力の

関係」について論じた背景の一つには、ヘルバルト主義者のチャールズ・ド・ガーモ（Charles De Garmo, 1849-1934）と、ヘーゲル主義者のウィリアム・ハリスとの対立があった[3]。イリノイ州立大学のド・ガーモは、1902年に『興味と教育』を刊行し、教育における興味をめぐって議論をひきおこすことになるが、1880年代にはドイツのハレ大学でヘルバルト主義の研究に打ちこんだ経歴があり、アメリカに帰国後は全米ヘルバルト協会の会長も務めた。全米ヘルバルト協会は、ド・ガーモのほかに、マクマリー兄弟（Charles Alexander McMurry, 1857-1929, Frank Morton McMurry, 1862-1936）やヴァンリュー（Charles C. Van Liew, 1830-1894）らが主導し、シカゴはヘルバルト主義の中心的な情報発信地として、教育関係者から大きな注目を集めていた。シカゴ大学時代のデューイもまた、理事の一人として全米ヘルバルト協会に貢献した。「中心統合法」、「相互関連法」、「文化史段階説」などの概念を提唱したヘルバルト主義は、学校での教育内容の選択や配列が断片的で、子どもの発達への理解も不十分な時代において、教科や教材の配列や教科相互の関係を提示し、教育課程の編成原理や学習過程の段階を明確化したことで、教育界を席巻する潮流を形成した。

　しかし、19世紀末から20世紀初頭にかけて、ルソー、ペスタロッチ、フレーベルらの思想を継承した新教育運動が浸透すると、ヘルバルト主義は、主知主義的で知識伝達的な旧教育として批判されるようになる。若い頃のデューイもまた、ヘルバルト主義との接触を起点に、その批判を通して進歩主義的な教育観を形成していった。それと同時に、この時期には、ド・ガーモやマクマリーらも、デューイやフランシス・パーカー（Francis W. Parker, 1837-1902）、ウィリアム・キルパトリック（William Heard Kilpatrick, 1871-1965）の進歩主義の思想に接近して、教育における興味論や「プロジェクト」の研究に着手し、従来のヘルバルト主義の立場から移行していった。

　実際、ド・ガーモの『興味と教育』の冒頭には「ジョン・デューイに捧ぐ」と書かれ、序文においても「本書の第2、第3、第4部はデューイ博士によって提唱された興味の学説の言い換えでしかない」と述べられているように、ド・ガーモは、デューイの教育思想から強い影響を受けた。ド・ガーモは、もし学校が読み・書き・文法・計算のドリルを通して知性の訓練をするだけでよいのであれば、「興味の学説」というものは必要ないだろうと述べる。しかし、

教育に「知性」と「感情」の両方を含めるには、教授を「精神の側面」や「精神のドリル」だけに限定すべきではなく、「興味」と「意欲」が生じ、それが教材へと適用されるように工夫することが求められるという。ド・ガーモによれば、「興味」は「感情の状態」を指し、その感情が向かう「対象」へと広げられるものである。ここで、「興味」とは、「自己表現」に伴う「感情」であり、「自己の生存に向けた条件」を実現するための「陽気さや、力と熟達の感覚」を意味するという[4]。

　ド・ガーモと対照的な見地から論争を交わしたのが、アメリカのヘーゲル研究を代表する一人であるハリスであった。ハリスは、ヘーゲルの絶対主義的観念論の角度から、ルソー、ペスタロッチ、フレーベルに由来する子ども中心の新教育運動を批判した。教育史研究者のウィリアム・リース（William J. Reese）によれば、ハリスは「学校は過去の英知を教えるべきであり、全ての人に共通の知識、基本的な知識・技能を提供すべきである」と主張した。ペスタロッチやフレーベルの弟子たちは、子どもが「書物」より「自然のもの」から学ぶという発想に幻惑されているとハリスは考えた。「新教育」は、直観や感覚的な経験を教育の基本にする一方で、教訓的な方法や暗記、教科書といった伝統的な教育を軽視し、「彼ら自身の教授上の関わりを見失った」と批判される[5]。

　ハリスは、1870年代にセントルイス市教育長としてアメリカで最初の公立幼稚園の設立や小学校での科学教育の普及にも尽力したが、それをフレーベルやペスタロッチのロマン主義的な教育観からではなく、ヘーゲルの観念論に依拠して推進した。当時のセントルイスは、ハリスを中心に、理性的なものとしての個人の自由を重んじるドイツ観念論の研究が盛んであり、教育的な訓練を通してすべての子どもたちの知的自由を保証することを目指していた。幼稚園は、セントルイス市内全域に広がり、1880年には8000名の子どもが幼稚園に通うほど盛況であった。ハリスは、進歩主義者たちが子どもの「興味」に対して甘い幻想を抱いていると理解した一方で、進歩主義教育者はハリスを「保守的」であると批判した[6]。

　1880年代のデューイは、ハリスやモリスらの指導を受け、新ヘーゲル主義から多くの示唆を得たけれども、その後、彼はヘーゲル的な絶対的観念論からは距離をとり、プラグマティズムの思想に接近し、進歩主義的な教育をリード

していった。デューイは、すでにジョンズ・ホプキンス大学大学院で、プラグマティズムの先駆的論者であるチャールズ・パース（Charles Sanders Peirce, 1839-1914）の論理学の授業や、児童研究や発達心理学の分野の第一人者であるスタンレー・ホール（Granville Stanley Hall, 1844-1924）の心理学の授業を受講していた。ホールは、ハーバード大学のジェームズの指導のもとでアメリカで最初の心理学の博士の学位を取得した後、ドイツのライプツィヒ大学に留学してヴィルヘルム・ヴント（Wilhelm Maximilian Wundt, 1832-1920）の実験心理学を学び、アメリカの心理学研究の確立に寄与するとともに、子ども中心の新教育の潮流において指導的な役割を果たした。

ホールは、都市化と産業化によって、子どもたちが生活のなかで「自然」と接触する機会が奪われていることを危惧した。彼は、ルソーの思想から「自然的発達」の教育観を継承し、子どもの内側にある自然的、本性的な欲求と興味を重視した。そのうえで、ホールは、セントルイスで教育長のハリスとともにアメリカで最初の公立幼稚園の開設に貢献し、「幼稚園の母」とも称されるスーザン・ブロウ（Susan Blow, 1843-1916）らによって、フレーベルの教育論が「恩物」と「作業」を無批判に崇拝するものへと歪められたと捉え、そこからフレーベルの思想を救出しようとした。

デューイは、『教育における興味と努力』のなかで、「興味の理論」と「努力の理論」の対立に焦点化して、そのどちらもが「習得すべき対象や考えや目的」を「自己の外側」に想定していることを批判する。彼は、「興味の真の原理」は「学ばれるべき事実や提案された行為」を「行為者自身の成長の方向」に一致させることにあるという。常識的な意味で「興味」の語が用いられるのは、①活動的で投影的で推進的であり、②対象的であり、③個人的、情動的であることであり、それが根本的なところで意味するのは、何らかの活動に「価値」を認識して没頭し、夢中になり、完全に魅せられることである。彼によれば、「興味（interest）」の語源であるラテン語の inter-esse は、「あいだにある」ことであり、「人とその人の行為の題材や結果とのあいだの距離」を消滅させる「有機的統一」のことである。一方で、「努力」とは、「活動の持続」あるいは「連続」を示している。その情動は、「緊張状態の増大」を指すのではなく、その事柄について考え、考察し、省察し、探究し、調べよという「警告」であ

るという。

　このような「教育における興味と努力」の考え方は、主体と客体、精神と身体、観念と行為といった二元論を退けるプラグマティズムの経験概念を基礎としている。デューイにおいて、経験概念は「連続性の原理」と「相互作用の原理」から説明されるが、「あいだにある」という「興味」の理論もまた、それを対象から切り離された「精神」の内側に閉じ込めることを拒否し、自己と対象や、行為と結果の二元論の克服を意図するものである。彼は、教育的興味を、①身体的、②手工的、芸術的、実験的、③知性的、④社会的という四つの類型から考えている。そして、「精神の概念」を「内面的なもの」とみなし、「教育内容」を「外在的なもの」と推定する「誤り」を批判し、「精神と教育内容の分離」を超えようとする。「興味」は、「ある目的に向かって進む活動」であり、その過程で「思考と手段の探索」を導くものである。一方の「精神」は、「知的ないし目的のある活動」と一体となるものだと考えられている。

　ここで、デューイがペスタロッチやフレーベルの思想に触れていることは注目に値する。すなわち、ペスタロッチとフレーベルが教育における身体行為や身体的活動の可能性を認識したことを評価する一方で、精神と身体の二元論から脱却できていないことが批判される。デューイによれば、ペスタロッチの「感覚訓練」や「実物教授」の教えは、当時の心理学が「誤った生理学」に依拠していたために、「感覚」を「知識」や「知識の素材」の「注入口」としてしか見てなく、「知性的な統制」を確実にする行動様式と結びつけて理解されることがなかったという。フレーベルもまた、「誤った生理学と心理学」によって、遊び、ゲーム、仕事、恩物の価値が「象徴化」という間接的な観点だけで説明され、それ自体の価値において理解されることがなかったと批判される。こうして、デューイは、プラグマティズムと進歩主義の思想に立脚して、教育における興味と努力について論じたのである。

4.

　デューイは、しばしばアメリカの新教育運動を率いた代表的人物として理解されている。すなわち、彼の思想は、子どもの自然な成長と発達を促そうとす

ルソーからペスタロッチ、フレーベルへと連なる思想系譜に位置づけられることが多い。そうした解釈が広まった理由の一つは、1915年に刊行された『明日の学校』で、ルソー、ペスタロッチ、フレーベル、モンテッソーリ（Maria Montessori, 1870-1952）の言葉を数多く引用し、彼らの思想を賛美していることに求められるかもしれない。とりわけ、ルソーの「自然的発達」や「自然的成長」としての教育を学校のなかでどのように実現していくかということが同書全体を貫く一つのテーマにされている。このことは、上述の『教育における興味と努力』や、『明日の学校』の翌年に刊行された『民主主義と教育』において、ルソー、ペスタロッチ、フレーベルの思想を擁護しつつも、同時に厳しい批判を展開しているのとは著しく対照的である。『明日の学校』では、当時の多くの進歩主義学校の実験が記述され、それぞれの学校のカリキュラムや教育方法が詳細に論じられている。同書の刊行は、進歩主義学校の実践にとって重要な支えとなるものであり、教育界において大きな反響を呼ぶことになった。

　一方で、『明日の学校』は、教育に関するデューイの著書のなかでも特異な位置をもっていることに注意する必要がある。というのも、同書は、デューイと彼の娘であるエヴェリン・デューイ（Evelyn Dewey, 1889-1965）との共著であり、エヴェリンによる記述と思われる箇所がかなりの部分を占めているからである。『教育における興味と努力』や『民主主義と教育』とは異なり、ルソー、ペスタロッチ、フレーベルの思想が無批判に賛美されているのも、そのような事情に関係しているようにも考えられる。

　実際、『明日の学校』で高く評価されている学校の一つに、アラバマ州フェアホープにマリエッタ・ジョンソン（Marietta Johnson, 1889-1965）が設立したオーガニック・スクール（School of Organic Education）があるが、1913年12月にジョン・デューイと彼の息子のサビーノ・デューイ（Sabino L. Dewey）がこの学校を訪問したのを除けば、同書で紹介される数々の学校は、エヴェリンが訪問して記述したものである。加えて、「なすことによって学ぶ（learning by doing）」という、『明日の学校』での有名なスローガンは、1915年以前のデューイの著作には見られない言葉であり、そうしたスローガンが生まれ流布した背景にはエヴェリンの貢献によるところが大きいとも言える。

それにもかかわらず、『明日の学校』は、当初より、ジョン・デューイによる書物として読まれることが圧倒的に多く、娘のエヴェリンの業績として受容されることは必ずしも多くなかった。ジェロン・スターリング（Jeroen Staring）とジェリー・アルドリッジ（Jerry Aldridge）の研究によれば、1915年8月に『明日の学校』の書評が掲載された『ニューヨーク・ヘラルド』では、エヴェリンについては何も記されず、同書で論じられた多くの学校を訪問し調査したのがエヴェリンであることも、彼女が共著者であることもまったく触れられていないという。また、1915年7月の『サン』では、『明日の学校』をエヴェリンの貢献として高く評価しているものの、一方で、同書にはインデックスもなければ参考文献も明記されていない点で（本著作集の翻訳では、一部訳注で文献名を加えた）欠陥があると批判されている[7]。さらに、『明日の学校』の出版の編集を務めたバージェス・ジョンソン（Burges Johnson）の回顧録によれば、彼が原稿を読んだ後に、第2章がとくにおもしろく、より広い読者の支持を得られるだろうと考え、コロンビア大学のデューイのもとを訪れ、第2章を冒頭の章にして、第1章を本の真ん中にもってきてはどうかと相談したところ、デューイは「あなたが仰ったことはとても興味深い。第1章を書いたのは私で、第2章は私の娘のエヴェリンが書いたんだ」と答えたという[8]。

　ここで、エヴェリン・デューイの経歴についても紹介しておこう。エヴェリンは、女性の権利や参政権の確立、労働条件の改善を図る政治運動に関与すると同時に、熱心な社会主義者でもあった。1909年に、アメリカの労働運動の歴史のなかでも女性労働者による最大のストライキの一つであるシャツブラウス工場ストライキが生じたときには、エヴェリンは、ニューヨークのバーナード・カレッジに在学中であったが、女性労働組合連盟（Women's Trade Union League）の活動を通じて、他の多くの活動的な女性たちとこのストライキを支援した。その後、1913年から14年にかけて、エヴェリンは母親でデューイの妻のアリス・チップマン・デューイ（Alice Chipman Dewey, 1858-1927）と一緒に、イタリアのモンテッソーリ・スクールを訪問し、1914年1月にはモンテッソーリと直接会っている。

　1914年から15年にかけては、『明日の学校』の執筆のために、アメリカ国内の数多くの進歩主義学校を訪問し、調査を実施した。そして、同書の刊行後

も、エヴェリンは、公教育協会（Public Education Association）や教育実験研究所（The Bureau of Educational Experiments）の活動に加わったり、1928 年にデューイと教育視察で滞在したソヴィエトからの帰国後にはロシアとの関係改善を訴えたりするなど、教育活動や政治活動に情熱を傾けた。エヴェリンは、『明日の学校』のほかに、『オールドスクールのためのニュースクール』（1919 年）、『ドルトン実験プラン』（1920 年）、『学校の子どもをテストする方法と結果』（1920 年）、『新しい時代の子どもたち』（1934 年）、『幼児の行動の発達』（1935 年）など、多数の著書や共著も出版している[9]。

　デューイとエヴェリンが『明日の学校』で擁護するのは、「自然的発達としての教育」の考え方であり、教育というのは子どもや青年に外部から押しつけるものではなく、人間が生まれたときに与えられた能力を自然に成長させることであるというルソーの主張である。私たちの「誤り」は、「成長の結果」を過度に気にするあまり、「成長していくプロセス」を顧みないことである。たとえば、1913 年 12 月にデューイが直接訪問したアラバマ州フェアホープのオーガニック・スクールでは、「子ども期を享受する権利」が大切にされ、子どもたちが「自然に学ぶ本能」を働かせることができるように工夫された。学校のカリキュラムには、体操、自然研究、音楽、手工、野外地理、物語ること、感覚の修練、数の基礎概念、戯曲化、ゲームが取りいれられ、書物による学習は、8 歳か 9 歳になって子どもたちがその必要性を認識するまでおこなわれなかった。子どもたちは、学校で、不自然な強制、報酬、試験、評価、進級に惑わされることなく、身体的、精神的、道徳的に成長することができると同時に、読み、書き、算数を自分で用いる力も獲得していった。

　『明日の学校』では、ルソーの「自然的発達」や「自然的成長」の着想を実践へと移した理論家として、ペスタロッチとフレーベル、モンテッソーリらがあげられている。その影響のもとに掲げられるのが「なすことによって学ぶ」として知られるスローガンである。そのうえで、同書の後半では、自由さと個性の問題や、共同体に対する学校の関係、ソーシャルセツルメントとしての学校、産業と教育の関係、デモクラシーと教育についての主題が論じられる。

　エヴェリンは、こうした教育の包括的な研究のために、数々の進歩主義学校を実際に訪問した。同書では、ジュニアス・メリアム（Junius L. Meriam, 1872-

1960）によるミズーリ大学の小学校の実践や、インディアナポリス学区の第 26 公立学校、第 45 公立学校、ウィリアム・ワート（William Albert Wirt, 1874-1938）のインディアナ州のゲーリー・スクール、シカゴのフランシス・パーカー・スクール、イリノイ州リバーサイドのコテージ・スクール、ブリン・モウワー・カレッジのフィービー・ソーン実験学校、インディアナ州インターラーケン・スクール、コネティカット州グリニッチの森の中の小さな学校、ピッツバーグの市立大学の子どもの学校、キャロライン・プラット（Caroline Pratt, 1867-1954）のニューヨークのプレイ・スクール、コロンビア大学ティーチャーズ・カレッジの幼稚園、シカゴのホウランド・スクールをはじめ、多くの学校のカリキュラムや教育方法が叙述されている。

　興味深いのは、デューイがこれらの進歩主義学校について、1890 年代のシカゴ大学実験学校の試みを継承すると言うことも、その影響のもとにあると主張することもなかったことである。これらの学校の実践者たちがしばしばデューイの文章を引用したのとは対照的に、『明日の学校』では、シカゴ大学実験学校については一切触れられていない。当時のアメリカの進歩主義学校は、一つのまとまりのある集団や組織的な運動としての性格を明確に備えていたわけではなかった。その後、1916 年にデューイの『民主主義と教育』が刊行され、1919 年にはオーガニック・スクールのマリエッタ・ジョンソンらによって、「子ども中心」を掲げる進歩主義教育協会（Progressive Education Association）が結成されることで、1920 年代の進歩主義教育の隆盛へと導かれるが、1910 年代前半において、それぞれの学校がさまざまな状況や課題のなかで展開していた進歩主義教育の実践を、包括的な形で調査し論じた著作として『明日の学校』が果たした役割はきわめて大きいと言えるだろう。

5.

　本書に収められた三つの論考は、1900 年代末から 1910 年代前半に刊行されたデューイの教育論、学校論である。デューイは、科学や産業が発展し、社会が急速に変化するなかで、民主主義とコミュニティを基盤にした学校づくりを展望した。19 世紀末から 20 世紀初頭にかけて、古典的な教科とカリキュラム

による知識の伝達と記憶に頼りがちな伝統的な教育に代わって、子どもの興味や関心、活動、生活経験を中心とする新教育運動が席巻していく状況で、デューイは、従来のヘルバルト主義やヘーゲル主義よりも進歩主義やプラグマティズムの思想へと接近するようになる。デューイの道徳論や興味論もまた、そのような彼の教育思想の展開のなかで主題化されたものである。

　デューイは、ときとして行き過ぎた子ども中心の教育に警鐘を鳴らし、新教育運動に対する厳しい見解を示すこともあったが、一方で、教科と子どもや、知識と経験、観念と行為とを二元論的に分断させる教育を越えて、さまざまな教科や教材について、子どもたちが社会生活とつながり、生き生きとした経験や実験、探究、知性、表現、協同、議論を通して学ぶことを積極的に取りいれる進歩主義教育の理論と実践に大いに可能性を見出した。『明日の学校』で描写された数々の学校は、それから100年以上が経過したいまも豊かな実践の痕跡となって存続し、消え失せることのない輝きを発しつづけている。

　本書の訳出に際しては、同じ著作集である『デューイ著作集6　教育1　学校と社会、ほか』（2019年）の翻訳とあわせて訳者で定期的に研究会を開催して翻訳の調整を進めた。『教育における道徳的原理』については、既刊書である『デューイ＝ミード著作集8　明日の学校　子供とカリキュラム』（河村望訳、人間の科学社、2000年）所収の「教育における道徳的原理」、『教育における道徳原理』（杉浦宏訳、未來社、1968年）を、『教育における興味と努力』では、『教育における興味と努力』（杉浦宏訳、明治図書出版、1972年）を、『明日の学校』では、『デューイ＝ミード著作集8　明日の学校　子供とカリキュラム』（前掲）を参照した。また、翻訳の過程では、デューイの教育論や学校論に関する数多くの先行研究からも多大な示唆を受けた。さらに、訳語や訳文の選択については、総監修の田中智志先生、監修、編集委員の先生方、東京大学大学院教育学研究科基礎教育学コースの大学院生の方々とも調整させていただいた。

　本書を通して、デューイの思想や進歩主義学校の歴史的遺産が読者に広く親しまれ、教育、学習、学校の過去と現在と未来を考え理解するうえでの貴重な手がかりを提供することができれば、望外の喜びである。

1) John Dewey, "Psychology as Philosophic Method," *The Early Works,* vol. 1, ed. Jo Ann

Boydston, Carbondale: Southern Illinois University Press, 1967-1972, pp. 144-167.
2) ジョン・デューイ「意志の涵養に関係する興味」『デューイ著作集6 教育1 学校と社会、ほか』上野正道訳者代表、藤井千春解題、東京大学出版会、2019年、p. 21.
3) Charles De Garmo, "Is Herbart's Theory of Interest Dangerous?" *The Public-School Journal*, 14, May 1895, pp. 514-515. William T. Harris, "Reply to De Garmo's 'Is Herbart's Theory Dangerous?'" *The Public-School Journal*, 14, June 1895, pp. 575-576. William T. Harris, "Herbart's Doctrine of Interest," *Educational Review*, 10, June 1895, pp. 71-80.
4) Charles De Garmo, *Interest and Education: The Doctrine of Interest and Its Concrete Application*, New York: The Macmillan Company, 1902.
5) ウイリアム・J・リース『アメリカ公立学校の社会史――コモンスクールからNCLB法まで』小川佳万、浅沼茂監訳、東信堂、2016年、pp. 126-129.
6) 同上書、pp. 130-132.
7) Jeroen Staring and Jerry Aldridge, "Out of the Shadows: Redeeming the Contributions of Evelyn Dewey to Education and Social Justice (1909-1919)," *Case Studies Journal*, vol. 3, no. 11, 2014, p. 21.
8) Burges Johnson, *As Much as I Dare: A Personal Recollection*, New York: Ives Washburn, 1944, pp. 186-187.
9) Jeroen Staring and Jerry Aldridge, *op. cit.*, pp. 22-30.

執筆者紹介

田中智志（たなか・さとし）［刊行辞］東京大学大学院教育学研究科教授、博士（教育学）。「デューイ著作集」総監修。主要著書に『共存在の教育学』（東京大学出版会、2017 年）、『何が教育思想と呼ばれるのか』（一藝社、2017 年）、『学びを支える活動へ』（編著、東信堂、2010 年）、ほか

佐藤　学（さとう・まなぶ）［解題］学習院大学特任教授、東京大学名誉教授。教育学博士。「デューイ著作集」監修。主要著書に『カリキュラムの批評――公共性の再構築へ』（世織書房、1996 年）、『教師というアポリア――反省的実践へ』（世織書房、1997 年）、『学びの快楽――ダイアローグへ』（世織書房、1999 年）、『学校改革の哲学』（東京大学出版会、2012 年）、ほか

上野正道（うえの・まさみち）［訳者代表］上智大学総合人間科学部教授、山東師範大学、西北大学客員教授、一般社団法人東アジア教育研究所所長。主要著書に『学校の公共性と民主主義』（東京大学出版会、2010 年）、『民主主義への教育』（東京大学出版会、2013 年）、*Democratic Education and the Public Sphere* (Routledge, 2016)、*Manabi and Japanese Schooling*（共著、Routledge, 近刊）、『学校的公共性与民主主義』（中国語、趙衛国訳、山東教育出版社、近刊）、ほか

以下翻訳者（五十音順）
橘高佳恵（きったか・よしえ）横浜国立大学教育学部講師。主要論文に「1960 年代から 1980 年代におけるアメリカの子ども中心主義教育――リリアン・ウェーバーの実践とそのディスコース」（『教育方法学研究』第 40 巻、2015 年）、"Descriptive Inquiry as an Alternative to Standardized Testing: Patricia Carini and Her Progressive Philosophy" (*Teaching & Learning: The Journal of Natural Inquiry and Reflective Practice,* vol. 29, no. 1, 2016)、ほか

齋藤智哉（さいとう・ともや）國學院大學文学部教授。主要著書・論文に『ワークで学ぶ教育の方法と技術』（共編著、ナカニシヤ出版、2019 年）、「一九二〇年代の木下竹次の学習法における『修養』――自律と協同・道徳的判断・身体」（『國學院雑誌』第 110 巻第 12 号、2009 年）、ほか

佐藤知条（さとう・ちひろ）静岡産業大学経営学部准教授。主要論文に「大正新教育期の成城小学校における映画利用の歴史的意義」(『教育方法学研究』第43巻、2018年)「メディア活用の教育方法史における幻燈の位置」(『教育方法学研究』第40巻、2015年)、ほか

杉山二季（すぎやま・ふたき）元東京大学大学発教育支援コンソーシアム推進機構特任助教、元埼玉県立総合教育センター指導主事兼所員。主要著書に『教師の声を聴く——教職のジェンダー研究からフェミニズム教育学へ』(共著、学文社、2016年)、『高校の「女性」校長が少ないのはなぜか——都道府県別分析と女性校長インタビューから探る』(共著、学文社、2011年)、ほか

千賀　愛（せんが・あい）北海道教育大学札幌校准教授。主要著書・論文に『デューイ教育学と特別な教育的配慮のパラダイム——実験学校と子どもの多様な困難・ニーズへの教育実践』(風間書房、2009年)、「デューイ実験学校におけるシカゴ・フィールド自然史博物館の「住まい」展示活用」(共著、『日本デューイ学会紀要』第59号、2018年)、ほか

藤井佳世（ふじい・かよ）横浜国立大学教育学部准教授。主要著書に『学校という対話空間——その過去・現在・未来』(共著、北大路書房、2011年)、『人間形成と承認——教育哲学の新たな展開』(共編著、北大路書房、2014年)、ほか

増田美奈（ますだ・みな）富山大学人間発達科学部講師。主要論文に「小学校授業における教師の教授スタイルの道徳的側面——価値判断の現われとしての教授スタイル概念に着目して」(『学校教育研究』第28号、2013年)、『教育の今とこれからを読み解く57の視点』(分担執筆、教育出版、2016年)、ほか

人名索引

あ 行

アインシュタイン, A.　vii
アーヴィング, W.　163
アダムズ, J.　vi, vii
アルドリッジ, J.　283
アレクサンダー, G.　82
アンデルセン, H.　117
ヴァレンタイン, W. R.　210, 211, 215, 219, 220
ヴァン・ウィンクル, R.　164
ヴァンリュー, C. C.　278
ヴント, W. M.　280
エマソン, R. W.　32

か 行

カティリナ, L. S.　162
キケロ, M. T.　162
キップリング, R.　117
キルパトリック, W. H.　278
クループスカヤ, H.　ix
胡適　vi
コブ, S.　ix
コロンブス, C.　164

さ 行

ジェームズ, W.　275, 280
ジョンソン, B.　283
ジョンソン, H.　vii
ジョンソン, M. L.　v, viii, ix, 82, 96-99, 101, 102, 104, 107-09, 111, 257, 282, 285
スターリング, J.　283
セガン, E.　176
孫文　vi

た 行

デューイ, A. C.　v, vi, viii, 283
デューイ, E.　v, vii-x, 82, 282-84
デューイ, S. L.　viii, 282
ドゥリマ, A.　ix
ド・ガーモ, C.　278, 279
トルストイ, L.　163

な 行

ノームバーグ, M.　vii, viii

は 行

パーカー, F. W.　92, 278
パース, C. S.　280
ハリス, W.　275, 278, 279
フェリエール, A.　ix
プラット, C.　vii, 146, 156, 285
プラトン　65, 81, 148
フレネ, C.　ix
フレーベル, F. W.　65, 66, 123, 124, 148-50, 152, 191, 274, 278-82, 284
ブロウ, S.　280
ヘーゲル, G. W. F.　275, 279
ペスタロッチ, J. H.　65, 123-26, 128, 148, 150, 191, 225, 274, 278-82, 284
ホール　160
ホール, G. S.　280
ボールドウィン　160
ボーン, R.　vii

ま 行

マクマリー, C. A.　278
マクマリー, F. M.　278
マロット, H.　vii
マロット, M.　vii
ミッチェル, L. S.　viii
ミード, G. H.　276
メリアム, J. L.　111, 112, 115, 117, 120, 121, 256, 284
モリス, G.　275
モンテッソーリ, M.　viii, 66, 172-76, 178-82, 184, 257, 282-84

や 行

山下徳治　x

ら 行

リース，W. J.　279
ルソー，J.-J.　viii, 84, 87, 89, 90, 92-96, 123-25, 148, 167, 191, 225-57, 274, 278, 279, 282, 284
レーニン，B.　ix, x
ロック，J.　225

わ 行

ワート，W. A.　viii, ix, 137, 192-94, 197, 202, 203, 235, 285

事項索引

あ行

遊び　66, 69, 93, 111, 112, 148-52, 156, 158, 177, 195, 228, 235, 239

か行

学習　ix, 6, 8, 10, 13-15, 18, 19, 25, 103, 107, 108, 127, 131, 142, 144, 167, 168, 187, 226, 231, 235, 237, 241, 242, 245-49, 252, 253, 257, 259-64, 268, 270, 273, 284
カリキュラム　4, 20, 99, 100, 103, 105, 108, 109, 111, 112, 117, 121, 123, 128, 129, 131, 134, 135, 137, 138, 146, 150, 152, 162, 186-88, 190, 195, 198, 201, 203, 220, 224, 225, 244, 255, 256, 262, 266, 273, 276, 282, 284, 285
感覚　65, 91-93, 108, 126, 127, 176, 182, 184, 224, 237, 249, 257, 264, 281
教科　14-16, 20, 27, 95, 113, 130, 137, 225, 226, 276, 277, 285
教材　129, 130, 134, 176, 184, 232
教授　4, 20, 59, 93, 125, 127, 130, 158, 185, 196, 277
　　道徳的——　4
協働　12, 14, 18, 73, 252
共同体　vi, 6, 9, 10, 20, 112, 113, 115, 142, 156, 164, 170, 186-88, 190-92, 195-97, 199, 203, 207, 209-11, 215, 217, 219, 221, 228, 234, 245, 251, 254, 256, 275-77, 284
興味　31-34, 36-44, 47-54, 59-64, 69-77, 98-101, 112-14, 118, 142, 144, 149, 151, 153-55, 159, 160, 162, 164, 166, 203, 204, 229, 231, 238, 252, 253, 262-64, 274, 277-81, 285
規律　31, 35, 42, 101, 167
　　——訓練　9, 14, 20, 166, 167, 173
訓練　5-9, 20, 23, 35, 36, 47, 49, 87, 91, 93, 106, 109, 125, 146, 151, 154, 165, 169, 171, 176, 178, 179, 182, 184, 192, 195, 196, 200, 201, 215, 223, 224, 228, 234-36, 238, 242, 245, 248, 250, 253, 257, 264, 265, 267-70, 276, 278, 279
規律——　9, 14, 20, 166, 167, 173
経験　13, 22, 41, 42, 47, 52, 56, 58, 64, 66, 71, 85, 93, 96, 99, 100, 126-30, 137, 145, 148, 153, 209, 231, 258, 259, 269, 276, 277, 279, 281, 286
行為　3, 5, 7, 9, 10, 16, 20-23, 26, 31, 40, 41, 47, 49, 52-57, 63-65, 69, 75, 158, 161, 178, 182, 186, 265, 276, 281, 286
個性　140, 169, 274, 284
コミュニケーション　6, 11, 159, 276

さ行

参加　7, 12, 126, 185, 276
産業　118, 119, 188, 197, 228, 230, 234, 238, 245, 246, 250, 267, 269, 284, 285
思考　55-57, 59, 60, 69, 74, 75
思考力　257
仕事　6, 101, 186, 245, 250, 252, 253, 255
仕事＝専心活動　273
自然の成長　96, 98, 282, 284
自然の発達　111, 123, 124, 126, 148, 149, 280, 282, 284
シティズンシップ　5, 6, 206, 207, 209, 220
指導　14
習慣　6, 8-10, 13, 22, 23, 27, 32, 34-37, 56, 58, 62, 63, 74, 143, 151, 171, 216, 229, 262, 277
　　道徳的——　9, 10, 34
象徴化　66, 69
衝動　8, 21, 22, 25, 27, 35, 39, 40, 74, 76, 91, 130, 170, 173, 183, 277
人格　3, 4, 9, 13, 19, 21, 22, 25, 32, 34, 72, 73, 102, 140, 141, 168, 172, 262, 276, 277
進歩主義　183, 281, 286
生活　5-7, 9, 10, 15, 107, 111, 112, 129, 151, 156, 172, 183, 184, 257, 276

精神　6, 10, 17, 34, 37, 42, 45, 58, 59, 65, 66, 75-77, 86, 89-91, 94-98, 100, 128, 162, 168, 171, 189, 215, 223, 226, 257, 261, 263-65, 275, 279, 281
成長　9, 38, 46-49, 51, 64, 66, 84, 85, 88-90, 96, 97, 100, 104, 110, 124, 127-29, 148, 189, 195, 196, 202, 215, 227, 237, 263, 276, 277, 281, 284
　自然的——　96, 98, 282, 284
セツルメント　210, 211, 219
相互作用　15, 275, 281
想像力　6, 35, 161, 223, 227
ソーシャルセンター　214, 217-19, 220

た 行

知性　9, 11, 12, 24-26, 35, 55, 70, 71, 75, 90, 100, 127, 182, 184, 250, 259, 265, 275-79, 281, 286
注意　3, 13, 20, 31-36, 42, 43, 47, 61, 65, 71, 74, 75, 98, 144, 151, 156, 173, 179
デモクラシー（民主主義）　vi, ix, x, 82, 164, 185, 188, 209, 225, 232, 256, 264-66, 268-70, 274, 277, 284, 285
動機　10-12, 15, 16, 20, 34, 42, 43, 59-62, 69, 85, 153, 154, 159, 203, 231, 262
道徳　4, 7, 9, 21, 22, 26, 27, 101, 102, 124, 276, 277
道徳性についての観念　3, 4, 276
道徳的
　——観念　3, 4, 10, 24, 276
　——教授　4
　——原理　26, 27
　——習慣　9, 10, 34
努力　31, 32, 34, 37, 38, 53-57, 59, 60, 74, 144, 159, 277, 280, 281

な 行

能力　8, 22, 25, 64, 68, 88-90, 122, 131, 176, 182, 183, 201, 249, 253, 256, 262, 269, 284

は 行

発達　viii, 6, 7, 9, 25, 51, 57, 89-93, 96, 98, 100, 103, 107, 112, 123, 128, 131, 141, 144, 148, 149, 171, 172, 174, 176-78, 182, 187, 189, 191, 260, 265, 269, 277, 278, 281
　自然的——　111, 123, 124, 126, 148, 149, 280, 282, 284
反省的探究　57
本能　21, 24, 25, 150, 158, 163, 203, 257, 277, 284

ら 行

倫理的原理　5, 21

デューイ著作集 7　教育 2　明日の学校，ほか

2019 年 10 月 10 日　初　版

［検印廃止］

著　者　ジョン・デューイ

訳者代表　上野正道

発行所　一般財団法人　東京大学出版会
　　　　代表者　吉見俊哉
　　　　153-0041 東京都目黒区駒場 4-5-29
　　　　http://www.utp.or.jp/
　　　　電話 03-6407-1069　Fax 03-6407-1991
　　　　振替 00160-6-59964

印刷所　株式会社三陽社
製本所　牧製本印刷株式会社

Ⓒ 2019 Masamichi Ueno, et al., Translators
ISBN 978-4-13-014207-6　Printed in Japan

[JCOPY]〈出版者著作権管理機構　委託出版物〉
本書の無断複写は著作権法上での例外を除き禁じられています．複写される場合は，そのつど事前に，出版者著作権管理機構（電話 03-5244-5088，FAX 03-5244-5089，e-mail: info@jcopy.or.jp）の許諾を得てください．

デューイ著作集 第Ⅰ期［全8巻］

総監修——田中智志［東京大学］，**監修**（解題）——佐藤　学［学習院大学］・藤井千春［早稲田大学］・小玉重夫［東京大学］・松浦良充［慶應義塾大学］・松下良平［金沢大学］，**編集委員会**——総監修者＋岡部美香［大阪大学］・古屋恵太［東京学芸大学］・高柳充利［信州大学］（順不同）

　哲学1［通巻1］人間の自然本性と行為，ほか（岡部美香　訳者代表）
　哲学2［通巻2］論理学的理論の研究，ほか（古屋恵太　訳者代表）
　哲学3［通巻3］経験と自然（松下晴彦　訳）
　哲学4［通巻4］確実性の探求（加賀裕郎　訳）　　　　　　［4500円］
　哲学5［通巻5］共同の信仰，ほか（小玉重夫　訳者代表）
　教育1［通巻6］学校と社会，ほか（上野正道　訳者代表）　［6000円］
　教育2［通巻7］明日の学校，ほか（上野正道　訳者代表）　［5600円］
　政治1［通巻8］公衆とその問題，ほか（生澤繁樹　訳者代表）

各巻A5判横組、上製、約240-420頁

ここに表示された価格は本体価格です。ご購入の際には消費税が加算されますのでご了承ください。